Bleymüller/Weißbach/Dörre
Statistische Formeln und Tabellen

AF536039

Das vorliegende Taschenbuch stellt eine Ergänzung des im gleichen Verlag erschienenen Lehrbuchs

„Statistik für Wirtschaftswissenschaftler“

dar. Im **ersten Teil** sind wieder die wichtigsten statistischen Formeln aus dem oben genannten Buch zusammengestellt. Zum Thema des Zusammenhangs zwischen zwei Merkmalen wurden in der 18. Auflage des Lehrbuch nun vorbereitenden Erklärungen frühzeitig in den Kapiteln zur beschreibenden Statistik aufgenommen. Entsprechende Formeln wurden in den Kapiteln 3 und 5 der Formelsammlung ergänzt. Durch die Aufnahme der logistischen Regression im Lehrbuch, ist auch in der Formelsammlung ein Kapitel hinzu gekommen. Ferner wurden einige Formeln ergänzt, die sich in der Übungs- und Klausurpraxis als Vereinfachungen erwiesen haben.
Der **zweite Teil** enthält die für praktische Berechnungen benötigten **statistischen Tabellen**, und zwar in einem im Rahmen des wirtschaftswissenschaftlichen Studiums gemeinhin benötigten Umfang.
Ihrer Anlage nach dürften sich die Statistischen Formeln und Tabellen gut zur Verwendung in statistischen Prüfungen eignen und die Herausgabe gesonderter Klausurhilfsblätter weitgehend überflüssig machen. Für die Programmbeschreibungen zu kommerziellen Statistik-Software-Paketen sei wieder auf das Lehrbuch verwiesen.
Für das Lektorat sind wir Herrn Brunotte dankbar.

Münster und Rostock, im Mai 2021

Josef Bleymüller Rafael Weißbach Achim Dörre

# Teil I

# Statistische Formeln

| Name | Kleinbuchstabe | Großbuchstabe |
|---|---|---|
| Alpha | $\alpha$ | A |
| Beta | $\beta$ | B |
| Gamma | $\gamma$ | $\Gamma$ |
| Delta | $\delta$ | $\Delta$ |
| Epsilon | $\varepsilon$ | E |
| Zeta | $\zeta$ | Z |
| Eta | $\eta$ | H |
| Theta | $\theta$ oder $\vartheta$ | $\Theta$ |
| Jota | $\iota$ | I |
| Kappa | $\kappa$ | K |
| Lambda | $\lambda$ | $\Lambda$ |
| Mü | $\mu$ | M |
| Nü | $\nu$ | N |
| Xi | $\xi$ | $\Xi$ |
| Omikron | $o$ | O |
| Pi | $\pi$ | $\Pi$ |
| Rho | $\varrho$ | P |
| Sigma | $\sigma$ | $\Sigma$ |
| Tau | $\tau$ | T |
| Ypsilon | $\upsilon$ | $\Upsilon$ |
| Phi | $\phi$ oder $\varphi$ | $\Phi$ |
| Chi | $\chi$ | X |
| Psi | $\psi$ | $\Psi$ |
| Omega | $\omega$ | $\Omega$ |

# Kapitel 2

# Symbole

## Allgemeine Symbole

| Symbol | Bedeutung |
|---|---|
| $a = b$ | $a$ ist gleich $b$ |
| $a < b$ | $a$ ist kleiner als $b$ |
| $a \leq b$ | $a$ ist kleiner oder gleich $b$ |
| $a > b$ | $a$ ist größer als $b$ |
| $a \geq b$ | $a$ ist größer oder gleich $b$ |
| $a \approx b$ | $a$ ist ungefähr gleich $b$ |
| $\sum_{i=1}^{n} x_i$ | $x_1 + x_2 + \ldots + x_n$ |
| $\prod_{i=1}^{n} x_i$ | $x_1 \cdot x_2 \cdot \ldots \cdot x_n$ |
| $\frac{dy}{dx} = f'(x)$ | 1. Ableitung |
| $\frac{\partial y}{\partial x}$ | 1. partielle Ableitung |
| $\int$ | Integral |
| $\|x\|$ | Absolutbetrag von $x$ |
| $\lim_{x \to a} f(x)$ | Grenzwert von $f(x)$ für $x \to a$ |
| $\mathbf{A}'$ | Transponierte der Matrix $\mathbf{A}$ |
| $\mathrm{sgn}(x)$ | Vorzeichen von $x$ |

## Symbole der Mengenlehre

| Symbol | Bedeutung |
|---|---|
| $\{a,b,c\}$ | Menge, bestehend aus den Elementen $a$, $b$, und $c$ |
| $x \in M$ | $x$ ist Element der Menge $M$ |
| $x \notin M$ | $x$ ist nicht Element von $M$ |
| $\{x \in M / x$ hat Eigenschaft $E\}$ | Menge derjenigen Elemente von $M$, die die Eigenschaft $E$ haben |
| $A \subset M$ | $A$ ist Teilmenge von $M$ |
| $A \not\subset M$ | $A$ ist nicht Teilmenge von $M$ |
| $\emptyset$ | Leere Menge |
| $\mathfrak{P}(M)$ | Potenzmenge von $M$, d. h. Menge aller Teilmengen von $M$ |
| $A \cup B$ | Vereinigungsmenge von $A$ und $B$ |
| $A \cap B$ | Schnittmenge von $A$ und $B$ |
| $\overline{A}$ | Komplement von $A$ |
| $\mathbb{N}$ | Menge der natürlichen Zahlen |
| $\mathbb{N}_0$ | Menge der natürlichen Zahlen einschließlich 0 |
| $\mathbb{Z}$ | Menge der ganzen Zahlen |
| $\mathbb{Q}$ | Menge der rationalen Zahlen |
| $\mathbb{R}$ | Menge der reellen Zahlen |
| $\mathbb{R}^+$ | Menge der nicht-negativen reellen Zahlen |
| $(a,b)$ | $\{x \in \mathbb{R}/a < x < b\}$ |
| $[a,b]$ | $\{x \in \mathbb{R}/a \leq x \leq b\}$ |
| $(a,b]$ | $\{x \in \mathbb{R}/a < x \leq b\}$ |
| $[a,b)$ | $\{x \in \mathbb{R}/a \leq x < b\}$ |
| $\|M\|$ | Anzahl der Elemente von $M$ |

## Symbole der Aussagenlogik

| Symbol | Bedeutung |
|---|---|
| $A$ | $A$ ist eine Aussage, die *wahr* (w) oder *falsch* (f) sein kann. |
| $v(A)$ | $v(A)$ wird als der Wahrheitswert der Aussage $A$ bezeichnet; $v(A) = 1$ heißt, dass $A$ *wahr* und $v(A) = 0$, dass $A$ *falsch* ist. |
| $\neg A$ | Die *Negation* $\neg A$ (bzw. $\overline{A}$) der Aussage $A$ ist<br>*wahr*, wenn $A$ *falsch* ist, und<br>*falsch*, wenn $A$ *wahr* ist. |
| $A \wedge B$ | Die *Konjunktion* $A \wedge B$ ist<br>*wahr*, wenn beide Aussagen *wahr* sind, und<br>*falsch*, wenn wenigstens eine der beiden Aussagen falsch ist. |
| $A \vee B$ | Die *Disjunktion* $A \vee B$ ist<br>*wahr*, wenn wenigstens eine der beiden Aussagen wahr ist, und<br>*falsch*, wenn beide Aussagen falsch sind. |
| $A \Rightarrow B$ | Die *Implikation* $A \Rightarrow B$ bedeutet: Wenn $A$ wahr ist, dann ist auch $B$ wahr. $A$ wird als Voraussetzung (Prämisse), $B$ als Folgerung (*Konklusion*) bezeichnet. $A \Rightarrow B$ ist *nur dann falsch*, wenn aus einer wahren Voraussetzung eine falsche Folgerung gezogen wird. |
| $A \Leftrightarrow B$ | Die *Äquivalenz* $A \Leftrightarrow B$ bedeutet: Wenn $A$ wahr ist, dann ist auch $B$ wahr und umgekehrt.<br>$A \Leftrightarrow B$ ist *nur dann falsch*, wenn eine der beiden Aussagen wahr und die andere falsch ist. |
| $\exists$ | "Es gibt" (z. B.: $\exists x \in \mathbb{Q}$: $x^2 = 4$ heißt:<br>Es gibt eine rationale Zahl $x$ mit $x^2 = 4$). |
| $\forall$ | "Für alle" (z. B.: $\forall x \in \mathbb{Q}$: $x^2 \geq 0$ heißt:<br>Für alle rationalen Zahlen $x$ gilt $x^2 \geq 0$). |

## Häufigkeiten

Kommt ein statistisches Merkmal in $k$ verschiedenen

*Merkmalsausprägungen* $x_1, x_2, \ldots, x_k$

vor, für die bei insgesamt $N$ Beobachtungen

*absolute Häufigkeiten* $h_1, h_2, \ldots, h_k$ mit $\sum_{i=1}^{k} h_i = N$

beobachtet werden, so ergeben sich daraus entsprechende

*relative Häufigkeiten* $f_1, f_2, \ldots, f_k$ mit $\sum_{i=1}^{k} f_i = 1$

und $f_i = \frac{h_i}{N} \quad (i = 1, \ldots, k).$

## Summenhäufigkeiten

Bei *ordinal- und metrischskalierten Merkmalen* ergeben sich durch Summierung über alle Merkmalsausprägungen $x_j$ mit $x_j \leq x_i$

*absolute Summenhäufigkeiten,* $H_i = \sum_{x_j \leq x_i} h_j \quad (i = 1, \ldots, k)$

*relative Summenhäufigkeiten* $F_i = \sum_{x_j \leq x_i} f_j \quad (i = 1, \ldots, k)$

$$F_i = \frac{H_i}{N} \quad (i = 1, \ldots, k)$$

sowie die

*empirische Verteilungsfunktion*

$$F(x) = \begin{cases} 0 & \text{für } x < x_1 \\ F_i & \text{für } x_i \leq x < x_{i+1} \\ 1 & \text{für } x \geq x_k \end{cases}$$

$$(i = 1, \ldots, k-1),$$

*bzw. bei klassifizierten Werten*

$$F(x) = F(x_i^o) + \frac{x - x_i^u}{x_i^o - x_i^u}[F(x_i^o) - F(x_i^u)]$$

$$(x_i^u \leq x \leq x_i^0).$$

## Kontingenzkoeffizienten C, $C_{korr}$ und $\Phi$

Als Zusammenhangsmaße stehen zur Verfügung:

*Kontingenz-koeffizient*

$$C = \sqrt{\frac{\chi^2}{N+\chi^2}}$$

$$\chi^2 = \sum_{i=1}^{r} \sum_{j=1}^{s} \frac{(h_{ij}^o - h_{ij}^e)^2}{h_{ij}^e}$$

*erw. Häufigkeit bei Unabh.* $h_{ij}^e = \frac{h_{i.}^o \cdot h_{.j}^o}{N}$

*Korrigierter Kontingenz-koeffizient*

$$C_{\text{korr}} = C \cdot \sqrt{\frac{\min(r,s)}{\min(r,s)-1}}$$

*Φ-Koeffizient* $(r = s = 2)$

$$\Phi = \frac{h_{11}h_{22} - h_{12}h_{21}}{\sqrt{(h_{11} + h_{12})(h_{21} + h_{22})(h_{11} + h_{21})(h_{12} + h_{22})}}$$

## Arithmetisches Mittel $\mu$

Bei $N$ *Einzelwerten*

$$a_1, a_2, \ldots, a_N$$

ist das arithmetische Mittel definiert als

$$\mu = \frac{1}{N} \sum_{i=1}^{N} a_i \,.$$

Bei einer *Häufigkeitsverteilung* mit $k$ verschiedenen Werten

$$x_1, x_2, \ldots, x_k$$

ergibt sich das (gewogene) arithmetische Mittel zu

$$\mu = \frac{1}{N} \sum_{i=1}^{k} x_i h_i \quad \text{bzw.} \quad \mu = \sum_{i=1}^{k} x_i f_i \,.$$

Bei einer *Häufigkeitsverteilung klassifizierter Daten* ergibt sich mithilfe der Klassenmitten

$$x_1', x_2', \ldots, x_k'$$

näherungsweise

$$\mu = \frac{1}{N} \sum_{i=1}^{k} x_i' h_i \quad \text{bzw.} \quad \mu = \sum_{i=1}^{k} x_i' f_i \,.$$

Für eine Grundgesamtheit, die aus $k$ *Teilgesamtheiten* mit den Umfängen $N_1, N_2, \ldots, N_k$ und den arithmetischen Mitteln $\mu_1, \mu_2, \ldots, \mu_k$ besteht, ergibt sich das arithmetische Mittel zu

$$\mu = \sum_{i=1}^{k} \frac{N_i}{N} \mu_i \quad \text{bzw.} \quad N = \sum_{i=1}^{k} N_i \,.$$

## Median Me und Quartile $Q_1$, $Q_2$ und $Q_3$

Zunächst werden die *Einzelwerte* $a_1, a_2, \ldots, a_N$ so umgeordnet, dass gilt

$$a_{[1]} \leq a_{[2]} \leq \ldots \leq a_{[N]} \,.$$

Dann ist bei ungeradem $N$

$$\mathrm{Me} = a_{\left[\frac{N+1}{2}\right]}$$

Formeln

und bei geradem $N$

$$\mathrm{Me} = \frac{1}{2}\left(a_{\left[\frac{N}{2}\right]} + a_{\left[\frac{N}{2}+1\right]}\right).$$

Für großes $N$ kann als Median der *größte* Merkmalswert $a_{[k]}$ verwendet werden, für den

$$\mathrm{F}(a_{[k]}) \leq 0{,}5$$

gilt, wobei $\mathrm{F}(a_{[k]})$ der Wert der Summenhäufigkeitsfunktion für $a_{[k]}$ ist.

Analog ist das 1. Quartil $Q_1$ (bzw. 3. Quartil $Q_3$) der größte Merkmalswert $a_{[j]}$ (bzw. $a_{[l]}$), für den

$$\mathrm{F}(a_{[j]}) \leq 0{,}25 \quad (\text{bzw.} \quad \mathrm{F}(a_{[l]}) \leq 0{,}75)$$

gilt.

Bei *klassifizierten Daten* ergibt sich der feinberechnete Median aus der Klassenuntergrenze $x_i^u$ und der Klassenobergrenze $x_i^o$ derjenigen Klasse $i$, in der die Summenhäufigkeitsfunktion den Wert 0,5 erreicht:

$$\mathrm{Me} = x_i^u + \frac{0{,}5 - \mathrm{F}(x_i^u)}{\mathrm{F}(x_i^o) - \mathrm{F}(x_i^u)}(x_i^o - x_i^u).$$

In analoger Weise ergeben sich die feinberechneten Quartile zu

$$Q_1 = x_k^u + \frac{0{,}25 - \mathrm{F}(x_k^u)}{\mathrm{F}(x_k^o) - \mathrm{F}(x_k^u)}(x_k^o - x_k^u),$$

wobei $k$ diejenige Klasse ist, in der die Summenhäufigkeitsfunktion den Wert 0,25 erreicht, und

$$Q_3 = x_l^u + \frac{0{,}75 - \mathrm{F}(x_l^u)}{\mathrm{F}(x_l^o) - \mathrm{F}(x_l^u)}(x_l^o - x_l^u),$$

wobei $l$ diejenige Klasse ist, in der die Summenhäufigkeitsfunktion den Wert 0,75 erreicht.

$Q_2$ entspricht dem Median Me.

## Modus Mo

Der Modus Mo ist als die häufigste Merkmalsausprägung definiert. Bei klassifizierten Daten wird als Modus die Klassenmitte der Klasse mit der größten Säulenhöhe im Histogramm gewählt.

## Geometrisches Mittel G

Bei *Einzelwerten* ist das geometrische Mittel definiert als

$$G = \sqrt[N]{a_1 \cdot a_2 \cdot \ldots \cdot a_N} \quad \text{bzw.} \quad \log G = \frac{1}{N}\sum_{i=1}^{N} \log a_i \,.$$

Für *Häufigkeitsverteilungen* ergibt sich

$$G = \sqrt[N]{x_1^{h_1} \cdot x_2^{h_2} \cdot \ldots \cdot x_k^{h_k}} \quad \text{bzw.}$$

$$\log G = \frac{1}{N}\sum_{i=1}^{k} h_i \log x_i = \sum_{i=1}^{k} f_i \log x_i \,.$$

In der folgenden Tabelle wird angegeben, bei welchen Skalenniveaus die Berechnung des entsprechenden Mittelwertes sinnvoll ist.

| Mittelwerte | Skala | | | |
|---|---|---|---|---|
| | Nominalskala | Ordinalskala | Intervallskala | Verhältnisskala |
| Modus | × | × | × | × |
| Median und Quartile | | × | × | × |
| Arithmetisches Mittel | | | × | × |
| Geometrisches Mittel | | | | × |

## Varianz $\sigma^2$ und Standardabweichung $\sigma$

Bei *Einzelwerten* ist die Varianz definiert als

$$\sigma^2 = \frac{1}{N}\sum_{i=1}^{N}(a_i - \mu)^2 = \frac{1}{N}\sum_{i=1}^{N} a_i^2 - \mu^2 = \mu_{a^2} - \mu^2 .$$

Bei *Häufigkeitsverteilungen* erhält man die Varianz zu

$$\sigma^2 = \frac{1}{N}\sum_{i=1}^{k}(x_i - \mu)^2 h_i = \frac{1}{N}\sum_{i=1}^{k} x_i^2 h_i - \mu^2 = \frac{1}{N}\sum_{i=1}^{k} x_i^2 h_i - \left(\frac{\sum_{i=1}^{k} x_i h_i}{N}\right)^2$$

bzw.

$$\sigma^2 = \sum_{i=1}^{k}(x_i - \mu)^2 f_i = \sum_{i=1}^{k} x_i^2 f_i - \mu^2 = \sum_{i=1}^{k} x_i^2 f_i - \left(\sum_{i=1}^{k} x_i f_i\right)^2 .$$

Bei einer *Häufigkeitsverteilung klassifizierter Daten* ergibt sich die Varianz näherungsweise zu

$$\sigma^2 = \frac{1}{N}\sum_{i=1}^{k}(x_i' - \mu)^2 h_i = \frac{1}{N}\sum_{i=1}^{k} x_i'^2 h_i - \mu^2 = \sum_{i=1}^{k}(x_i' - \mu)^2 f_i = \sum_{i=1}^{k} x_i'^2 f_i - \mu^2 .$$

Bei einer *unimodalen (eingipfligen) Verteilung* und einer konstanten Klassenbreite $\Delta x$ führt die Sheppard-Korrektur zum *besseren Näherungswert*

$$\sigma^2_{korr.} = \sigma^2 - \frac{(\Delta x)^2}{12} .$$

Für eine Grundgesamtheit, die aus $k$ *Teilgesamtheiten* mit den Umfängen $N_1, N_2, \ldots, N_k$, den arithmetischen Mitteln $\mu_1, \mu_2, \ldots, \mu_k$ und den Varianzen

$\sigma_1^2, \sigma_2^2, \ldots, \sigma_k^2$, besteht, ergibt sich die Varianz zu

$$\sigma^2 = \sum_{i=1}^{k} \frac{N_i}{N}\sigma_i^2 + \sum_{i=1}^{k} \frac{N_i}{N}(\mu_i - \mu)^2$$

mit

$$N = \sum_{i=1}^{k} N_i \quad \text{bzw.} \quad \mu = \sum_{i=1}^{k} \frac{N_i}{N}\mu_i\,.$$

Die *Standardabweichung* $\sigma$ ergibt sich jeweils als

$$\sigma = \sqrt{\sigma^2}\,.$$

## Standardisierung

Aus den *Einzelwerten* $a_1, a_2, \ldots, a_N$ werden die *standardisierten Einzelwerte* $z_i$ nach der Formel

$$z_i = \frac{a_i - \mu}{\sigma} \quad (i = 1, \ldots, N)$$

berechnet, wobei

$$\mu = \frac{1}{N}\sum_{i=1}^{N} a_i \quad \text{und} \quad \sigma = \sqrt{\frac{1}{N}\sum_{i=1}^{N}(a_i - \mu)^2}$$

ist.

Die *standardisierten Einzelwerte* $z_i$ $(i = 1, \ldots, N)$ besitzen das arithmetische Mittel 0 und die Varianz 1.

## Variationskoeffizient VC

$$\mathrm{VC} = \frac{\sigma}{\mu} \quad \text{bzw.} \quad \mathrm{VC} = \frac{\sigma}{\mu}100\%$$

## Mittlere absolute Abweichung MAD bezogen auf $\mu$

Bei *Einzelwerten* ergibt sich

$$\mathrm{MAD} = \frac{1}{N}\sum_{i=1}^{N} |a_i - \mu|$$

und bei einer *Häufigkeitsverteilung*

$$\text{MAD} = \frac{1}{N}\sum_{i=1}^{k} |x_i - \mu| h_i = \sum_{i=1}^{k} |x_i - \mu| f_i \,.$$

## Spannweite R

Die *Einzelwerte* $a_1, a_2, \ldots, a_N$ werden der Größe nach angeordnet, so dass gilt:

$$a_{[1]} \leq a_{[2]} \leq \ldots \leq a_{[N]} \,.$$

Dann ist

$$R = a_{[N]} - a_{[1]} \,.$$

## Quartilsabstand $\mathrm{QA}$ und Mittlerer Quartilsabstand $\mathrm{MQA}$

$$\text{QA} = Q_3 - Q_1 \quad \text{und} \quad \text{MQA} = \frac{Q_3 - Q_1}{2}$$

## Quartilsdispersionskoeffizient $\mathrm{QDC}$

$$\text{QDC} = \frac{Q_3 - Q_1}{Q_3 + Q_1}\, 100\%$$

## Perzentil

$$P_{100p} = x_i^u + \frac{p - F(x_i^u)}{F(x_i^o) - F(x_i^u)} \cdot (x_i^o - x_i^u) \quad (i\text{: Index der Einfallsklasse})$$

In der folgenden Tabelle wird angegeben, bei welchen Skalenniveaus eine Berechnung des entsprechenden Streuungsmaßes sinnvoll ist.

| Streuungsmaße | Skala | | | |
|---|---|---|---|---|
| | Nominalskala | Ordinalskala | Intervallskala | Verhältnisskala |
| Spannweite | | × | × | × |
| Quartilsabstand | | × | × | × |
| Mittlerer Quartilsabstand | | × | × | × |
| Mittlere absolute Abweichung | | | × | × |
| Varianz, Standardabweichung | | | × | × |
| Variationskoeffizient | | | | × |
| Quartilsdispersionskoeffizient | | | | × |

## Kovarianz

$$\frac{1}{N}\sum_{i-1}^{N}(a_i-\mu_a)(b_i-\mu_b)=\frac{1}{N}\left(\sum_{i=1}^{N}a_ib_i-N\mu_a\mu_b\right)=\mu_{ab}-\mu_a\mu_b$$

## Lineare Einfachkorrelation $\rho$

$$\rho=\frac{\mu_{ab}-\mu_a\cdot\mu_b}{\sqrt{\mu_{a^2}-\mu_a^2}\sqrt{\mu_{b^2}-\mu_b^2}}$$

## Rangkorrelation $\rho_{sp}$ (ohne Rangbindung $*$)

$$\rho_{sp}=\frac{\mu_{r_ar_b}-\mu_{r_a}\cdot\mu_{r_b}}{\sqrt{\mu_{r_a^2}-\mu_{r_a}^2}\sqrt{\mu_{r_b^2}-\mu_{r_b}^2}}\overset{*}{=}1-\frac{6\sum_{i=1}^{N}(r_a(a_i)-r_b(b_i))^2}{N(N-1)(N+1)}$$

Formeln

$A$, $B$ und $E$ bezeichnen Ereignisse; $S$ ist der Ereignisraum.

## Klassische Wahrscheinlichkeitsdefinition

Sind alle Elementarereignisse gleichmöglich, so ist

$$\mathrm{W}(A) = \frac{\text{Anzahl der für A günstigen Fälle}}{\text{Anzahl aller gleichmöglichen Fälle}}\,.$$

## Statistische Wahrscheinlichkeitsdefinition

$$\mathrm{W}(A) = \lim_{n\to\infty} f_n(A) = \lim_{n\to\infty} \frac{h_n(A)}{n}$$

## Axiomatische Wahrscheinlichkeitsdefinition

**Axiome von Kolmogorov:**

(1) $0 \leq \mathrm{W}(A) \leq 1$ für $A \subset S$

(2) $\mathrm{W}(S) = 1$

(3) $\mathrm{W}(A \cup B) = \mathrm{W}(A) + \mathrm{W}(B)$ für $A \cap B = \emptyset$

Aus Axiom (3) ergibt sich die **Beziehung**

$$\mathrm{W}(A_1 \cup A_2 \cup \ldots \cup A_n) = \mathrm{W}(A_1) + \mathrm{W}(A_2) + \ldots + \mathrm{W}(A_n)$$

für

$$A_i \cap A_j = \emptyset \quad (i \neq j)\,.$$

## Gegenwahrscheinlichkeit

Für $\overline{A}$, das Komplementärereignis von $A$, gilt

$$\mathrm{W}(\overline{A}) = 1 - \mathrm{W}(A)\,.$$

## De Morgansche Gesetze

Aus den mengentheoretischen Beziehungen

$$\overline{A \cup B} = \overline{A} \cap \overline{B} \quad \text{und} \quad \overline{A \cap B} = \overline{A} \cup \overline{B}$$

lassen sich folgende Regeln ableiten:

$$W(A \cup B) = 1 - W(\overline{A} \cap \overline{B}) \quad \text{und}$$
$$W(A \cap B) = 1 - W(\overline{A} \cup \overline{B}).$$

## Additionssatz

$$W(A \cup B) = W(A) + W(B) - W(A \cap B)$$

## Bedingte Wahrscheinlichkeit

Für $W(A) > 0$ ist die bedingte Wahrscheinlichkeit des Ereignisses $B$ unter der Bedingung $A$ definiert als

$$W(B/A) = \frac{W(A \cap B)}{W(A)}.$$

## Stochastische Unabhängigkeit

Zwei Ereignisse $A$, $B$ heißen stochastisch unabhängig genau dann, wenn

$$W(B/A) = W(B/\overline{A}) \vee W(A/B) = W(A/\overline{B}),$$

bzw. $W(A \cap B) = W(A) \cdot W(B)$ gilt.

## Multiplikationssatz

Für *stochastisch unabhängige Ereignisse* $A$, $B$ gilt

$$W(A \cap B) = W(A) \cdot W(B).$$

Für *stochastisch abhängige Ereignisse* $A$, $B$ gilt

$$W(A \cap B) = W(A) \cdot W(B/A) = W(B) \cdot W(A/B).$$

## Theorem von der totalen Wahrscheinlichkeit

Wenn $A_1 \cup A_2 \cup \ldots \cup A_n = S$ und $A_i \cap A_j = \emptyset$ für $i \neq j$ gilt, dann ist für $E \subset S$

$$W(E) = \sum_{i=1}^{n} W(A_i) \cdot W(E/A_i).$$

## Theorem von Bayes

Unter den Voraussetzungen $A_1 \cup A_2 \cup \ldots \cup A_n = S$ und $A_i \cap A_j = \emptyset$ für $i \neq j$ und $E \subset S$ gilt

$$\mathrm{W}(A_j/E) = \frac{\mathrm{W}(A_j) \cdot \mathrm{W}(E/A_j)}{\sum_{i=1}^{n} \mathrm{W}(A_i) \cdot \mathrm{W}(E/A_i)} \quad (j = 1, \ldots, n).$$

## Wahrscheinlichkeitsfunktion und Verteilungsfunktion diskreter Zufallsvariabler

*Wahrscheinlichkeitsfunktion:*

$$\mathrm{f}(x_i) = \mathrm{W}(X = x_i) \quad (i = 1, 2, \ldots)$$

Jede Wahrscheinlichkeitsfunktion erfüllt die beiden Eigenschaften

$$\mathrm{f}(x_i) \geq 0 \quad (i = 1, 2, \ldots) \quad \text{und} \quad \sum_i \mathrm{f}(x_i) = 1\,.$$

*Verteilungsfunktion:*

$$\mathrm{F}(x) = \mathrm{W}(X \leq x) = \sum_{x_i \leq x} \mathrm{f}(x_i)$$

## Wahrscheinlichkeitsdichte und Verteilungsfunktion stetiger Zufallsvariabler

*Wahrscheinlichkeitsdichte:*

$$\mathrm{W}(a \leq X \leq b) = \int_a^b \mathrm{f}(x)\,\mathrm{d}x$$

Jede Wahrscheinlichkeitsdichte erfüllt die beiden Eigenschaften

$$\mathrm{f}(x) \geq 0 \quad \text{und} \quad \int_{-\infty}^{+\infty} \mathrm{f}(x)\,\mathrm{d}x = 1\,.$$

*Verteilungsfunktion:*

$$\mathrm{F}(x) = \mathrm{W}(X \leq x) = \int_{-\infty}^{x} \mathrm{f}(v)\,\mathrm{d}v \quad \text{d. h.} \quad \mathrm{F}'(x) = \mathrm{f}(x)$$

Die Verteilungsfunktion stetiger Zufallsvariabler hat folgende Eigenschaften:

(1) $0 \leq \mathrm{F}(x) \leq 1$;

(2) $\mathrm{F}(x)$ ist monoton wachsend, d. h. für $x_1 < x_2$ gilt $\mathrm{F}(x_1) \leq \mathrm{F}(x_2)$;

(3) $\lim\limits_{x \to -\infty} \mathrm{F}(x) = 0$;

(4) $\lim\limits_{x \to +\infty} \mathrm{F}(x) = 1$;

(5) $\mathrm{F}(x)$ ist überall stetig.

Es gilt weiterhin

$$\begin{aligned} &\mathrm{W}(a \leq X \leq b) \\ &= \mathrm{W}(a < X \leq b) = \mathrm{W}(a \leq X < b) = \mathrm{W}(a < X < b) \\ &= \mathrm{F}(b) - \mathrm{F}(a)\,. \end{aligned}$$

## Erwartungswert und Varianz von Zufallsvariablen

*Diskrete Zufallsvariable*

$$\mathrm{E}(X) = \sum_i x_i \mathrm{f}(x_i)$$

$$\begin{aligned} \mathrm{Var}(X) &= \mathrm{E}[[X - \mathrm{E}(X)]^2] \\ &= \sum_i [x_i - \mathrm{E}(X)]^2 \mathrm{f}(x_i) \\ &= \sum_i x_i^2 \mathrm{f}(x_i) - [\mathrm{E}(X)]^2 \end{aligned}$$

*Stetige Zufallsvariable*

$$\mathrm{E}(X) = \int_{-\infty}^{\infty} x\mathrm{f}(x)\,\mathrm{d}x$$

$$\begin{aligned} \mathrm{Var}(X) &= \mathrm{E}[[X - \mathrm{E}(X)]^2] \\ &= \int_{-\infty}^{+\infty} [x - \mathrm{E}(X)]^2 \mathrm{f}(x)\,\mathrm{d}x \\ &= \int_{-\infty}^{+\infty} x^2 \mathrm{f}(x)\,\mathrm{d}x - [\mathrm{E}(X)]^2 \end{aligned}$$

## Rechnen mit Erwartungswerten und Varianzen

Für die Zufallsvariable $Y = g(X)$ ist

$$\mathrm{E}(Y) = \mathrm{E}[g(X)] = \sum_i g(x_i)\mathrm{f}(x_i) \qquad \text{im diskreten Fall und}$$

$$\mathrm{E}(Y) = \mathrm{E}[g(X)] = \int_{-\infty}^{+\infty} g(x)\mathrm{f}(x)\,\mathrm{d}x \qquad \text{im stetigen Fall.}$$

Falls $g$ eine *lineare Transformation* ist, ergeben sich Erwartungswert und Varianz von $Y$ wie folgt:

| $Y$ | $\mathrm{E}(Y)$ | $\mathrm{Var}(Y)$ |
|---|---|---|
| $a$ | $a$ | $0$ |
| $bX$ | $b\,\mathrm{E}(X)$ | $b^2\,\mathrm{Var}(X)$ |
| $a+X$ | $a+\mathrm{E}(X)$ | $\mathrm{Var}(X)$ |
| $a+bX$ | $a+b\,\mathrm{E}(X)$ | $b^2\,\mathrm{Var}(X)$ |

## Gemeinsame Wahrscheinlichkeitsfunktion und Verteilungsfunktion zweier diskreter Zufallsvariabler

*Wahrscheinlichkeitsfunktion:*

$$\mathrm{W}(X = x_i \wedge Y = y_j) = \mathrm{f}(x_i, y_j) \quad (i, j = 1, 2, \ldots)$$

| $x$ \ $y$ | $y_1$ | $y_2$ | $\cdots$ | $y_j$ | $\cdots$ | $y_n$ |
|---|---|---|---|---|---|---|
| $x_1$ | $\mathrm{f}(x_1, y_1)$ | $\mathrm{f}(x_1, y_2)$ | $\cdots$ | $\mathrm{f}(x_1, y_j)$ | $\cdots$ | $\mathrm{f}(x_1, y_n)$ |
| $x_2$ | $\mathrm{f}(x_2, y_1)$ | $\mathrm{f}(x_2, y_2)$ | $\cdots$ | $\mathrm{f}(x_2, y_j)$ | $\cdots$ | $\mathrm{f}(x_2, y_n)$ |
| . | . | . | $\cdots$ | . | $\cdots$ | . |
| . | . | . | $\cdots$ | . | $\cdots$ | . |
| . | . | . | $\cdots$ | . | $\cdots$ | . |
| $x_i$ | $\mathrm{f}(x_i, y_1)$ | $\mathrm{f}(x_i, y_2)$ | $\cdots$ | $\mathrm{f}(x_i, y_j)$ | $\cdots$ | $\mathrm{f}(x_i, y_n)$ |
| . | . | . | $\cdots$ | . | $\cdots$ | . |
| . | . | . | $\cdots$ | . | $\cdots$ | . |
| . | . | . | $\cdots$ | . | $\cdots$ | . |
| $x_m$ | $\mathrm{f}(x_m, y_1)$ | $\mathrm{f}(x_m, y_2)$ | $\cdots$ | $\mathrm{f}(x_m, y_j)$ | $\cdots$ | $\mathrm{f}(x_m, y_n)$ |

Jede Wahrscheinlichkeitsfunktion besitzt die beiden Eigenschaften

$$\mathrm{f}(x_i, y_j) \geq 0 \quad (i, j = 1, 2, \ldots)$$

und

$$\sum_i \sum_j \mathrm{f}(x_i, y_j) = 1\,.$$

*Verteilungsfunktion:*

$$\mathrm{F}(x,y) = \mathrm{W}(X \leq x, Y \leq y) = \sum_{x_i \leq x} \sum_{y_j \leq y} \mathrm{f}(x_i, y_j)$$

## Randverteilungen

$$f_X(x_i) = \mathrm{W}(X = x_i) = \sum_j \mathrm{f}(x_i, y_j) \qquad (i = 1, 2, \ldots)$$

$$f_Y(y_j) = \mathrm{W}(Y = y_j) = \sum_i \mathrm{f}(x_i, y_j) \qquad (j = 1, 2, \ldots)$$

Zwei Zufallsvariable $X$, $Y$ sind genau dann *stochastisch unabhängig*, wenn

$\mathrm{f}(x_i, y_j) = f_X(x_i) \cdot f_Y(y_j) \quad (i, j = 1, 2, \ldots)$ gilt.



## Bedingte Verteilungen

$$\mathrm{f}(x_i/y_j) = \frac{\mathrm{f}(x_i, y_j)}{\mathrm{f}_Y(y_j)} \qquad (i, j = 1, 2, \ldots)$$

$$\mathrm{f}(y_j/x_i) = \frac{\mathrm{f}(x_i, y_j)}{\mathrm{f}_X(x_i)} \qquad (i, j = 1, 2, \ldots)$$

## Erwartungswerte, Varianzen, Kovarianz und Korrelationskoeffizient

*Erwartungswerte*

$$\mathrm{E}(X) = \sum_i \sum_j x_i \mathrm{f}(x_i, y_j) = \sum_i x_i f_X(x_i)$$

$$\mathrm{E}(Y) = \sum_i \sum_j y_j \mathrm{f}(x_i, y_j) = \sum_j y_j f_Y(y_j)$$

*Varianzen*

$$\mathrm{Var}(X) = \sum_i x_i^2 f_X(x_i) - [\mathrm{E}(X)]^2$$

$$\mathrm{Var}(Y) = \sum_j y_j^2 f_Y(y_j) - [\mathrm{E}(Y)]^2$$

*Bedingte Erwartungswerte*

$$\mathrm{E}(X/y_j) = \sum_i x_i \mathrm{f}(x_i/y_j) \qquad (j = 1, 2, \ldots)$$

$$\mathrm{E}(Y/x_i) = \sum_j y_j \mathrm{f}(y_j/x_i) \qquad (i = 1, 2, \ldots)$$

*Bedingte Varianzen*

$$\mathrm{Var}(X/y_j) = \sum_i x_i^2 \mathrm{f}(x_i/y_j) - [\mathrm{E}(X/y_j)]^2 \qquad (j = 1, 2, \ldots)$$

$$\mathrm{Var}(Y/x_i) = \sum_j y_j^2 \mathrm{f}(y_j/x_i) - [\mathrm{E}(Y/x_i)]^2 \qquad (i = 1, 2, \ldots)$$

*Kovarianz*

$$\mathrm{Cov}(X, Y) = \mathrm{E}[[X - \mathrm{E}(X)] \cdot [Y - \mathrm{E}(Y)]]$$
$$= \mathrm{E}(XY) - \mathrm{E}(X) \cdot \mathrm{E}(Y)$$

mit

$$\mathrm{E}(XY) = \sum_i \sum_j x_i y_j \mathrm{f}(x_i, y_j)$$

*Korrelationskoeffizient*

$$\varrho(X, Y) = \frac{\mathrm{E}[[X - \mathrm{E}(X)] \cdot [Y - \mathrm{E}(Y)]]}{\sigma_X \cdot \sigma_Y} = \frac{\mathrm{Cov}(X, Y)}{\sigma_X \cdot \sigma_Y}$$

$$\text{mit } \sigma_X = \sqrt{\text{Var}(X)} \text{ und } \sigma_Y = \sqrt{\text{Var}(Y)}$$

$$-1 \leq \varrho(X, Y) \leq +1 \,.$$

Bei stochastisch unabhängigen Zufallsvariablen $X$, $Y$ ist $\text{Cov}(X, Y) = 0$ und daher $\varrho(X, Y) = 0$.

## Erwartungswert einer Funktion zweier Zufallsvariablen

$$\text{E}[g(X, Y)] = \sum_i \sum_j g(x_i, y_j)\text{f}(x_i, y_j)$$

## Linearkombination von Zufallsvariablen

*Erwartungswert* und *Varianz* einer Linearkombination

$$Z = aX + bY$$

ergeben sich als

$$\text{E}(Z) = a\,\text{E}(X) + b\,\text{E}(Y) \quad \text{und}$$

$$\text{Var}(Z) = a^2\ \text{Var}(X) + b^2\ \text{Var}(Y) + 2ab\ \text{Cov}(X, Y)\,.$$

Bei *stochastisch unabhängigen* Zufallsvariablen $X$, $Y$ gilt

$$\text{Var}(Z) = a^2\ \text{Var}(X) + b^2\ \text{Var}(Y)\,.$$

| $Z$ | $\text{E}(Z)$ | $\text{Var}(Z)$ |
|---|---|---|
| $aX + bY$ | $a\text{E}(X) + b\text{E}(Y)$ | $a^2\ \text{Var}(X) + b^2\ \text{Var}(Y) + 2ab\ \text{Cov}(X, Y)$ |
| $X + Y$ <br> $(a = 1, b = 1)$ | $\text{E}(X) + \text{E}(Y)$ | $\text{Var}(X) + \text{Var}(Y) + 2\,\text{Cov}(X, Y)$ |
| $X - Y$ <br> $(a = 1, b = -1)$ | $\text{E}(X) - \text{E}(Y)$ | $\text{Var}(X) + \text{Var}(Y) - 2\,\text{Cov}(X, Y)$ |
| $\frac{1}{2}(X + Y)$ <br> $(a = \frac{1}{2}, b = \frac{1}{2})$ | $\frac{1}{2}[\text{E}(X) + \text{E}(Y)]$ | $\frac{1}{4}\ \text{Var}(X) + \frac{1}{4}\ \text{Var}(Y) + \frac{1}{2}\ \text{Cov}(X, Y)$ |

*Erwartungswerte und Varianzen einiger Linearkombinationen von X und Y*

## Kombinatorische Grundformeln

| Anordnung / Wiederholung | Mit Berücksichtigung der Anordnung | Ohne Berücksichtigung der Anordnung |
|---|---|---|
| Ohne Wiederholung | $\frac{N!}{(N-n)!}$ | $\binom{N}{n}$ |
| Mit Wiederholung | $N^n$ | $\binom{N+n-1}{n}$ |

*Anzahl der Kombinationen n-ter Ordnung aus N Elementen*

## Binomialverteilung

*Wahrscheinlichkeitsfunktion*

$$f_B(x/n;\theta) = \begin{cases} \binom{n}{x}\theta^x(1-\theta)^{n-x} & \text{für } x = 0, 1, \ldots, n \\ 0 & \text{sonst} \end{cases}$$

*Verteilungsfunktion*

$$F_B(x/n;\theta) = \sum_{v=0}^{x} \binom{n}{v}\theta^v(1-\theta)^{n-v}$$

| Erwartungswert | Varianz |
|---|---|
| $E(X) = n \cdot \theta$ | $Var(X) = n \cdot \theta(1-\theta)$ |

*Rekursionsformel*

$$f_B(x+1/n;\theta) = f_B(x/n;\theta) \cdot \frac{n-x}{x+1} \cdot \frac{\theta}{1-\theta}$$

## Hypergeometrische Verteilung

*Wahrscheinlichkeitsfunktion*

$$f_H(x/N;n;M) = \begin{cases} \dfrac{\dbinom{M}{x}\dbinom{N-M}{n-x}}{\dbinom{N}{n}} & \text{für } x = 0, 1, \ldots, n \\ 0 & \text{sonst} \end{cases}$$

*Verteilungsfunktion*

$$F_H(x/N;n;M) = \sum_{v=0}^{x} \frac{\dbinom{M}{v}\dbinom{N-M}{n-v}}{\dbinom{N}{n}}$$

| Erwartungswert | Varianz |
|---|---|
| $E(X) = n \cdot \frac{M}{N}$ | $Var(X) = n \cdot \frac{M}{N} \cdot \frac{N-M}{N} \cdot \frac{N-n}{N-1}$ |

*Rekursionsformel*

$$f_H(x+1/N;n;M) = f_H(x/N;n;M) \cdot \frac{(M-x)(n-x)}{(x+1)(N-M-n+x+1)}$$

Formeln

## Poissonverteilung

*Wahrscheinlichkeitsfunktion*

$$f_P(x/\mu) = \begin{cases} \dfrac{\mu^x \, e^{-\mu}}{x!} & \text{für } x = 0, 1, \ldots \\ 0 & \text{sonst} \end{cases}$$

$(e = 2{,}71828\ldots)$

*Verteilungsfunktion*

$$F_P(x/\mu) = \sum_{v=0}^{x} \frac{\mu^v \, e^{-\mu}}{v!}$$

| Erwartungswert | Varianz |
|---|---|
| $E(X) = \mu$ | $\text{Var}(X) = \mu$ |

*Rekursionsformel*

$$f_P(x + 1/\mu) = f_P(x/\mu)\frac{\mu}{x+1}$$

## Multinomialverteilung

*Wahrscheinlichkeitsfunktion*

$$f_M(x_1, x_2, \ldots, x_k/n; \theta_1; \theta_2; \ldots; \theta_k) = \frac{n!}{x_1!x_2!\ldots x_k!}\theta_1^{x_1}\theta_2^{x_2}\ldots\theta_k^{x_k}$$

$$\text{mit } \sum_{i=1}^{k} x_i = n \text{ und } \sum_{i=1}^{k} \theta_i = 1 \quad (k = 2, 3, \ldots)$$

| Erwartungswerte | Varianzen |
|---|---|
| $E(X_i) = n \cdot \theta_i \quad (i = 1, \ldots, k)$ | $\text{Var}(X_i) = n\theta_i(1 - \theta_i) \quad (i = 1, \ldots, k)$ |

Formeln

## Gleichverteilung (Rechteckverteilung)

*Wahrscheinlichkeitsdichte*

$$\mathrm{f_G}(x/a;b) = \begin{cases} \dfrac{1}{b-a} & \text{für } a \leq x \leq b \\ 0 & \text{sonst} \end{cases}$$

*Verteilungsfunktion*

$$\mathrm{F_G}(x/a;b) = \begin{cases} 0 & \text{für } x < a \\ \dfrac{x-a}{b-a} & \text{für } a \leq x \leq b \\ 1 & \text{für } x > b \end{cases}$$

| Erwartungswert | Varianz |
|---|---|
| $\mathrm{E}(X) = \frac{a+b}{2}$ | $\mathrm{Var}(X) = \frac{(b-a)^2}{12}$ |



## Exponentialverteilung

*Wahrscheinlichkeitsdichte*

$$\mathrm{f_E}(x/\lambda) = \begin{cases} \lambda\,\mathrm{e}^{-\lambda x} & \text{für } x \geq 0 \text{ mit } \lambda > 0 \\ 0 & \text{sonst} \end{cases}$$

*Verteilungsfunktion*

$$\mathrm{F_E}(x/\lambda) = \begin{cases} 0 & \text{für } x < 0 \\ 1 - \mathrm{e}^{-\lambda x} & \text{für } x \geq 0 \end{cases}$$

| Erwartungswert | Varianz |
|---|---|
| $\mathrm{E}(X) = \frac{1}{\lambda}$ | $\mathrm{Var}(X) = \frac{1}{\lambda^2}$ |

## Normalverteilung

*Wahrscheinlichkeitsdichte*

$$f_n(x/\mu;\sigma^2) = \frac{1}{\sigma\sqrt{2\pi}}\, e^{-\frac{1}{2}\left(\frac{x-\mu}{\sigma}\right)^2}$$

*Verteilungsfunktion*

$$F_n(x/\mu;\sigma^2) = \int_{-\infty}^{x} \frac{1}{\sigma\sqrt{2\pi}}\, e^{-\frac{1}{2}\left(\frac{v-\mu}{\sigma}\right)^2} dv$$

| Erwartungswert | Varianz |
|---|---|
| $E(X) = \mu$ | $Var(X) = \sigma^2$ |

Ist $X$ normalverteilt mit $\mu$ und $\sigma^2$, dann ist die Zufallsvariable

$$Z = \frac{X-\mu}{\sigma}$$

standardnormalverteilt mit dem Erwartungswert $E(Z) = 0$ und der Varianz $Var(Z) = 1$.

*Wahrscheinlichkeitsdichte*

$$f_N(z) = \frac{1}{\sqrt{2\pi}}\, e^{-\frac{1}{2}z^2}$$

*Verteilungsfunktion*

$$F_N(z) = \int_{-\infty}^{z} \frac{1}{\sqrt{2\pi}}\, e^{-\frac{1}{2}v^2} dv$$

| Erwartungswert | Varianz |
|---|---|
| $E(Z) = 0$ | $Var(Z) = 1$ |

## Chi-Quadrat-Verteilung

*Wahrscheinlichkeitsdichte*

$$f_{\mathrm{Ch}}(\chi^2/\nu) = \begin{cases} \dfrac{1}{2^{\nu/2}\,\Gamma\left(\frac{\nu}{2}\right)}\,\mathrm{e}^{-\frac{\chi^2}{2}}(\chi^2)^{\left(\frac{\nu}{2}-1\right)} & \text{für } \chi^2 \geq 0 \\ 0 & \text{sonst} \end{cases}$$

*Verteilungsfunktion*

$$F_{\mathrm{Ch}}(\chi^2/\nu) = \frac{1}{2^{\nu/2}\,\Gamma\left(\frac{\nu}{2}\right)}\int_0^{\chi^2} \mathrm{e}^{-\frac{v}{2}}\,v^{\left(\frac{\nu}{2}-1\right)}\,\mathrm{d}v$$

| Erwartungswert | Varianz |
|---|---|
| $E(X^2) = \nu$ | $\mathrm{Var}(X^2) = 2\nu$ |

## Studentverteilung

*Wahrscheinlichkeitsdichte*

$$f_{\mathrm{S}}(t/\nu) = \frac{\Gamma\left(\frac{\nu+1}{2}\right)}{\sqrt{\nu\pi}\,\Gamma\left(\frac{\nu}{2}\right)} \cdot \frac{1}{\left(1+\frac{t^2}{\nu}\right)^{(\nu+1)/2}} \qquad -\infty < t < +\infty$$

*Verteilungsfunktion*

$$F_{\mathrm{S}}(t/\nu) = \frac{\Gamma\left(\frac{\nu+1}{2}\right)}{\sqrt{\nu\pi}\,\Gamma\left(\frac{\nu}{2}\right)}\int_{-\infty}^{t} \frac{1}{\left(1+\frac{v^2}{\nu}\right)^{(\nu+1)/2}}\,\mathrm{d}v$$

| Erwartungswert | Varianz |
|---|---|
| $E(T) = 0$ für $\nu > 1$ | $\mathrm{Var}(T) = \frac{\nu}{\nu-2}$ für $\nu > 2$ |

## F-Verteilung

*Wahrscheinlichkeitsdichte*

$$f_F(f/\nu_1;\nu_2) = \begin{cases} \dfrac{\Gamma\left(\frac{\nu_1+\nu_2}{2}\right)}{\Gamma\left(\frac{\nu_1}{2}\right)\Gamma\left(\frac{\nu_2}{2}\right)} \dfrac{\left(\frac{\nu_1}{\nu_2}\right)^{\frac{\nu_1}{2}} f^{\frac{\nu_1}{2}-1}}{\left(1+\frac{\nu_1}{\nu_2}f\right)^{\frac{\nu_1+\nu_2}{2}}} & \text{für } f > 0 \\ 0 & \text{für } f \leq 0 \end{cases}$$

*Verteilungsfunktion*

$$F_F(f/\nu_1;\nu_2) =$$
$$\begin{cases} \dfrac{\Gamma\left(\frac{\nu_1+\nu_2}{2}\right)}{\Gamma\left(\frac{\nu_1}{2}\right)\Gamma\left(\frac{\nu_2}{2}\right)} \left(\frac{\nu_1}{\nu_2}\right)^{\frac{\nu_1}{2}} \displaystyle\int_0^f \dfrac{v^{\frac{\nu_1}{2}-1}}{\left(1+\frac{\nu_1}{\nu_2}v\right)^{\frac{\nu_1+\nu_2}{2}}}\, dv & \text{für } f > 0 \\ 0 & \text{für } f \leq 0 \end{cases}$$

| Erwartungswert | Varianz |
| --- | --- |
| $E(F) = \frac{\nu_2}{\nu_2-2}$ für $\nu_2 > 2$ | $\text{Var}(F) = \frac{2\nu_2^2(\nu_1+\nu_2-2)}{\nu_1(\nu_2-2)^2(\nu_2-4)}$ für $\nu_2 > 4$ |

# Approximationen

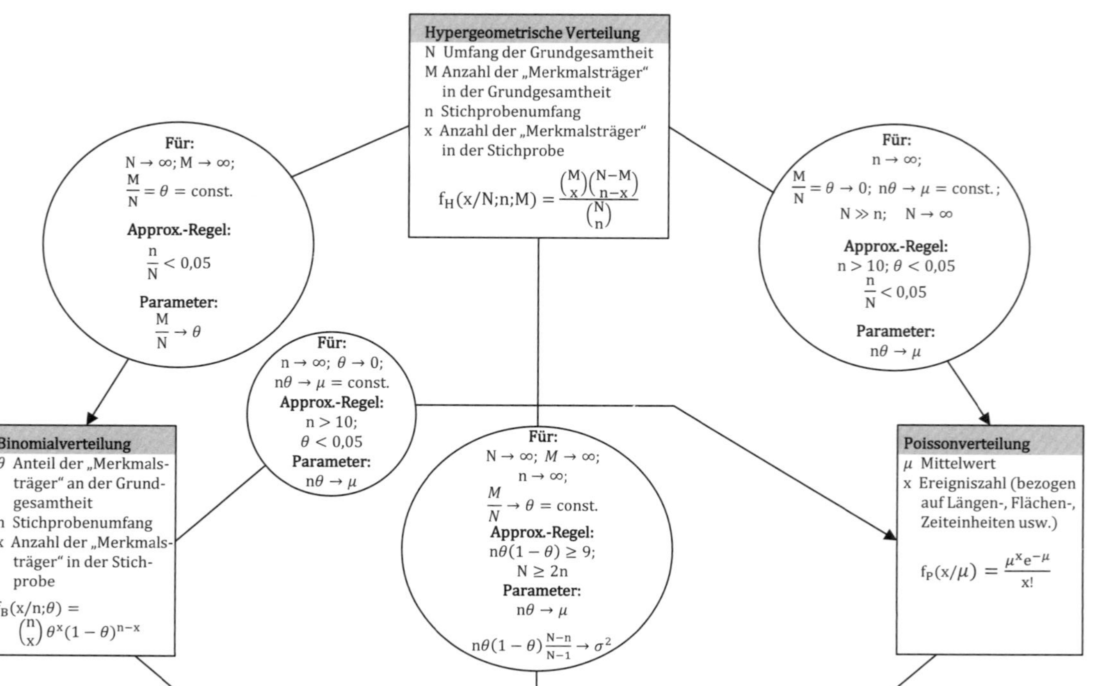

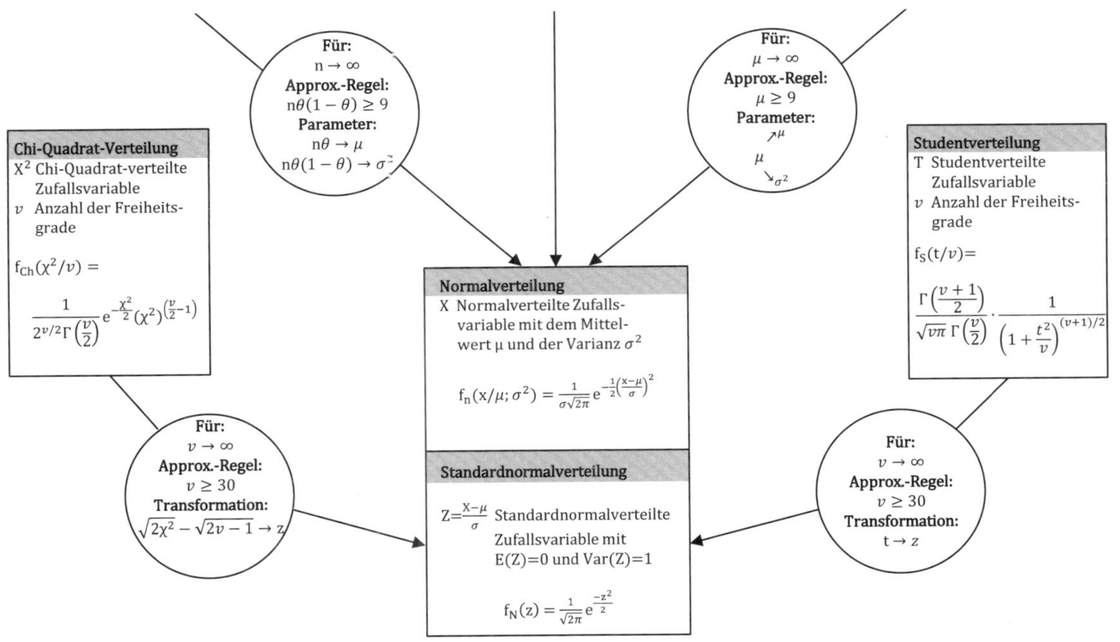
Chi-Quadrat-Verteilung
$X^2$ Chi-Quadrat-verteilte Zufallsvariable
ν Anzahl der Freiheitsgrade
$f_{Ch}(\chi^2/\nu) = \frac{1}{2^{\nu/2}\Gamma\left(\frac{\nu}{2}\right)} e^{-\frac{\chi^2}{2}} (\chi^2)^{\left(\frac{\nu}{2}-1\right)}$
Für: $n \to \infty$
Approx.-Regel: $n\theta(1-\theta) \geq 9$
Parameter: $n\theta \to \mu$
$n\theta(1-\theta) \to \sigma^2$
Für: $\nu \to \infty$
Approx.-Regel: $\nu \geq 30$
Transformation: $\sqrt{2\chi^2} - \sqrt{2\nu - 1} \to z$
Normalverteilung
X Normalverteilte Zufallsvariable mit dem Mittelwert μ und der Varianz $\sigma^2$
$f_n(x/\mu;\sigma^2) = \frac{1}{\sigma\sqrt{2\pi}} e^{-\frac{1}{2}\left(\frac{x-\mu}{\sigma}\right)^2}$
Standardnormalverteilung
$Z=\frac{X-\mu}{\sigma}$ Standardnormalverteilte Zufallsvariable mit E(Z)=0 und Var(Z)=1
$f_N(z) = \frac{1}{\sqrt{2\pi}} e^{\frac{-z^2}{2}}$
Für: $\mu \to \infty$
Approx.-Regel: $\mu \geq 9$
Parameter: $\mu \nearrow \mu$, $\mu \searrow \sigma^2$
Studentverteilung
T Studentverteilte Zufallsvariable
ν Anzahl der Freiheitsgrade
$f_S(t/\nu) = \frac{\Gamma\left(\frac{\nu+1}{2}\right)}{\sqrt{\nu\pi}\,\Gamma\left(\frac{\nu}{2}\right)} \cdot \frac{1}{\left(1+\frac{t^2}{\nu}\right)^{(\nu+1)/2}}$
Für: $\nu \to \infty$
Approx.-Regel: $\nu \geq 30$
Transformation: $t \to z$

Formeln

## Stichprobenkennzahlen

Eine Stichprobe vom Umfang $n$ mit den Werten $x_1, x_2, \ldots, x_n$ liefert das *arithmetische Mittel* der Stichprobe

$$\bar{x} = \frac{1}{n}\sum_{i=1}^{n} x_i$$

und die *Stichprobenvarianz*

$$\begin{aligned} s^2 &= \frac{1}{n-1}\sum_{i=1}^{n}(x_i - \bar{x})^2 \\ &= \frac{n}{n-1}\left[\frac{1}{n}\sum_{i=1}^{n} x_i^2 - \bar{x}^2\right] \\ &= \frac{n}{n-1}\left[\frac{1}{n}\sum_{i=1}^{n} x_i^2 - \left(\frac{1}{n}\sum_{i=1}^{n} x_i\right)^2\right] \end{aligned}$$

## Einige wichtige Stichprobenverteilungen

| Zufalls-variable | Stichprobenverteilung | Parameter |
|---|---|---|
| | (1) Ziehen ohne Zurücklegen<br>(2) Ziehen mit Zurücklegen | |
| $P$ | (1) $\mathrm{f}(p) = \mathrm{f_H}(np/N; n; M)$ (Hypergeometrische Verteilung)<br>(2) $\mathrm{f}(p) = \mathrm{f_B}(np/n; \theta)$ (Binomialverteilung)<br>Normalverteilung *Bedingung:* $n\theta(1-\theta) \geq 9$ | $\mathrm{E}(P) = \theta$<br>(1) $\mathrm{Var}(P) = \sigma_P^2 = \frac{\theta(1-\theta)}{n}\frac{N-n}{N-1}^*$<br>(2) $\mathrm{Var}(P) = \sigma_P^2 = \frac{\theta(1-\theta)}{n}$ |
| $\overline{X}$ | Normalverteilung *Bedingung:* Grundgesamtheit normalverteilt oder $n > 30$ | $\mathrm{E}(\overline{X}) = \mu$<br>(1) $\mathrm{Var}(\overline{X}) = \sigma_{\overline{X}}^2 = \frac{\sigma^2}{n}\frac{N-n}{N-1}^*$<br>(2) $\mathrm{Var}(\overline{X}) = \sigma_{\overline{X}}^2 = \frac{\sigma^2}{n}$ |

| Zufalls-variable | Stichprobenverteilung | Parameter |
|---|---|---|
| | (1) Ziehen ohne Zurücklegen<br>(2) Ziehen mit Zurücklegen | |
| $T = \frac{\overline{X} - \mu}{\frac{S}{\sqrt{n}}}$ | Studentverteilung<br>*Bedingung:* Grundgesamtheit normalverteilt | $\nu = n - 1$ |
| | Standardnormalverteilung<br>*Bedingung:* $n > 30$ | • |
| $U^* = \frac{(n-1)S^2}{\sigma^2}$ | Chi-Quadrat-Verteilung<br>*Bedingung:* Grundgesamtheit normalverteilt | $\nu = n - 1$ |
| $D = \overline{X}_1 - \overline{X}_2$ | Normalverteilung<br>*Bedingung:* Grundgesamtheiten normalverteilt oder $n_1 > 30$ und $n_2 > 30$ | $\mathrm{E}(D) = \mu_1 - \mu_2$<br>$\mathrm{Var}(D) = \sigma_D^2 = \frac{\sigma_1^2}{n_1} + \frac{\sigma_2^2}{n_2}$<br>Für:<br>(2) und<br>(1) mit $n_1/N_1 < 0{,}05$ und $n_2/N_2 < 0{,}05$ |
| $D = P_1 - P_2$ | Normalverteilung<br>*Bedingung:*<br>$n_1\theta_1(1-\theta_1) \geq 9$ und $n_2\theta_2(1-\theta_2) \geq 9$ | $\mathrm{E}(D) = \theta_1 - \theta_2$<br>$\mathrm{Var}(D) = \sigma_D^2 = \frac{\theta_1(1-\theta_1)}{n_1} + \frac{\theta_2(1-\theta_2)}{n_2}$<br>Für:<br>(2) und<br>(1) mit $n_1/N_1 < 0{,}05$ und $n_2/N_2 < 0{,}05$ |
| $F = \frac{S_1^2/\sigma_1^2}{S_2^2/\sigma_2^2}$ | F-Verteilung<br>*Bedingung:* Grundgesamtheit normalverteilt | $\nu_1 = n_1 - 1$; $\nu_2 = n_2 - 1$ |

* Bei einem Auswahlsatz von $n/N < 0{,}05$ kann der Korrekturfaktor für endliche Gesamtheiten $\sqrt{\frac{N-n}{N-1}}$ vernachlässigt werden.

| Parameter | Konfidenzintervall | Standardfehler<br>(1) Ziehen ohne Zurücklegen<br>(2) Ziehen mit Zurücklegen | Anzuwendende Verteilung<br>„kleine" Stichproben | <br>„große" Stichproben |
|---|---|---|---|---|
| $\mu$ ($\sigma$ bekannt) | $\bar{x} - z\sigma_{\bar{x}} \leq \mu \leq \bar{x} + z\sigma_{\bar{x}}$ | (1) $\sigma_{\bar{x}} = \frac{\sigma}{\sqrt{n}}\sqrt{\frac{N-n}{N-1}}^{*}$<br>(2) $\sigma_{\bar{x}} = \frac{\sigma}{\sqrt{n}}$ | Normalverteilung<br>*Bedingung:* Grundgesamtheit normalverteilt | Normalverteilung<br>*Faustregel:* $n > 30$ |
| $\mu$ ($\sigma$ unbekannt) | $\bar{x} - t\hat{\sigma}_{\bar{x}} \leq \mu \leq \bar{x} + t\hat{\sigma}_{\bar{x}}$ | (1) $\hat{\sigma}_{\bar{x}} = \frac{s}{\sqrt{n}}\sqrt{\frac{N-n}{N}}^{*}$<br>(2) $\hat{\sigma}_{\bar{x}} = \frac{s}{\sqrt{n}}$ | Studentverteilung mit $\nu = n - 1$<br>*Bedingung:* Grundgesamtheit normalverteilt | Normalverteilung<br>*Faustregel:* $n > 30$<br>$t \to z$ |
| $\theta$ | $p - z\hat{\sigma}_p \leq \theta \leq p + z\hat{\sigma}_p$ | (1) $\hat{\sigma}_p = \sqrt{\frac{p(1-p)}{n-1}}\sqrt{\frac{N-n}{N}}^{*}$<br>(2) $\hat{\sigma}_p = \sqrt{\frac{p(1-p)}{n-1}}$ | • | Normalverteilung<br>*Faustregel:*<br>$np(1-p) \geq 9$ |
| $\sigma^2$ | $\frac{(n-1)s^2}{\chi^2_{1-\frac{\alpha}{2};n-1}} \leq \sigma^2 \leq \frac{(n-1)s^2}{\chi^2_{\frac{\alpha}{2};n-1}}$ | • | Chi-Quadrat-Verteilung mit $\nu = n - 1$<br>*Bedingung:* Grundgesamtheit normalverteilt | Normalverteilung<br>$\chi^2_{1-\frac{\alpha}{2};n-1} = \frac{1}{2}\left(z_{1-\frac{\alpha}{2}} + \sqrt{2n-3}\right)^2$<br>$\chi^2_{\frac{\alpha}{2};n-1} = \frac{1}{2}\left(-z_{1-\frac{\alpha}{2}} + \sqrt{2n-3}\right)^2$<br>*Faustregel:* $n > 30$ |

| Parameter | Konfidenzintervall | Standardfehler<br>(1) Ziehen ohne Zurücklegen<br>(2) Ziehen mit Zurücklegen | Anzuwendende Verteilung<br>„kleine“ Stichproben | <br>„große“ Stichproben |
|---|---|---|---|---|
| $\mu_1 - \mu_2$ | $(\bar{x}_1 - \bar{x}_2) - t\hat{\sigma}_D$<br>$\leq \mu_1 - \mu_2 \leq (\bar{x}_1 - \bar{x}_2) + t\hat{\sigma}_D$ | $\hat{\sigma}_D = \sqrt{\frac{s_1^2}{n_1} + \frac{s_2^2}{n_2}}$<br>Für:<br>(2) und<br>(1) mit $n_1/N_1 < 0{,}05$<br>und $n_2/N_2 < 0{,}05$ | Studentverteilung mit<br>$\nu = \frac{\left[\frac{s_1^2}{n_1} + \frac{s_2^2}{n_2}\right]^2}{\frac{\left[\frac{s_1^2}{n_1}\right]^2}{n_1 - 1} + \frac{\left[\frac{s_2^2}{n_2}\right]^2}{n_2 - 1}}$<br>*Bedingung:*<br>Grundgesamtheiten normalverteilt | Normalverteilung<br>*Faustregel:*<br>$n_1 > 30, n_2 > 30$<br>$t \to z$ |
| $\theta_1 - \theta_2$ | $(p_1 - p_2) - z\hat{\sigma}_D$<br>$\leq \theta_1 - \theta_2 \leq (p_1 - p_2) + z\hat{\sigma}_D$ | $\hat{\sigma}_D = \sqrt{\frac{p_1(1-p_1)}{n_1} + \frac{p_2(1-p_2)}{n_2}}$<br>Für:<br>(2) und<br>(1) mit $n_1/N_1 < 0{,}05$<br>und $n_2/N_2 < 0{,}05$ | • | Normalverteilung<br>*Faustregel:*<br>$n_1 p_1(1 - p_1) \geq 9$<br>$n_2 p_2(1 - p_2) \geq 9$ |

* Bei einem Auswahlsatz von $n/N < 0{,}05$ kann der Korrekturfaktor für endliche Gesamtheiten $\sqrt{\frac{N-n}{N-1}}$ $\left(\text{bzw. } \sqrt{\frac{N-n}{N}}\right)$ vernachlässigt werden.

## Bestimmung des notwendigen Stichprobenumfangs

Bei Schätzung des *arithmetischen Mittels* $\mu$ gilt:

$$n = \frac{z^2 \cdot \sigma^2}{(\Delta\mu)^2}$$ (Ziehen mit Zurücklegen oder $\frac{n}{N} < 0{,}05$)

$$n = \frac{z^2 \cdot N \cdot \sigma^2}{(\Delta\mu)^2(N-1) + z^2 \cdot \sigma^2}$$ (Ziehen ohne Zurücklegen)

($\Delta\mu$ bezeichnet den absoluten Fehler des arithmetischen Mittels);

bei Schätzung des *Anteilswertes* $\theta$ gilt:

$$n = \frac{z^2 \cdot \theta(1-\theta)}{(\Delta\theta)^2}$$ (Ziehen mit Zurücklegen oder $\frac{n}{N} < 0{,}05$)

$$n = \frac{z^2 \cdot N \cdot \theta(1-\theta)}{(\Delta\theta)^2(N-1) + z^2 \cdot \theta(1-\theta)}$$ (Ziehen ohne Zurücklegen)

($\Delta\theta$ bezeichnet den absoluten Fehler des Anteilswertes).

Für $\sigma^2$ und $\theta$ können geeignete *Schätzwerte* eingesetzt werden wie z. B. $\hat{\sigma}^2 = s^2$ und $\hat{\theta} = p$ aus Vorstichproben kleineren Umfangs. Ein *konservativer Schätzwert* für $\theta$ ist $\hat{\theta} = 0{,}5$.

## Standardschema eines statistischen Tests

1. Aufstellung von Nullhypothese und Alternativhypothese sowie Festlegung des Signifikanzniveaus;
2. Festlegung einer geeigneten Prüfgröße und Bestimmung der Testverteilung bei Gültigkeit der Nullhypothese;
3. Bestimmung des kritischen Bereichs;
4. Berechnung des Wertes der Prüfgröße und
5. Entscheidung und Interpretation.

| Prüfverteilung | $H_0$-Ablehnungsbereich bei Nullhypothese ... | | |
|---|---|---|---|
| | $H_0 : ... \geq ...$ | $H_0 : ... \leq ...$ | $H_0 : ... = ...$ |
| Standard-normal-verteilung | $z < z_\alpha$ | $z > z_{1-\alpha}$ | $\lvert z \rvert > z_{1-\alpha/2}$ |
| Student-verteilung (t-Verteilung) | $t < t_{\alpha;\nu}$ | $t > t_{1-\alpha;\nu}$ | $\lvert t \rvert > t_{1-\alpha/2;\nu}$ |
| Chi-Quadrat-Verteilung | $\chi^2 < \chi^2_{\alpha;\nu}$ | $\chi^2 > \chi^2_{1-\alpha;\nu}$ | $\chi^2 < \chi^2_{\alpha/2;\nu}$ bzw. $\chi^2 > \chi^2_{1-\alpha/2;\nu}$ |
| F-Verteilung | $\tilde{f} < F_{\alpha;\nu_1,\nu_2}$ | $\tilde{f} > F_{1-\alpha;\nu_1,\nu_2}$ | $\tilde{f} < F_{\alpha/2;\nu_1,\nu_2}$ bzw. $\tilde{f} > F_{1-\alpha/2;\nu_1,\nu_2}$ |

# Parametertests

| Nullhypothese | Wert der Prüfgröße | Anzuwendende Verteilung |
|---|---|---|
| $\mu = \mu_0$ <br> ($\sigma$ bekannt) | $z = \dfrac{\bar{x} - \mu_0}{\frac{\sigma}{\sqrt{n}}}$ | Standardnormalverteilung <br> *Bedingung:* Grundgesamtheit normalverteilt oder $n > 30$ |
| $\mu = \mu_0$ <br> ($\sigma$ unbekannt) | $t = \dfrac{\bar{x} - \mu_0}{\frac{s}{\sqrt{n}}}$ | Studentverteilung mit <br> $\nu = n - 1$ <br> *Bedingung:* Grundgesamtheit normalverteilt |
| $\theta = \theta_0$ | $z = \dfrac{p - \theta_0}{\sqrt{\frac{\theta_0(1-\theta_0)}{n}}}$ | Standardnormalverteilung <br> *Bedingung:* $n\theta_0(1 - \theta_0) \geq 9$ |
| $\sigma^2 = \sigma_0^2$ | $\chi^2 = \dfrac{(n-1)s^2}{\sigma_0^2}$ | Chi-Quadrat-Verteilung <br> mit $\nu = n - 1$ <br> *Bedingung:* Grundgesamtheit normalverteilt |
| $\mu_1 = \mu_2$ <br> ($\sigma_1, \sigma_2$ bekannt) | $z = \dfrac{\bar{x}_1 - \bar{x}_2}{\sqrt{\frac{\sigma_1^2}{n_1} + \frac{\sigma_2^2}{n_2}}}$ | Standardnormalverteilung <br> *Bedingung:* Grundgesamtheiten <br> normalverteilt <br> oder $n_1 > 30$ und $n_2 > 30$ |
| $\mu_1 = \mu_2$ <br> ($\sigma_1, \sigma_2$ unbekannt und $\sigma_1 \neq \sigma_2$) | $z = \dfrac{\bar{x}_1 - \bar{x}_2}{\sqrt{\frac{s_1^2}{n_1} + \frac{s_2^2}{n_2}}}$ | Standardnormalverteilung <br> *Bedingung:* $n_1 > 30$ und $n_2 > 30$ |
| $\mu_1 = \mu_2$ <br> ($\sigma_1, \sigma_2$ unbekannt und $\sigma_1 = \sigma_2$) | $t = \dfrac{\bar{x}_1 - \bar{x}_2}{s \cdot \sqrt{\frac{n_1 + n_2}{n_1 n_2}}}$ <br> mit <br> $s = \sqrt{\dfrac{(n_1 - 1)s_1^2 + (n_2 - 1)s_2^2}{n_1 + n_2 - 2}}$ | Studentverteilung mit <br> $\nu = n_1 + n_2 - 2$ <br> *Bedingung:* Grundgesamtheiten normalverteilt |
| $\theta_1 = \theta_2$ | $z = \dfrac{p_1 - p_2}{\sqrt{p(1-p)}\sqrt{\frac{n_1 + n_2}{n_1 n_2}}}$ <br> mit <br> $p = \dfrac{n_1 p_1 + n_2 p_2}{n_1 + n_2}$ | Standardnormalverteilung <br> *Bedingung:* $n_1 p_1(1 - p_1) \geq 9$ und $n_2 p_2(1 - p_2) \geq 9$ |
| $\sigma_1^2 = \sigma_2^2$ | $\tilde{f} = \dfrac{s_1^2}{s_2^2}$ | F-Verteilung mit <br> $\nu_1 = n_1 - 1$ und $\nu_2 = n_2 - 1$ <br> *Bedingung:* Grundgesamtheiten normalverteilt |

## Ergebnismatrix bei Einfachklassifikation

($r$ Ebenen mit je $n$ Versuchen)

| Faktor A | Versuch (Stichproben-element Nr.) | | | | | Stich-proben-summe | Stich-proben-mittel |
|---|---|---|---|---|---|---|---|
| | 1 | … | $k$ | … | $n$ | $x_{i.}$ | $\bar{x}_{i.}$ |
| 1 | $x_{11}$ | … | $x_{1k}$ | … | $x_{1n}$ | $x_{1.}$ | $\bar{x}_{1.}$ |
| ⋮ | ⋮ | | ⋮ | | ⋮ | ⋮ | ⋮ |
| Ebene $i$ (Stichprobe Nr.) | $x_{i1}$ | … | $x_{ik}$ | … | $x_{in}$ | $x_{i.}$ | $\bar{x}_{i.}$ |
| ⋮ | ⋮ | | ⋮ | | ⋮ | ⋮ | ⋮ |
| $r$ | $x_{r1}$ | … | $x_{rk}$ | … | $x_{rn}$ | $x_{r.}$ | $\bar{x}_{r.}$ |
| Stichproben-gesamtsumme | | | • | | | $x_{..}$ | • |
| Stichproben-gesamtmittel | | | • | | | • | $\bar{x}_{..}$ |

$x_{ik}$: $k$-ter Messwert der $i$-ten Stichprobe ($i = 1, \dots, r; k = 1, \dots, n$)

$$x_{i.} = \sum_{k=1}^{n} x_{ik}$$

$$\bar{x}_{i.} = \frac{x_{i.}}{n} = \frac{1}{n} \sum_{k=1}^{n} x_{ik}$$

$$x_{..} = \sum_{i=1}^{r} \sum_{k=1}^{n} x_{ik}$$

$$\bar{x}_{..} = \frac{x_{..}}{nr} = \frac{1}{nr} \sum_{i=1}^{r} \sum_{k=1}^{n} x_{ik}$$

Formeln

## Zerlegung der Abstandsquadratsumme

$$
\begin{aligned}
\mathrm{SQT} &= \sum_{i=1}^{r}\sum_{k=1}^{n}(x_{ik}-\overline{x}_{..})^2 = \sum_{i=1}^{r}\sum_{k=1}^{n}x_{ik}^2 - nr\overline{x}_{..}^2 \\
\mathrm{SQA} &= n\sum_{i=1}^{r}(\overline{x}_{i.}-\overline{x}_{..})^2 = n\sum_{i=1}^{r}\overline{x}_{i.}^2 - nr\overline{x}_{..}^2 \\
\mathrm{SQR} &= \sum_{i=1}^{r}\sum_{k=1}^{n}(x_{ik}-\overline{x}_{i.})^2 = (n-1)\sum_{i=1}^{r}s_i^2 \\
\mathrm{SQT} &= \mathrm{SQR}+\mathrm{SQA}
\end{aligned}
$$

## Prüfgröße und Testverteilung

$$
\begin{aligned}
\mathrm{MQA} &= \frac{\mathrm{SQA}}{r-1} \\
\mathrm{MQR} &= \frac{\mathrm{SQR}}{nr-r} \\
\tilde{f} &= \frac{\mathrm{MQA}}{\mathrm{MQR}}
\end{aligned}
$$

Die Prüfgröße $\tilde{f}$ folgt einer *F-Verteilung* mit $\nu_A = r-1$ und $\nu_R = nr-r$ *Freiheitsgraden*, wenn die Grundgesamtheiten normalverteilt sind und Homoskedastizität vorliegt ($\sigma_1 = \sigma_2 = \ldots = \sigma_r$).

## Varianztabelle bei Einfachklassifikation

| Streuungsursache | Summe der Abweichungsquatrate | Anzahl der Freiheitsgrade | Mittlere Quadratsumme | Wert der Prüfgröße |
|---|---|---|---|---|
| Faktor A | $SQA = \frac{1}{n}\sum_{i=1}^{r} x_{i.}^2 - \frac{x_{..}^2}{nr}$ | $\nu_A = r - 1$ | $MQA = \frac{SQA}{r-1}$ | $\tilde{f} = \frac{MQA}{MQR}$ |
| Rest | $SQR = SQT - SQA$ | $\nu_R = nr - r$ | $MQR = \frac{SQR}{nr-r}$ | |
| Total | $SQT = \sum_{i=1}^{r}\sum_{k=1}^{n} x_{ik}^2 - \frac{x_{..}^2}{nr}$ | $\nu_T = nr - 1$ | • | • |

| Test | $H_0$-Ablehnungsbereich | Freiheitsgrade |
|---|---|---|
| Varianzanalyse | $\tilde{f} > F_{1-\alpha;\nu_A,\nu_R}$ | $\nu_A = r - 1,\ \nu_R = nr - r$ |
| Chi-Quadrat-Anpassungstest | $\chi^2 > \chi^2_{1-\alpha;\nu}$ | $\nu = k - m - 1$ |
| Chi-Quadrat-Unabhängigkeitstest | $\chi^2 > \chi^2_{1-\alpha;\nu}$ | $\nu = (r-1)(s-1)$ |
| Kolmogorov-Smirnov-Anpassungstest | $D > d_c$ | - |
| Test des linearen Zusammenhangs | $\tilde{f} > F_{1-\alpha;\nu_E,\nu_R}$ | $\nu_E = 1,\ \nu_R = n - 2$ |

Die grau markierten Zeilen 2–5 gehören bereits zu Kapitel 14.

# Kapitel 14

# Ausgewählte Tests, insbes. Verteilungstests

| Nullhypothese | Wert der Prüfgröße | Anzuwendende Verteilung |
|---|---|---|
| $\mu_{2i} = \mu_{1i} + \delta$ $(i = 1, \ldots, n)$ und $\delta = 0$ | $t = \dfrac{\overline{d}}{\dfrac{s}{\sqrt{n}}}$ | Studentverteilung mit $\nu = n - 1$ *Bedingung:* Grundgesamtheiten normalverteilt |
| $\mu_1 = \mu_2 = \ldots = \mu_r$ | $\tilde{f} = \dfrac{\text{MQA}}{\text{MQR}} = \dfrac{\dfrac{\text{SQA}}{r-1}}{\dfrac{\text{SQR}}{nr-r}}$ | F-Verteilung $\nu_A = r - 1$ und $\nu_R = nr - r$ *Bedingung:* Grundgesamtheiten normalverteilt und $\sigma_1 = \sigma_2 = \ldots = \sigma_r$ |
| Stichprobe stammt aus einer Grundgesamtheit mit bestimmter Verteilung *Chi-Quadrat-Anpassungstest* | $\chi^2 = \sum\limits_{i=1}^{k} \dfrac{(h_i^o - h_i^e)^2}{h_i^e}$ | Chi-Quadrat-Verteilung mit $\nu = k - m - 1$ $k$: Zahl der Klassen $m$: Zahl der geschätzten Parameter *Bedingung:* $h_i^e \geq 5 \; (i = 1, \ldots, k)$ |
| Zwei Merkmale A und B sind unabhängig voneinander *Chi-Quadrat-Unabhängigkeitstest* | $\chi^2 = \sum\limits_{i=1}^{r} \sum\limits_{j=1}^{s} \dfrac{(h_{ij}^o - h_{ij}^e)^2}{h_{ij}^e}$ | Chi-Quadrat-Verteilung mit $\nu = (r-1)(s-1)$ *Bedingung:* $h_{ij}^e \geq 5 \; (i = 1, \ldots, r; \; j = 1, \ldots, s)$ |
| Die Stichproben stammen aus der gleichen Grundgesamtheit *Chi-Quadrat-Homogenitätstest* | $= \sum\limits_{i=1}^{r} \sum\limits_{j=1}^{s} \dfrac{\left(h_{ij}^o - \dfrac{h_{i.}^o h_{.j}^o}{n}\right)^2}{\dfrac{h_{i.}^o h_{.j}^o}{n}}$ | |
| Stichprobe stammt aus einer Grundgesamtheit mit bestimmter Verteilung *Kolmogorov-Smirnov-Anpassungstest* | $d = \max\limits_x \lvert F^e(x) - F^o(x) \rvert$ | Verteilung der Kolmogorov-Smirnov-Prüfgröße |

*Es bedeuten:*

$h_i^o$ beobachtete absolute Häufigkeit der $i$-ten Merkmalsausprägung ($i = 1, \ldots, k$)

$h_i^e$ erwartete absolute Häufigkeit der $i$-ten Merkmalsausprägung ($i = 1, \ldots, k$)

$h_{ij}^o$ beobachtete absolute Häufigkeit der Kombination von $i$-ter Ausprägung des ersten und $j$-ter Ausprägung des zweiten Merkmals ($i = 1, \ldots, r; j = 1, \ldots, s$)

$h_{ij}^e$ entsprechende erwartete absolute Häufigkeit

$$h_{i.}^o = \sum_{j=1}^{s} h_{ij}^o \qquad (i = 1, \ldots, r)$$

$$h_{.j}^o = \sum_{i=1}^{r} h_{ij}^o \qquad (j = 1, \ldots, s)$$

$$h^o = \sum_{i=1}^{r} h_{i.}^o = \sum_{j=1}^{s} h_{.j}^o = n$$

$$h_{ij}^e = \frac{h_{i.}^o \cdot h_{.j}^o}{n} \qquad (i = 1, \ldots, r; j = 1, \ldots, s)$$

$F^o(x)$ *beobachteter* Wert der Verteilungsfunktion an der Stelle $x$
$F^e(x)$ *erwarteter* Wert der Verteilungsfunktion an der Stelle $x$

Bei $\nu = 1$ Freiheitsgrad wird eine Stetigkeitskorrektur (Yates-Korrektur) durchgeführt:

$$\chi_{korr}^2 = \sum_{i=1}^{k} \frac{(|h_i^o - h_i^e| - 0{,}5)^2}{h_i^e}$$

bzw.

$$\chi_{korr}^2 = \sum_{i=1}^{r} \sum_{j=1}^{s} \frac{(|h_{ij}^o - h_{ij}^e| - 0{,}5)^2}{h_{ij}^e}$$

*Es bedeuten* im Folgenden:

$x_i$ $i$-ter beobachteter Wert der unabhängigen Variablen $(i = 1, \dots, n)$

$y_i$ $i$-ter beobachteter Wert der abhängigen Variablen $(i = 1, \dots, n)$

$\hat{y}_i$ $i$-ter geschätzter Wert der abhängigen Variablen $(i = 1, \dots, n)$

$e_i = y_i - \hat{y}_i$ $(i = 1, \dots, n)$
Abweichung des geschätzten vom beobachteten Wert der abhängigen Variablen (Residuum)

## Bestimmung der linearen Einfachregressionsfunktion nach der Methode der kleinsten Quadrate

Stichprobenregressionskoeffizienten

$$b_1 = \frac{\sum_{i=1}^{n} x_i^2 \sum_{i=1}^{n} y_i - \sum_{i=1}^{n} x_i \sum_{i=1}^{n} x_i y_i}{n \sum_{i=1}^{n} x_i^2 - \left(\sum_{i=1}^{n} x_i\right)^2} = \bar{y} - b_2 \cdot \bar{x}$$

$$b_2 = \frac{n \sum_{i=1}^{n} x_i y_i - \sum_{i=1}^{n} x_i \sum_{i=1}^{n} y_i}{n \sum_{i=1}^{n} x_i^2 - \left(\sum_{i=1}^{n} x_i\right)^2} = \frac{\overline{xy} - \bar{x} \cdot \bar{y}}{\overline{x^2} - \bar{x}^2} = \frac{s_{xy}}{s_x^2} = r_{xy} \frac{s_y}{s_x}$$

Linearer Einfachkorrelationskoeffizient

$$r_{xy} = \frac{\overline{xy} - \bar{x} \cdot \bar{y}}{\sqrt{\overline{x^2} - \bar{x}^2}\sqrt{\overline{y^2} - \bar{y}^2}} = \frac{s_{xy}}{s_x s_y} = b_2 \cdot \frac{s_x}{s_y}$$

Stichprobenregressionsfunktion

$\hat{y}_i = b_1 + b_2 x_i \qquad (i = 1, \dots, n)$ bzw.

$\hat{y} = b_1 + b_2 x$

Eigenschaften der Regressionsfunktion

(1) $\sum_{i=1}^{n} e_i = 0$

(2) $\sum_{i=1}^{n} x_i e_i = 0$

(3) $\frac{1}{n} \sum_{i=1}^{n} y_i = \frac{1}{n} \sum_{i=1}^{n} \hat{y}_i$

(4) Die Regressionsgerade verläuft durch den Schwerpunkt $\overline{P}(\overline{x}, \overline{y})$ der Punktwolke ($\overline{x} = \frac{1}{n} \sum x_i; \overline{y} = \frac{1}{n} \sum y_i$).

## Zerlegung der Abweichungsquadratsumme und lineares einfaches Bestimmtheitsmaß

Zerlegung der Abweichungsquadratsumme

$$\text{SQT} = \sum_{i=1}^{n} (y_i - \overline{y})^2 = \sum_{i=1}^{n} y_i^2 - \frac{1}{n} \left( \sum_{i=1}^{n} y_i \right)^2$$

$$\text{SQR} = \sum_{i=1}^{n} (y_i - \hat{y}_i)^2 = \sum_{i=1}^{n} e_i^2$$

$$= \sum_{i=1}^{n} y_i^2 - b_1 \sum_{i=1}^{n} y_i - b_2 \sum_{i=1}^{n} x_i y_i$$

$$\text{SQE} = \sum_{i=1}^{n} (\hat{y}_i - \overline{y})^2$$

$$\text{SQT} = \text{SQR} + \text{SQE}$$

Lineares einfaches Bestimmtheitsmaß

$$r^2 = \frac{\text{SQE}}{\text{SQT}} = \frac{\sum_{i=1}^{n} (\hat{y}_i - \overline{y})^2}{\sum_{i=1}^{n} (y_i - \overline{y})^2} = 1 - \frac{\sum_{i=1}^{n} e_i^2}{\sum_{i=1}^{n} (y_i - \overline{y})^2} = 1 - \frac{\text{SQR}}{\text{SQT}}$$

$$0 \leq r^2 \leq 1$$

Linearer Einfachkorrelationskoeffizient

$$r = \operatorname{sgn}(b_2)\sqrt{r^2} \qquad -1 \leq r \leq 1$$

Linearer Einfachkorrelationskoeffizient, direkte Berechnung aus den Werten $x_i$ und $y_i$

$$\begin{aligned} r &= \frac{\sum_{i=1}^{n}(x_i - \overline{x})(y_i - \overline{y})}{\sqrt{\sum_{i=1}^{n}(x_i - \overline{x})^2}\sqrt{\sum_{i=1}^{n}(y_i - \overline{y})^2}} \\ &= \frac{\sum_{i=1}^{n} x_i y_i - \left(\sum_{i=1}^{n} x_i\right)\left(\sum_{i=1}^{n} y_i\right)\Big/ n}{\sqrt{\sum_{i=1}^{n} x_i^2 - \left(\sum_{i=1}^{n} x_i\right)^2\Big/ n}\sqrt{\sum_{i=1}^{n} y_i^2 - \left(\sum_{i=1}^{n} y_i\right)^2\Big/ n}} \end{aligned}$$

## Verteilungen der Stichprobenregressionskoeffizienten

*Voraussetzungen:*

In der Grundgesamtheit gilt die folgende Beziehung:

$$Y_i = \beta_1 + \beta_2 x_i + U_i \qquad (i = 1, \ldots, n);$$

für die Störvariablen $U_i$ gilt dabei

$$\begin{aligned} &\mathrm{E}(U_i) = 0 && (i = 1, \ldots, n) \\ &\mathrm{Var}(U_i) = \sigma_U^2 && (i = 1, \ldots, n) \\ &\mathrm{Cov}(U_i, U_j) = 0 && (i = 1, \ldots, n;\ j = 1, \ldots, n; i \neq j). \end{aligned}$$

Die Störvariablen $U_i$ $(i = 1, \ldots, n)$ sind normalverteilt mit den oben angegebenen Parametern.

Für die Varianzen der Zufallsvariablen $B_1, B_2$ (mit den Realisationen $b_1, b_2$) können folgende (unverzerrte) Schätzwerte angegeben werden:

$$\hat{\sigma}_{B_1}^2 = s_{B_1}^2 = \frac{\sum_{i=1}^{n} x_i^2}{n \sum_{i=1}^{n} (x_i - \overline{x})^2} s_E^2$$

und

$$\hat{\sigma}_{B_2}^2 = s_{B_2}^2 = \frac{s_E^2}{\sum_{i=1}^{n} (x_i - \overline{x})^2}$$

mit

$$\begin{aligned} s_E^2 &= \frac{1}{n-2} \sum_{i=1}^{n} e_i^2 = \frac{1}{n-2} \sum_{i=1}^{n} (y_i - \hat{y}_i)^2 \\ &= \frac{1}{n-2} \left[ \sum_{i=1}^{n} y_i^2 - b_1 \sum_{i=1}^{n} y_i - b_2 \sum_{i=1}^{n} x_i y_i \right] . \end{aligned}$$

Die Zufallsvariablen

$$T = \frac{B_1 - \beta_1}{S_{B_1}} \quad \text{und} \quad T = \frac{B_2 - \beta_2}{S_{B_2}}$$

genügen einer *Studentverteilung* mit $\nu = n - 2$ *Freiheitsgraden.*

## Konfidenzintervalle für die Regressionskoeffizienten

| Parameter | Konfidenzintervall | Standardfehler | Anzuwendende Verteilung |
|---|---|---|---|
| $\beta_1$ | $b_1 - ts_{B_1} \leq \beta_1 \leq b_1 + ts_{B_1}$ | $s_{B_1} = s_E \sqrt{\frac{\sum_{i=1}^{n} x_i^2}{n \sum_{i=1}^{n} (x_i - \overline{x})^2}}$ | Studentverteilung mit $\nu = n - 2$ *Bedingung:* Gültigkeit der Modellannahmen |
| $\beta_2$ | $b_2 - ts_{B_2} \leq \beta_2 \leq b_2 + ts_{B_2}$ | $s_{B_2} = \frac{s_E}{\sqrt{\sum_{i=1}^{n} (x_i - \overline{x})^2}}$ | |

Formeln

## Tests für die Regressionskoeffizienten

| Nullhypothese | Wert der Prüfgröße | Anzuwendende Verteilung |
|---|---|---|
| $\beta_1 = 0$ | $t = \dfrac{b_1}{s_{B_1}}$ mit $s_{B_1} = s_E \sqrt{\dfrac{\sum_{i=1}^{n} x_i^2}{n\sum_{i=1}^{n}(x_i - \overline{x})^2}}$ | Studentverteilung mit $\nu = n - 2$ *Bedingung:* Gültigkeit der Modellannahmen |
| $\beta_2 = 0$ | $t = \dfrac{b_2}{s_{B_2}}$ mit $s_{B_2} = \dfrac{s_E}{\sqrt{\sum_{i=1}^{n}(x_i - \overline{x})^2}}$ | |

## Test des linearen Zusammenhangs

Die Hypothese

$H_0 : \beta_2 = 0$ (kein linearer Zusammenhang) kann gegen

$H_A : \beta_2 \neq 0$ nach folgender *Varianztabelle* überprüft werden:

| Streuungsursache | Summe der Abweichungsquadrate | Anzahl der Freiheitsgrade | Mittlere Abweichungsquadratsumme | Wert der Prüfgröße |
|---|---|---|---|---|
| Erklärende Variable $X$ | $\text{SQE} = \sum_{i=1}^{n}(\hat{y}_i - \overline{y})^2$ | 1 | $\text{MQE} = \dfrac{\text{SQE}}{1}$ | $\tilde{f} = \dfrac{\text{MQE}}{\text{MQR}}$ |
| Rest | $\text{SQR} = \sum_{i=1}^{n} e_i^2$ | $n - 2$ | $\text{MQR} = \dfrac{\text{SQR}}{n-2}$ | |
| Total | $\text{SQT} = \sum_{i=1}^{n}(y_i - \overline{y})^2$ | $n - 1$ | • | • |

Formeln

Unter Verwendung des Bestimmtheitsmaßes $r^2$ ergibt sich folgende inhaltlich gleichwertige *Varianztabelle*:

| Streuungsursache | Summe der Abweichungsquadrate | Anzahl der Freiheitsgrade | Mittlere Abweichungsquadratsumme | Wert der Prüfgröße |
|---|---|---|---|---|
| Erklärende Variable $X$ | $\text{SQE} = r^2 \sum_{i=1}^{n} (y_i - \bar{y})^2$ | 1 | $\text{MQE} = \frac{\text{SQE}}{1}$ | $\tilde{f} = \frac{r^2(n-2)}{1-r^2}$ |
| Rest | $\text{SQR} = (1 - r^2) \sum_{i=1}^{n} (y_i - \bar{y})^2$ | $n - 2$ | $\text{MQR} = \frac{\text{SQR}}{n-2}$ | |
| Total | $\text{SQT} = \sum_{i=1}^{n} (y_i - \bar{y})^2$ | $n - 1$ | • | • |

(Anzuwenden ist die *F-Verteilung* mit $\nu_E = 1$ und $\nu_R = n - 2$ *Freiheitsgraden*.)

Formeln

## Prognose mithilfe der linearen Einfachregression

Konfidenzintervall für den *durchschnittlichen Prognosewert* $E(Y_0)$:

| Parameter | Konfidenzintervall | Standardfehler | Anzuwendende Verteilung |
|---|---|---|---|
| $E(Y_0)$ | $\hat{y}_0 - ts_{\hat{Y}_0} \leq E(Y_0) \leq \leq \hat{y}_0 + ts_{\hat{Y}_0}$ <br> mit: $\hat{y}_0 = b_1 + b_2 x_0$ | $s_{\hat{Y}_0} = s_E \sqrt{\frac{1}{n} + \frac{(x_0 - \overline{x})^2}{\sum_{i=1}^{n}(x_i - \overline{x})^2}}$ | Studentverteilung mit $\nu = n - 2$ <br> *Bedingung:* Gültigkeit der Modellannahmen |

Prognoseintervall für den *individuellen Wert (Einzelwert)* $y_0$:

| Einzelwert | Prognoseintervall | Standardfehler | Anzuwendende Verteilung |
|---|---|---|---|
| $y_0$ | $\hat{y}_0 - ts_F \leq y_0 \leq \hat{y}_0 + ts_F$ <br> mit: $\hat{y}_0 = b_1 + b_2 x_0$ | $s_F = s_E \sqrt{1 + \frac{1}{n} + \frac{(x_0 - \overline{x})^2}{\sum_{i=1}^{n}(x_i - \overline{x})^2}}$ | Studentverteilung mit $\nu = n - 2$ <br> *Bedingung:* Gültigkeit der Modellannahmen |

## Es bedeuten:

$x_{ji}$ $i$-ter beobachteter Wert der unabhängigen Variablen $X_j$ $(i = 1, \ldots, n; j = 2, \ldots, k)$

$y_i$ $i$-ter beobachteter Wert der abhängigen Variablen $(i = 1, \ldots, n)$

$\hat{y}_i$ $i$-ter geschätzter Wert der abhängigen Variablen $(i = 1, \ldots, n)$

$e_i = y_i - \hat{y}_i$
Abweichung des geschätzten vom beobachteten Wert der unabhängigen Variablen (Residuum) $(i = 1, \ldots, n)$

$$\mathbf{y} = \begin{bmatrix} y_1 \\ y_2 \\ y_3 \\ . \\ . \\ . \\ y_n \end{bmatrix} \qquad \mathbf{X} = \begin{bmatrix} 1 & x_{21} & x_{31} & \ldots & x_{k1} \\ 1 & x_{22} & x_{32} & \ldots & x_{k2} \\ 1 & x_{23} & x_{33} & \ldots & x_{k3} \\ . & . & . & & . \\ . & . & . & & . \\ . & . & . & & . \\ 1 & x_{2n} & x_{3n} & \ldots & x_{kn} \end{bmatrix}$$

## Bestimmung der linearen Regressionsfunktion nach der Methode der kleinsten Quadrate

Stichprobenregressionskoeffizienten

$$\mathbf{b} = (\mathbf{X}'\mathbf{X})^{-1}\mathbf{X}'\mathbf{y} \quad \text{mit} \quad \mathbf{b} = (b_1, \ldots, b_k)'$$

Stichprobenregressionsfunktion

$$\hat{\mathbf{y}} = \mathbf{X}\mathbf{b}$$

## Zerlegung der Abweichungsquadratsumme, lineares multiples Bestimmtheitsmaß und lineares partielles Bestimmtheitsmaß

$$\mathrm{SQT} = \sum_{i=1}^{n}(y_i - \bar{y})^2 = \sum_{i=1}^{n} y_i^2 - \frac{1}{n}\left(\sum_{i=1}^{n} y_i\right)^2$$

$$\mathrm{SQE} = \sum_{i=1}^{n}(\hat{y}_i - \bar{y})^2$$

$$\mathrm{SQR} = \sum_{i=1}^{n}(y_i - \hat{y}_i)^2 = \sum_{i=1}^{n} e_i^2$$

$$= \sum_{i=1}^{n} y_i^2 - b_1 \sum_{i=1}^{n} y_i - b_2 \sum_{i=1}^{n} x_{2i} y_i - \ldots - b_k \sum_{i=1}^{n} x_{ki} y_i$$

$$\mathrm{SQT} = \mathrm{SQR} + \mathrm{SQE}$$

## Lineares multiples Bestimmtheitsmaß

$$r^2_{Y \cdot 23 \ldots k} = \frac{\mathrm{SQE}}{\mathrm{SQT}} = \frac{\sum_{i=1}^{n}(\hat{y}_i - \bar{y})^2}{\sum_{i=1}^{n}(y_i - \bar{y})^2}$$

$$= 1 - \frac{\sum_{i=1}^{n} e_i^2}{\sum_{i=1}^{n}(y_i - \bar{y})^2} = 1 - \frac{\mathrm{SQR}}{\mathrm{SQT}}$$

$$0 \leq r^2_{Y \cdot 23 \ldots k} \leq 1$$

Formeln

## Linearer multipler Korrelationskoeffizient

$$r_{Y\cdot 23\ldots k} = \sqrt{r^2_{Y\cdot 23\ldots k}}$$

$$0 \leq r_{Y\cdot 23\ldots k} \leq 1$$

## Lineares partielles Bestimmtheitsmaß

$\mathrm{SQE}(X_2, \ldots, X_k)$ durch die Variablen $X_2, \ldots, X_k$ erklärte Abweichungsquadratsumme

$\mathrm{SQR}(X_2, \ldots, X_k)$ durch $X_2, \ldots, X_k$ nicht erklärte Abweichungsquadratsumme

$\mathrm{SQE}(X_k/X_2, \ldots, X_{k-1})$
$= \mathrm{SQE}(X_2, \ldots, X_k) - \mathrm{SQE}(X_2, \ldots, X_{k-1})$
durch Einführung von $X_k$ zusätzlich erklärte Abweichungsquadratsumme

Das lineare partielle Bestimmtheitsmaß lautet:

$$r^2_{Yk\cdot 23\ldots(k-1)} = \frac{\mathrm{SQE}(X_k/X_2, \ldots, X_{k-1})}{\mathrm{SQR}(X_2, \ldots, X_{k-1})} = \frac{\mathrm{SQE}(X_2, \ldots, X_k) - \mathrm{SQE}(X_2, \ldots, X_{k-1})}{\mathrm{SQR}(X_2, \ldots, X_{k-1})} = \frac{r^2_{Y\cdot 23\ldots k} - r^2_{Y\cdot 23\ldots(k-1)}}{1 - r^2_{Y\cdot 23\ldots(k-1)}}$$

## Linearer partieller Korrelationskoeffizient

$$r_{Yk\cdot 23\ldots(k-1)} = \sqrt{r^2_{Yk\cdot 23\ldots(k-1)}}$$

$$0 \leq |r_{Yk\cdot 23\ldots(k-1)}| \leq 1$$

Formeln

## Verteilung der Stichprobenregressionskoeffizienten bei linearer Mehrfachregression

*Voraussetzungen:*

In der Grundgesamtheit gilt die Beziehung

$$Y_i = \beta_1 + \beta_2 x_{2i} + \beta_3 x_{3i} + \ldots + \beta_k x_{ki} + U_i \quad (i = 1, \ldots, n);$$

und für die Störvariablen $U_i$ gilt

$$\begin{aligned} \mathrm{E}(U_i) &= 0 && (i = 1, \ldots, n) \\ \mathrm{Var}(U_i) &= \sigma_U^2 && (i = 1, \ldots, n) \\ \mathrm{Cov}(U_i, U_j) &= 0 && (i = 1, \ldots, n; j = 1, \ldots, n; i \neq j). \end{aligned}$$

Die Störvariablen $U_i$ $(i = 1, \ldots, n)$ sind normalverteilt mit den oben angegebenen Parametern.

Für die Varianzen und Kovarianzen der Zufallsvariablen $B_1, \ldots, B_k$ (mit den Realisationen $b_1, \ldots, b_k$), die in der Matrix

$$\mathbf{V} = \begin{bmatrix} \mathrm{Var}(B_1) & \mathrm{Cov}(B_1, B_2) & \mathrm{Cov}(B_1, B_3) & \ldots & \mathrm{Cov}(B_1, B_k) \\ \mathrm{Cov}(B_2, B_1) & \mathrm{Var}(B_2) & \mathrm{Cov}(B_2, B_3) & \ldots & \mathrm{Cov}(B_2, B_k) \\ \mathrm{Cov}(B_3, B_1) & \mathrm{Cov}(B_3, B_2) & \mathrm{Var}(B_3) & \ldots & \mathrm{Cov}(B_3, B_k) \\ . & . & . & \ldots & . \\ . & . & . & \ldots & . \\ . & . & . & \ldots & . \\ \mathrm{Cov}(B_k, B_1) & \mathrm{Cov}(B_k, B_2) & \mathrm{Cov}(B_k, B_3) & \ldots & \mathrm{Var}(B_k) \end{bmatrix}$$

zusammengefasst werden, ist $\hat{\mathbf{V}}$ eine unverzerrte Schätzfunktion.

$$\hat{\mathbf{V}} = [\hat{v}_{ij}]_{1 \leq i,j \leq k} = s_E^2 (\mathbf{X}'\mathbf{X})^{-1}$$

mit

$$s_E^2 = \frac{1}{n-k} \left[ \sum_{i=1}^{n} y_i^2 - b_1 \sum_{i=1}^{n} y_i - b_2 \sum_{i=1}^{n} x_{2i} y_i - \ldots - b_k \sum_{i=1}^{n} x_{ki} y_i \right].$$

Es ist also

$$s_{B_j} = \sqrt{\hat{v}_{jj}} \quad (j = 1, \ldots, k).$$

Die Zufallsvariablen

$$T = \frac{B_j - \beta_j}{S_{B_j}} \quad (j = 1, \ldots, k)$$

genügen einer *Studentverteilung* mit $\nu = n - k$ Freiheitsgraden.

## Konfidenzintervalle für die Regressionskoeffizienten

| Parameter | Konfidenzintervall | Standardfehler | Anzuwendende Verteilung |
|---|---|---|---|
| $\beta_j$ $(j = 1, \ldots, k)$ | $b_j - ts_{B_j} \leq \beta_j \leq b_j + ts_{B_j}$ | $s_{B_j} = \sqrt{\hat{v}_{jj}}$ | Studentverteilung mit $\nu = n - k$ *Bedingung:* Gültigkeit der Modellannahmen |

## Tests der Regressionskoeffizienten

| Hypothese | Prüfgröße | Anzuwendende Verteilung |
|---|---|---|
| $\beta_j = 0$ $(j = 1, \ldots, k)$ | $t = \frac{b_j}{s_{B_j}}$ mit $s_{B_j} = \sqrt{\hat{v}_{jj}}$ | Studentverteilung mit $\nu = n - k$ *Bedingung:* Gültigkeit der Modellannahmen |

Formeln

## Test des linearen Zusammenhangs

$H_0 : \beta_2 = \beta_3 = \ldots = \beta_k = 0$ (kein linearer Zusammenhang)
$H_A$ : wenigstens ein $\beta_j$ ungleich Null

| | | |
|---|---|---|
| $\beta_2 = \ldots = \beta_k = 0$ | $\tilde{f} = \frac{\text{MQE}}{\text{MQR}} = \frac{(n-k)\text{SQE}}{(k-1)\text{SQR}}$ bzw. $\tilde{f} = \frac{(n-k)r^2_{Y\cdot 23\ldots k}}{(k-1)(1-r^2_{Y\cdot 23\ldots k})}$ | F-Verteilung mit $\nu_E = k-1$ und $\nu_R = n-k$ *Bedingung:* Gültigkeit der Modellannahmen |

## Test auf linearen Einfluss einer Variablen $X_k$

$H_0 : \beta_k = 0$ ($X_k$ übt keinen linearen Einfluss aus)
$H_A : \beta_k \neq 0$

| | | |
|---|---|---|
| $\beta_k = 0$ | $\tilde{f} = \frac{\text{MQE}(X_k/X_2,\ldots,X_{k-1})}{\text{MQR}(X_2,\ldots,X_k)} = \frac{(n-k)\cdot[\text{SQT}(X_2,\ldots,X_k) - \text{SQE}(X_2,\ldots,X_{k-1})]}{\text{SQR}(X_2,\ldots,X_k)}$ bzw. $\tilde{f} = \frac{(n-k)(r^2_{Y\cdot 23\ldots k} - r^2_{Y\cdot 23\ldots (k-1)})}{1-r^2_{Y\cdot 23\ldots k}}$ | F-Verteilung mit $\nu_E = 1$ und $\nu_R = n-k$ *Bedingung:* Gültigkeit der Modellannahmen |

## Prognose mithilfe der linearen Mehrfachregression

Konfidenzintervall für den *durchschnittlichen Prognosewert* $\mathrm{E}(Y_o)$:

| Parameter | Konfidenzintervall und Standardfehler | Anzuwendende Verteilung |
|---|---|---|
| $\mathrm{E}(Y_o)$ | $\hat{y}_o - ts_{\hat{Y}_o} \leq \mathrm{E}(Y_o) \leq \hat{y}_o + ts_{\hat{Y}_o}$ <br> $\hat{y}_o = b_1 + b_2x_{2o} + \ldots + b_kx_{ko}$ <br> $s^2_{\hat{Y}_o} = \frac{s^2_E}{n} + \sum_{j=2}^{k}(x_{jo} - x_j)^2 s^2_{B_1} +$ <br> $+ 2 \sum_{\substack{m,j=2 \\ m<j}}^{k} (x_{mo} - x_m)(x_{jo} - x_j) \operatorname{Cov}(B_m, B_j)$ <br> mit $s_{B_j} = \sqrt{\hat{v}_{jj}}$ und $\operatorname{Cov}(B_m, B_j) = \hat{v}_{mj}$ | Studentverteilung mit $\nu = n - k$ <br> *Bedingung:* Gültigkeit der Modellannahmen |

Prognoseintervall für den *individuellen* Wert $y_o$:

| Einzelwert | Progonoseintervall | Standardfehler | Anzuwendende Verteilung |
|---|---|---|---|
| $y_o$ | $\hat{y}_o - ts_F \leq y_o \leq \hat{y}_o + ts_F$ <br> mit <br> $\hat{y}_o = b_1 + b_2x_{2o} + \ldots +$ <br> $+ b_kx_{ko}$ | $s^2_F = s^2_{\hat{Y}_o} + s^2_E$ | Studentverteilung mit $\nu = n - k$ <br> *Bedingung:* Gültigkeit der Modellannahmen |

Formeln

## Beispiele für die Linearisierung von Regressionsfunktionen

*Potenzfunktion:*

$$Y_i = \beta_1 x_i^{\beta_2} U_i \quad (i = 1, \ldots, n)$$

Durch eine *Logarithmierung* erhält man

$$\log Y_i = \log \beta_1 + \beta_2 \log x_i + \log U_i \quad (i = 1, \ldots, n);$$

setzt man

$$\begin{aligned} Y_i' &= \log Y_i\,, \\ \beta_1' &= \log \beta_1\,, \\ x_i' &= \log x_i \quad \text{und} \\ U_i' &= \log U_i\,, \end{aligned}$$

erhält man die *lineare Funktion*

$$Y_i' = \beta_1' + \beta_2 x_i' + U_i' \quad (i = 1, \ldots, n).$$

*Exponentialfunktion:*

$$Y_i = \beta_1 \, \mathrm{e}^{\beta_2 x_i} U_i \quad (i = 1, \ldots, n; \mathrm{e} = 2.71828 \ldots)$$

Durch eine *auf die Basis* e *der natürlichen Logarithmen bezogene Logarithmierung* erhält man

$$\ln Y_i = \ln \beta_1 + \beta_2 x_i + \ln U_i \quad (i = 1, \ldots, n);$$

setzt man

$$\begin{aligned} Y_i' &= \ln Y_i\,, \\ \beta_1' &= \ln \beta_1 \quad \text{und} \\ U_i' &= \ln U_i\,, \end{aligned}$$

erhält man die *lineare Funktion*

$$Y_i' = \beta_1' + \beta_2 x_i + U_i' \quad (i = 1, \ldots, n).$$

## Logistische Regression

Modell

$$W_x(Y=1) = \frac{\exp(\beta_1 + \beta_2 x)}{1 + \exp(\beta_1 + \beta_2 x)}.$$

Likelihood

$$L(\beta_1, \beta_2) = \prod_{i=1}^{n} W_{x_i}(Y=1)^{y_i} \left[W_{x_i}(Y=0)\right]^{1-y_i}$$

Newton-Verfahren

$$\mathbf{b}^{(l+1)} = \begin{bmatrix} b_1 \\ b_2 \end{bmatrix}^{(l+1)} = \mathbf{b}^{(l)} - J(\mathbf{b}^{(l)})^{-1} \nabla \log L(\mathbf{b}^{(l)})$$

$$\nabla \log L(\mathbf{b}) = \begin{bmatrix} \frac{\partial \log L}{\partial b_1}(\mathbf{b}) \\ \frac{\partial \log L}{\partial b_2}(\mathbf{b}) \end{bmatrix} \quad \text{(Gradient von } \log L(\mathbf{b})\text{)}$$

$$J(\mathbf{b}) = \begin{bmatrix} \frac{\partial^2 \log L}{\partial b_1^2}(\mathbf{b}) & \frac{\partial^2 \log L}{\partial b_1 \partial b_2}(\mathbf{b}) \\ \frac{\partial^2 \log L}{\partial b_1 \partial b_2}(\mathbf{b}) & \frac{\partial^2 \log L}{\partial b_2^2}(\mathbf{b}) \end{bmatrix} \quad \text{(Hessematrix von } \log L(\mathbf{b})\text{)}$$

## Symbole für Preise und Mengen

$p_0^{(j)}$ : Preis des Gutes $j$ zur Basiszeit
$p_1^{(j)}$ : Preis des Gutes $j$ zur Berichtszeit
$q_0^{(j)}$ : Menge des Gutes $j$ zur Basiszeit
$q_1^{(j)}$ : Menge des Gutes $j$ zur Berichtszeit

## Preis- sowie Mengenmesszahl eines Guts j über die Zeit

$$r^{(j)} = \frac{p_1^{(j)}}{p_0^{(j)}} \quad \text{sowie} \quad \frac{q_1^{(j)}}{q_0^{(j)}}$$

## Preisindex nach Laspeyres

$$_L P_{01} = \frac{\sum_{j=1}^{n} \frac{p_1^{(j)}}{p_0^{(j)}} \cdot p_0^{(j)} q_0^{(j)}}{\sum_{j=1}^{n} p_0^{(j)} q_0^{(j)}} \cdot 100\% = \frac{\sum_{j=1}^{n} p_1^{(j)} q_0^{(j)}}{\sum_{j=1}^{n} p_0^{(j)} q_0^{(j)}} 100\%$$

$$= \frac{\sum p_1 q_0}{\sum p_0 q_0} \cdot 100\% = \frac{\mathbf{p}_1 \mathbf{q}_0'}{\mathbf{p}_0 \mathbf{q}_0'} \cdot 100\%$$

Aggregation von Teilindizes zweier Warengruppen $A$ und $B$:

$$_L P_{01}^{A+B} = w^A \cdot {}_L P_{01}^A + w^B \cdot {}_L P_{01}^B$$

$$w^{(i)} = \frac{\sum_{k=1}^{n_i} p_0^{(k)} q_0^{(k)}}{\sum_{j=1}^{n} p_0^{(j)} q_0^{(j)}} \quad \text{mit} \quad \sum_i n_i = n$$

## Preisindex nach Paasche

$$ {}_PP_{01} = \frac{\sum_{j=1}^{n} \frac{p_1^{(j)}}{p_0^{(j)}} \cdot p_0^{(j)} q_1^{(j)}}{\sum_{j=1}^{n} p_0^{(j)} q_1^{(j)}} \cdot 100\% = \frac{\sum_{j=1}^{n} p_1^{(j)} q_1^{(j)}}{\sum_{j=1}^{n} p_0^{(j)} q_1^{(j)}} \cdot 100\% $$

$$ = \frac{\sum p_1 q_1}{\sum p_0 q_1} \cdot 100\% = \frac{\mathbf{p}_1 \mathbf{q}_1'}{\mathbf{p}_0 \mathbf{q}_1'} \cdot 100\% $$

## Mengenindex nach Laspeyres und nach Paasche

$$ {}_LQ_{01} = \frac{\sum q_1 p_0}{\sum q_0 p_0} 100\% \quad \text{und} \quad {}_PQ_{01} = \frac{\sum q_1 p_1}{\sum q_0 p_1} 100\% $$

## Umsatzindex (*Wertindex)*

$$ U_{01} = \frac{\sum_j q_1^{(j)} p_1^{(j)}}{\sum q_0^{(j)} p_0^{(j)}} 100\% = {}_LP_{01} \cdot {}_PQ_{01} = {}_PP_{01} \cdot {}_LQ_{01} $$

## Preisindex nach Drobisch / Fishers idealer Preisindex

$$ {}_DP_{01} = \tfrac{1}{2}({}_LP_{01} + {}_PP_{01})\,\% \quad \text{und} \quad {}_FP_{01} = \sqrt{{}_LP_{01} \cdot {}_PP_{01}}\,\% $$

## Marshall-Edgeworth-Preisindex

(arithmetische Kreuzung der Gewichte)

$$ P_{01} = \frac{\sum p_1 \frac{q_0 + q_1}{2}}{\sum p_0 \frac{q_0 + q_1}{2}} 100\% = \frac{\sum p_1(q_0 + q_1)}{\sum p_0(q_0 + q_1)} 100\% $$

## Preisindex mit geometrischer Kreuzung der Gewichte

$$ P_{01} = \frac{\sum p_1 \sqrt{q_0 q_1}}{\sum p_0 \sqrt{q_0 q_1}} 100\% $$

## Preis- und Mengenindex nach Lowe

$$_{Lo}P_{01} = \frac{\sum p_1\overline{q}}{\sum p_0\overline{q}} 100\% \quad \text{mit} \quad \overline{q} = \frac{q_0 + q_1 + \ldots + q_t}{t+1}$$

$$_{Lo}Q_{01} = \frac{\sum q_1\overline{p}}{\sum q_0\overline{p}} 100\% \quad \text{mit} \quad \overline{p} = \frac{p_0 + p_1 + \ldots + p_t}{t+1}$$

## Absolute Konzentration

*Konzentrationsrate*

Für eine geordnete Folge von $N$ Merkmalswerten

$$a_{[1]} \leq a_{[2]} \leq \ldots \leq a_{[N]}$$

bzw. von $N$ Merkmalswertanteilen

$$p_{[1]} \leq p_{[2]} \leq \ldots \leq p_{[N]}$$

mit

$$p_{[i]} = \frac{a_{[i]}}{\sum_{j=1}^{N} a_{[j]}} \quad (i = 1, \ldots, N)$$

ergibt sich die *Konzentrationsrate* (englisch: *concentration ratio*)

$$C_m = \frac{\sum_{i=N-m+1}^{N} a_{[i]}}{\sum_{i=1}^{N} a_{[i]}} = \frac{\sum_{i=N-m+1}^{N} p_{[i]}}{\sum_{i=1}^{N} p_{[i]}} = \sum_{i=N-m+1}^{N} p_{[i]},$$

welche den Anteil der größten $m$ Merkmalsträger am gesamten Merkmalsbetrag angibt.

*Herfindahl-Index*

Für die $N$ Merkmalswerte $a_i$ $\quad (i = 1, \ldots, N)$

bzw. die $N$ Merkmalsanteile $p_i$ $\quad (i = 1, \ldots, N)$

ergibt sich der *Herfindahl-Index (Hirschmann-Index)*

$$H = \sum_{i=1}^{N} p_i^2 = \frac{\sum_{i=1}^{N} a_i^2}{\left(\sum_{i=1}^{N} a_i\right)^2}.$$

Es gilt $\frac{1}{N} \leq H \leq 1$;

weiterhin besteht zwischen dem *Herfindahl-Index* $H$ und der Varianz $\sigma^2$ bzw. dem *Variationskoeffizienten* $VC = \sigma/\mu$ der Zusammenhang:

$$H = \frac{1}{N}[(\mathrm{VC})^2 + 1] = \frac{1}{N}\left[\frac{\sigma^2}{\mu^2} + 1\right].$$

## Relative Konzentration

*Lorenz-Kurve*

Gegeben sei eine geordnete Folge von $N$ Merkmalswerten

$$a_{[1]} \leq a_{[2]} \leq \ldots \leq a_{[N]}$$

bzw. von $N$ Merkmalswertanteilen

$$p_{[1]} \leq p_{[2]} \leq \ldots \leq p_{[N]}$$

mit

$$p_{[i]} = \frac{a_{[i]}}{\sum_{j=1}^{N} a_{[j]}} \qquad (i = 1, \ldots, N).$$

Die Koordinaten $(u_i, v_i)$ der *Lorenz-Kurve* ergeben sich für die Einzelwerte ausgehend vom Punkt $(u_0 = 0, v_0 = 0)$ zu:

$$u_i = \frac{i}{N} \qquad \text{(x-Achse)}$$

$$v_i = \frac{\sum_{j=1}^{i} a_{[j]}}{\sum_{j=1}^{N} a_{[j]}} = \sum_{j=1}^{i} p_{[j]} \qquad \text{(y-Achse)} \qquad (i = 1, \ldots, N).$$

Hilfssumme: $V = \sum_{i=1}^{N} v_i - 0{,}5$

Sind die $N$ Merkmalsträger in $k$ Klassen *klassifiziert*, d. h. treten die Merkmalswerte $x_i$ mit den absoluten Häufigkeiten $h_i$ $(i = 1, \ldots, k)$ auf, dann ist

$$u_i = \frac{\sum_{j=1}^{i} h_j}{\sum_{j=1}^{k} h_j} \qquad \text{(x-Achse)}$$

$$v_i = \frac{\sum_{j=1}^{i} x_j h_j}{\sum_{j=1}^{k} x_j h_j}. \qquad \text{(y-Achse)} \qquad (i = 1, \ldots, k).$$

Hilfssumme: $V = \sum_{i=1}^{k} h_i \frac{v_{i-1} + v_i}{2}$

*Konzentrationsmaß nach Lorenz-Münzner*

Aus $F$, der Fläche zwischen der *Lorenz-Kurve* und der *Hauptdiagonalen*,

$$F = \frac{N - 2V}{2N},$$

ergibt sich das *Konzentrationsmaß nach Lorenz-Münzner*

$$\kappa = 1 - \frac{2V - 1}{N - 1} = \frac{N - 2V}{N - 1}.$$

Es gilt $0 \leq \kappa \leq 1$.

*Konzentrationsverhältnis nach Gini*

Für das *Konzentrationsverhältnis nach Gini* (*Gini-Koeffizient*) $G$ gilt

$$G = 1 - \frac{2V}{N} \quad \text{mit} \quad 0 \leq G \leq \frac{N-1}{N}.$$

Formeln

## Summenzeichen

$x_1, x_2, \ldots, x_n$ seien beliebige Zahlen. Ihre *Summe*

$$x_1 + x_2 + \ldots + x_n$$

lässt sich verkürzt als

$$\sum_{j=1}^{n} x_j$$

← obere Summationsgrenze ($n$)
← Summationsindex oder Subskript ($j$)
← untere Summationsgrenze ($1$)
(lies: Summe der $x_j$, $j$ von 1 bis $n$)

schreiben. Häufig findet man auch die Schreibweisen

$$\sum_{1 \leq j \leq n} x_j = \sum_{j} x_j = \sum x_j \,.$$

Als Symbol für den Summationsindex werden neben $j$ häufig auch $i$, $k$ usw. benutzt; der Wert der Summe ändert sich dadurch nicht. Es ist also

$$\sum_{j=1}^{n} x_j = \sum_{i=1}^{n} x_i = \sum_{k=1}^{n} x_k \quad \text{usw.}$$

Einige *Rechenregeln für das Summenzeichen*

$$\sum_{j=1}^{n} c \cdot x_j = c \cdot \sum_{j=1}^{n} x_j \qquad (c \text{ beliebige Konstante})$$

$$\sum_{j=1}^{n} (x_j \pm y_j) = \sum_{j=1}^{n} x_j \pm \sum_{j=1}^{n} y_j$$

$$\sum_{j=1}^{n} c = n \cdot c \qquad (c \text{ beliebige Konstante})$$

$$\sum_{j=1}^{m} x_j + \sum_{j=m+1}^{n} x_j = \sum_{j=1}^{n} x_j \qquad (m < n)$$

*Werte einiger spezieller Summen*

$$\sum_{j=1}^{n} j = \frac{n(n+1)}{2}$$

$$\sum_{j=1}^{n} j^2 = \frac{n(2n+1)(n+1)}{6}$$

$$\sum_{j=1}^{n} j^3 = \left[\frac{n(n+1)}{2}\right]^2$$

$$\sum_{j=1}^{n} j^4 = \frac{n(n+1)\cdot(2n+1)\cdot(3n^2+3n-1)}{30}$$

Gegeben sei folgende *zweidimensionale Tabelle*:

| Spalte / Zeile | 1 | 2 | … | $j$ | … | $n$ | $\Sigma$ |
|---|---|---|---|---|---|---|---|
| 1 | $x_{11}$ | $x_{12}$ | … | $x_{1j}$ | … | $x_{1n}$ | $\sum_{j=1}^{n} x_{1j} = x_{1.}$ |
| 2 | $x_{21}$ | $x_{22}$ | … | $x_{2j}$ | … | $x_{2n}$ | $\sum_{j=1}^{n} x_{2j} = x_{2.}$ |
| ⋮ | ⋮ | ⋮ | | ⋮ | | ⋮ | ⋮ |
| $i$ | $x_{i1}$ | $x_{i2}$ | … | $x_{ij}$ | … | $x_{in}$ | $\sum_{j=1}^{n} x_{ij} = x_{i.}$ |
| ⋮ | ⋮ | ⋮ | | ⋮ | | ⋮ | ⋮ |
| $m$ | $x_{m1}$ | $x_{m2}$ | … | $x_{mj}$ | … | $x_{mn}$ | $\sum_{j=1}^{n} x_{mj} = x_{m.}$ |
| $\Sigma$ | $\sum_{i=1}^{m} x_{i1} = x_{.1}$ | $\sum_{i=1}^{m} x_{i2} = x_{.2}$ | … | $\sum_{i=1}^{m} x_{ij} = x_{.j}$ | … | $\sum_{i=1}^{m} x_{in} = x_{.n}$ | $\sum_{i=1}^{m}\sum_{j=1}^{n} x_{ij} = x_{..}$ |

Formeln

Der *Wert der Doppelsumme*

$$\sum_{i=1}^{m}\sum_{j=1}^{n} x_{ij} = x_{..} = x_{11} + x_{12} + \ldots + x_{ij} + \ldots + x_{mn}$$

ist unabhängig davon, in welcher Reihenfolge addiert wird; $x_{..}$ kann also durch *Addition der Zeilensummen* $x_{i.}$ $(i = 1, \ldots, m)$, also als

$$x_{..} = \sum_{i=1}^{m} x_{i.} = \sum_{i=1}^{m}\sum_{j=1}^{n} x_{ij}$$

oder aber durch *Addition der Spaltensummen* $x_{.j}$ $(j = 1, \ldots, n)$, also als

$$x_{..} = \sum_{j=1}^{n} x_{.j} = \sum_{j=1}^{n}\sum_{i=1}^{m} x_{ij}$$

ermittelt werden; es gilt demnach

$$\sum_{i=1}^{m}\sum_{j=1}^{n} x_{ij} = \sum_{j=1}^{n}\sum_{i=1}^{m} x_{ij} \,.$$

Einige *Rechenregeln für Doppelsummen*

$$\sum_{i=1}^{m}\sum_{j=1}^{n} c \cdot x_{ij} = c \cdot \sum_{i=1}^{m}\sum_{j=1}^{n} x_{ij}$$ ($c$ beliebige Konstante)

$$\sum_{i=1}^{m}\sum_{j=1}^{n} (x_{ij} + y_{ij}) = \sum_{i=1}^{m}\sum_{j=1}^{n} x_{ij} + \sum_{i=1}^{m}\sum_{j=1}^{n} y_{ij}$$

$$\sum_{i=1}^{m}\sum_{j=1}^{n} c = m \cdot n \cdot c$$ ($c$ beliebige Konstante)

$$\sum_{i=1}^{m}\sum_{j=1}^{n} x_i y_j = \left(\sum_{i=1}^{m} x_i\right)\left(\sum_{j=1}^{n} y_j\right)$$

($x_i$ $(i = 1, \ldots, m)$ und $y_j$ $(j = 1, \ldots, n)$ beliebige reelle Zahlen)

Formeln

## Produktzeichen

$x_1, x_2, \ldots, x_n$ seien beliebige reelle Zahlen.

Ihr *Produkt*

$$x_1 \cdot x_2 \cdot \ldots \cdot x_n$$

lässt sich verkürzt als

$$\prod_{j=1}^{n} x_j$$

obere Multiplikationsgrenze ($n$)
Multiplikationsindex ($x_j$)
untere Multiplikationsgrenze ($j=1$)

schreiben. Häufig findet man auch die Schreibweisen

$$\prod_{1 \leq j \leq n} x_j = \prod_j x_j = \prod x_j \,.$$

Einige *Rechenregeln für das Produktzeichen*

$$\prod_{j=1}^{n} c x_j = c^n \cdot \prod_{j=1}^{n} x_j \qquad (c \text{ beliebige Konstante})$$

$$\prod_{j=1}^{n} (x_j y_j) = \prod_{j=1}^{n} x_j \prod_{j=1}^{n} y_j$$

$$\prod_{j=1}^{n} c = c^n \qquad (c \text{ beliebige Konstante})$$

$$\prod_{j=1}^{n} x_j^2 = \left( \prod_{j=1}^{n} x_j \right)^2$$

Formeln

## Definitionen

Eine auf dem Intervall $(a,b)$ definierte Funktion $f$ ist in $x_o \in (a,b)$ differenzierbar, wenn

$$\lim_{x \to x_o} \frac{f(x) - f(x_0)}{x - x_o}$$

existiert. Dann heißt

$$f'(x_o) = \lim_{x \to x_o} \frac{f(x) - f(x_o)}{x - x_o}$$

die 1. Ableitung von $f$ an der Stelle $x_o$.

$$\left(\text{Auch } f'(x_o) = f'(x)\big|_{x=x_o} = \lim_{\Delta x \to 0} \frac{\Delta y}{\Delta x} = \frac{\mathrm{d}y}{\mathrm{d}x\big|_{x=x_o}} = y'\big|_{x=x_o}\right)$$

Ist $f$ in jedem Punkt $x_o \in (a,b)$ differenzierbar, so ist $f$ in $(a,b)$ differenzierbar und $f'(x)$ heißt die 1. Ableitung von $f$.

$$\left(\text{Auch } f'(x) = \frac{\mathrm{d}y}{\mathrm{d}x} = y'\right)$$

## Differentiationsregeln

$$(af)'(x) = af'(x) \qquad (\text{für } a \in \mathbb{R})$$

$$(f \pm g)'(x) = f'(x) \pm g'(x)$$

$$(f \cdot g)'(x) = f'(x)g(x) + f(x)g'(x)$$

$$\left(\frac{f}{g}\right)'(x) = \frac{f'(x)g(x) - f(x)g'(x)}{[g(x)]^2} \qquad (\text{für } g(x) \neq 0)$$

$$f[g(x)]' = f'[g(x)]g'(x)$$

$$(f^{-1})'(y) = \frac{1}{f'(x)} \qquad (\text{für } y = f(x))$$

## Einige wichtige Ableitungen

| $f(x)$ | | $f'(x)$ |
|---|---|---|
| $x^n$ | $n \in \mathbb{N}$ | $nx^{n-1}$ |
| $c$ | $c \in \mathbb{R}$ | $0$ |
| $e^x$ | | $e^x$ |
| $\ln x$ | $x \in \mathbb{R}^+ \setminus \{0\}$ | $\frac{1}{x}$ |
| $a^x$ | $a \in \mathbb{R}^+ \setminus \{0\}$ | $a^x \ln a$ |

## Funktionen mehrerer Veränderlicher

$f$ sei auf $(a,b) \times (c,d)$ definiert und $(x_o, y_o) \in (a,b) \times (c,d)$. Dann heißen:

$$\frac{\partial f}{\partial x}(x_o, y_o) = \lim_{x \to x_o} \frac{f(x, y_o) - f(x_o, y_o)}{x - x_o} = f_x(x_o, y_o)$$

$$\frac{\partial f}{\partial y}(x_o, y_o) = \lim_{y \to y_o} \frac{f(x_o, y) - f(x_o, y_o)}{y - y_o} = f_y(x_o, y_o)$$

partielle Ableitungen 1. Ordnung nach $x$ bzw. $y$ an der Stelle $(x_o, y_o)$.

Formeln

## Definitionen

Ist die Funktion $f$ auf dem Intervall $(a,b)$ definiert und gibt es eine Funktion $F$ auf $(a,b)$ mit

$$F'(x) = f(x)\,,$$

so heißt $F$ eine Stammfunktion von $f$. Mit $F$ ist auch $F+c$, $c \in \mathbb{R}$ eine Stammfunktion von $f$. Man schreibt

$$\int f(x)\,\mathrm{d}x = F(x) + c\,.$$

## Einige wichtige Stammfunktionen

| $f(x)$ | | $F(x)$ |
|---|---|---|
| $c$ | $c \in \mathbb{R}$ | $cx$ |
| $x^n$ | $n \in \mathbb{Z}\backslash\{-1\}$ | $\frac{1}{n+1}x^{n+1}$ |
| $\frac{1}{x}$ | $x \in \mathbb{R}^+\backslash\{0\}$ | $\ln x$ |
| $\mathrm{e}^x$ | | $\mathrm{e}^x$ |
| $a^x$ | $a \in \mathbb{R}^+\backslash\{0;1\}$ | $\frac{1}{\ln a}a^x$ |



## Bestimmtes Integral

Es sei $f$ auf $[a,b]$ definiert und es seien zu jedem $n \in \mathbb{N}$ Unterteilungen von $[a,b]$

$$a = x_o^{(n)} \leq x_1^{(n)} \leq \ldots \leq x_n^{(n)} = b$$

so gewählt, dass für alle $i$ gilt:

$$\lim_{n\to\infty}\left(x_i^{(n)} - x_{i-1}^{(n)}\right) = 0$$

Wenn unabhängig von den speziellen Unterteilungen und unabhängig von der Wahl der $\xi_i^{(n)} \in [x_{i-1}^{(n)}, x_i^{(n)}]$

$$\lim_{n\to\infty}\sum_{i=1}^{n} f\left(\xi_i^{(n)}\right)\left(x_i^{(n)} - x_{i-1}^{(n)}\right)$$

existiert, so heißt der Grenzwert „bestimmtes Integral für $f$ zwischen $a$ und $b$“

$$\int_a^b f(x)\,\mathrm{d}x = \lim_{n\to\infty} \sum_{i=1}^{n} f\left(\xi_i^{(n)}\right)\left(x_i^{(n)} - x_{i-1}^{(n)}\right) .$$

## Integrationsregeln

Ist $F$ eine Stammfunktion von $f$, so gilt

$$\int_a^b f(x)\,\mathrm{d}x = F(b) - F(a)$$

$$\int_a^b f(x)\,\mathrm{d}x = -\int_b^a f(x)\,\mathrm{d}x$$

$$\int_a^c f(x)\,\mathrm{d}x + \int_c^b f(x)\,\mathrm{d}x = \int_a^b f(x)\,\mathrm{d}x$$

$$\int_a^b cf(x)\,\mathrm{d}x = c\int_a^b f(x)\,\mathrm{d}x \qquad (c \in \mathbb{R})$$

$$\int_a^b [f(x) \pm g(x)]\,\mathrm{d}x = \int_a^b f(x)\,\mathrm{d}x \pm \int_a^b g(x)\,\mathrm{d}x$$

Partielle Integration

$$\int_a^b f(x)g'(x)\,\mathrm{d}x = f(b)g(b) - f(a)g(a) - \int_a^b f'(x)g(x)\,\mathrm{d}x$$

Substitution

$$\int_a^b f\,[g(x)]\,g'(x)\,\mathrm{d}x = \int_{g(a)}^{g(b)} f(y)\,\mathrm{d}y \quad \text{für } g'(x) \neq 0,\ \forall x \in (a,b)$$

## (1) Definition

Eine Matrix ist als *rechteckiges Zahlenschema* der Form

$$\begin{bmatrix} a_{11} & a_{12} & \cdots & a_{1j} & \cdots & a_{1n} \\ a_{21} & a_{22} & \cdots & a_{2j} & \cdots & a_{2n} \\ \vdots & \vdots & & \vdots & & \vdots \\ a_{i1} & a_{i2} & & a_{ij} & & a_{in} \\ \vdots & \vdots & & \vdots & & \vdots \\ a_{m1} & a_{m2} & \cdots & a_{mj} & \cdots & a_{mn} \end{bmatrix}$$

definiert. Sie besitzt $m$ Zeilen und $n$ Spalten und heißt **m,n-Matrix** oder **Matrix der Ordnung [m, n]**. In *verkürzter Schreibweise* wird sie beispielsweise als

$$\begin{bmatrix} a_{ij} \end{bmatrix} \quad \text{oder} \quad \underset{[m,n]}{\mathbf{A}} \quad \text{oder} \quad \mathbf{A}$$

bezeichnet.

Eine *Matrix*, die nur eine einzige Spalte besitzt, heißt **Spaltenvektor**.

*Beispiel*

$$\mathbf{b} = \begin{bmatrix} b_1 \\ b_2 \\ \vdots \\ b_m \end{bmatrix}$$

Eine *Matrix*, die nur *eine einzige Zeile* besitzt, heißt **Zeilenvektor**.

*Beispiel*

$$\mathbf{c} = \begin{bmatrix} c_1 & c_2 & \cdots & c_n \end{bmatrix}$$

Eine *Matrix, deren Elemente alle Null sind*, heißt **Nullmatrix**.

*Beispiel*

$$\mathbf{0} = \begin{bmatrix} 0 & 0 & 0 \\ 0 & 0 & 0 \end{bmatrix}$$

Eine *Matrix mit n Zeilen und n Spalten* heißt **quadratische Matrix n-ter Ordnung**.

*Beispiel*

$$\begin{bmatrix} a_{11} & a_{12} & a_{13} & a_{14} \\ a_{21} & a_{22} & a_{23} & a_{24} \\ a_{31} & a_{32} & a_{33} & a_{34} \\ a_{41} & a_{42} & a_{43} & a_{44} \end{bmatrix}$$

Die *Elemente einer quadratischen Matrix, für die Zeilenindex und Spaltenindex übereinstimmen* ($a_{ii}; i = 1, \ldots, n$), nennt man **Diagonalelemente**. – Sind in einer Matrix *alle Nicht-Diagonalelemente Null*, dann spricht man von einer **Diagonalmatrix**.

*Beispiel*

$$\begin{bmatrix} a_{11} & 0 & 0 \\ 0 & a_{22} & 0 \\ 0 & 0 & a_{33} \end{bmatrix}$$

Eine *Diagonalmatrix, deren Diagonalelemente alle* 1 *sind*, heißt **Einheitsmatrix** und wird mit **E** oder **I** bezeichnet.

*Beispiel*

$$\begin{bmatrix} 1 & 0 & 0 \\ 0 & 1 & 0 \\ 0 & 0 & 1 \end{bmatrix}$$

*Vertauscht man in der Matrix* **A** *Zeilen und Spalten, so entsteht die* **Transponierte A′**.

*Beispiel*

$$\mathbf{A} = \begin{bmatrix} 5 & 7 & 3 \\ 2 & 1 & 0 \end{bmatrix} \qquad \mathbf{A}' = \begin{bmatrix} 5 & 2 \\ 7 & 1 \\ 3 & 0 \end{bmatrix}$$

**Zwei Matrizen** A und B heißen **gleich**, *wenn beide Matrizen die gleiche Zeilen- und Spaltenzahl besitzen und wenn die entsprechenden Elemente einander gleich sind*, also $a_{ij} = b_{ij}$ für alle $i, j$ gilt.

*Beispiel*

$$\mathbf{A} = \begin{bmatrix} 3 & 1 \\ 1 & 7 \end{bmatrix} \qquad \mathbf{B} = \begin{bmatrix} 3 & 1 \\ 1 & 7 \end{bmatrix}; \qquad \mathbf{A} = \mathbf{B}$$

Für eine **symmetrische Matrix A** gilt $a_{ij} = a_{ji}$ bzw. $\mathbf{A} = \mathbf{A}'$.

## (2) Regeln für das Rechnen mit Matrizen (Matrizenoperationen)

### Matrizenaddition

Sind $\mathbf{A}$ und $\mathbf{B}$ von gleicher Ordnung, so heißt die Matrix, deren Elemente sich durch Addition der entsprechenden Elemente von $\mathbf{A}$ und $\mathbf{B}$ ergeben, die Summe $\mathbf{A} + \mathbf{B}$; bezeichnen wir diese Summe mit $\mathbf{C}$, dann gilt also für die Elemente $c_{ij}$ von $\mathbf{C}$

$$c_{ij} = a_{ij} + b_{ij} \quad \text{für alle } i,j\,.$$

*Beispiel*

$$\mathbf{A} = \begin{bmatrix} 3 & 0 \\ 8 & 5 \end{bmatrix} \qquad \mathbf{B} = \begin{bmatrix} 2 & 9 \\ 1 & -4 \end{bmatrix}; \qquad \mathbf{C} = \mathbf{A} + \mathbf{B} = \begin{bmatrix} 5 & 9 \\ 9 & 1 \end{bmatrix}$$

Es gilt $\mathbf{A} + \mathbf{B} = \mathbf{B} + \mathbf{A}$ und $(\mathbf{A} + \mathbf{B}) + \mathbf{C} = \mathbf{A} + (\mathbf{B} + \mathbf{C})$.
$\mathbf{A} + \mathbf{0} = \mathbf{A}$.



### Matrizensubtraktion

In analoger Weise zur Matrizenaddition ergibt sich für die Differenz zweier Matrizen

$$\mathbf{C} = \mathbf{A} - \mathbf{B}$$

für die einzelnen Elemente $c_{ij}$

$$c_{ij} = a_{ij} - b_{ij} \quad \text{für alle } i,j.$$

### Skalarmultiplikation

Eine Matrix $\mathbf{A}$ wird mit einer beliebigen reellen Zahl $\lambda$ (in der Matrizenrechnung **Skalar** genannt) multipliziert, in dem jedes Element von $\mathbf{A}$ mit $\lambda$ multipliziert wird.

*Beispiel*

$$\mathbf{A} = \begin{bmatrix} 3 & 1 \\ 0 & 4 \end{bmatrix}; \quad \lambda = 2; \quad \lambda \cdot \mathbf{A} = \mathbf{A} \cdot \lambda = \begin{bmatrix} 6 & 2 \\ 0 & 8 \end{bmatrix}$$

## Matrizenmultiplikation

Wenn $\mathbf{A}$ eine $[m,n]$-Matrix und $\mathbf{B}$ eine $[n,p]$-Matrix ist, dann ist das Produkt $\mathbf{C} = \mathbf{A} \cdot \mathbf{B}$ als $[m,p]$-Matrix definiert mit den Elementen

$$c_{ij} = \sum_{k=1}^{n} a_{ik} \cdot b_{kj} \quad (i = 1, \ldots, m; j = 1, \ldots, p);$$

beispielsweise ergibt sich das Element $c_{23}$ als

$$c_{23} = \sum_{k=1}^{n} a_{2k} \cdot b_{k3} = a_{21} \cdot b_{13} + a_{22} \cdot b_{23} + \ldots + a_{2n} \cdot b_{n3}\,;$$

d. h. es werden hier die Elemente der 2. *Zeile* von $\mathbf{A}$ mit den entsprechenden Elementen der 3. *Spalte* von $\mathbf{B}$ multipliziert und die Produkte aufsummiert.

*Beispiel*

$$\mathbf{A} = \begin{bmatrix} 5 & 0 & 1 \\ -3 & 8 & 2 \end{bmatrix}; \qquad \mathbf{B} = \begin{bmatrix} 7 & 5 \\ 0 & 1 \\ 4 & 9 \end{bmatrix}$$

$$\mathbf{C} = \mathbf{A} \cdot \mathbf{B} = \begin{bmatrix} 5 \cdot 7 + 0 \cdot 0 + 1 \cdot 4 & 5 \cdot 5 + 0 \cdot 1 + 1 \cdot 9 \\ -3 \cdot 7 + 8 \cdot 0 + 2 \cdot 4 & -3 \cdot 5 + 8 \cdot 1 + 2 \cdot 9 \end{bmatrix} = \begin{bmatrix} 39 & 34 \\ -13 & 11 \end{bmatrix}$$

**Im Allgemeinen** gilt $\mathbf{A} \cdot \mathbf{B} \neq \mathbf{B} \cdot \mathbf{A}$.

**Ferner gilt** $(\mathbf{A} \cdot \mathbf{B}) \cdot \mathbf{C} = \mathbf{A} \cdot (\mathbf{B} \cdot \mathbf{C})$;

$\mathbf{A} \cdot (\mathbf{B} + \mathbf{C}) = \mathbf{A} \cdot \mathbf{B} + \mathbf{A} \cdot \mathbf{C}$;

$(\mathbf{B} + \mathbf{C}) \cdot \mathbf{A} = \mathbf{B} \cdot \mathbf{A} + \mathbf{C} \cdot \mathbf{A}$;

$\mathbf{A} \cdot \mathbf{E} = \mathbf{E} \cdot \mathbf{A} = \mathbf{A}$.

Für **Transponierte** gilt:

$$(\mathbf{A}')' = \mathbf{A}$$

$$(\mathbf{A} + \mathbf{B})' = \mathbf{A}' + \mathbf{B}'$$

$$(\mathbf{A} \cdot \mathbf{B})' = \mathbf{B}' \cdot \mathbf{A}'$$

$$(\mathbf{A} \cdot \mathbf{B} \cdot \mathbf{C})' = \mathbf{C}' \cdot \mathbf{B}' \cdot \mathbf{A}'$$

Für die **Inverse** $\mathbf{A}^{-1}$ einer quadratischen Matrix $\mathbf{A}$ gilt die Beziehung

$$\mathbf{A}^{-1} \cdot \mathbf{A} = \mathbf{A} \cdot \mathbf{A}^{-1} = \mathbf{E}\,.$$

Für **Inverse** gilt allgemein:

$$(\mathbf{A} \cdot \mathbf{B})^{-1} = \mathbf{B}^{-1} \cdot \mathbf{A}^{-1}$$

$$(\mathbf{A} \cdot \mathbf{B} \cdot \mathbf{C})^{-1} = \mathbf{C}^{-1} \cdot \mathbf{B}^{-1} \cdot \mathbf{A}^{-1}$$

$$(\mathbf{A}')^{-1} = (\mathbf{A}^{-1})'$$

Für eine **Diagonal**matrix $\mathbf{D}$ gilt:

$$\mathbf{A} \cdot \mathbf{D} = \mathbf{D} \cdot \mathbf{A}.$$

# Teil II

# Statistische Tabellen

| 82797 | 49552 | 86128 | 15569 | 72103 | 55174 | 08192 | 05769 | 79867 | 18514 |
|---|---|---|---|---|---|---|---|---|---|
| 69042 | 00194 | 23511 | 36619 | 42175 | 15985 | 95781 | 26206 | 76501 | 04906 |
| 35992 | 92976 | 19434 | 07339 | 67890 | 95044 | 52136 | 96423 | 97194 | 74597 |
| 44641 | 43579 | 98236 | 63393 | 06714 | 24958 | 98497 | 06109 | 92756 | 89099 |
| 03398 | 95557 | 66956 | 59368 | 05237 | 52246 | 35028 | 50834 | 59814 | 05023 |
| 43120 | 41953 | 66768 | 25957 | 75711 | 77805 | 76514 | 97893 | 24194 | 08232 |
| 20793 | 00379 | 72703 | 91403 | 66395 | 67631 | 49544 | 16683 | 05717 | 77754 |
| 51527 | 97111 | 73187 | 92926 | 11649 | 42451 | 13162 | 85674 | 22777 | 92144 |
| 88594 | 66580 | 59388 | 85408 | 57839 | 37877 | 53049 | 97605 | 49928 | 76016 |
| 54367 | 93985 | 01367 | 21171 | 75889 | 85787 | 90415 | 10172 | 73985 | 60224 |
| 74130 | 98633 | 71205 | 55571 | 36474 | 70096 | 34410 | 03609 | 29759 | 13898 |
| 18488 | 95378 | 83903 | 91007 | 25586 | 65398 | 59732 | 71262 | 06952 | 52440 |
| 46953 | 18748 | 12038 | 03964 | 04019 | 68400 | 03072 | 32052 | 14144 | 01820 |
| 67362 | 64548 | 80046 | 28862 | 41520 | 18149 | 64679 | 51705 | 91687 | 39392 |
| 37671 | 64344 | 50553 | 36433 | 73008 | 17288 | 62185 | 51556 | 68417 | 25648 |
| 78589 | 68148 | 49469 | 43550 | 27773 | 55995 | 27085 | 56505 | 52896 | 97753 |
| 57994 | 73092 | 89145 | 50065 | 21883 | 79881 | 76368 | 64297 | 41124 | 81446 |
| 39033 | 44684 | 36545 | 16965 | 60422 | 33721 | 08144 | 70252 | 40850 | 46760 |
| 85095 | 14359 | 21747 | 94427 | 45479 | 39436 | 97157 | 65028 | 59671 | 70828 |
| 19780 | 71248 | 42909 | 18626 | 46121 | 11499 | 08115 | 83425 | 80841 | 43321 |
| 67501 | 34684 | 32169 | 97780 | 30337 | 41695 | 03767 | 85147 | 22643 | 60560 |
| 87304 | 92769 | 24408 | 97950 | 37658 | 30941 | 35025 | 88763 | 59019 | 33897 |
| 27103 | 56107 | 97449 | 81417 | 45850 | 20767 | 41131 | 50645 | 38653 | 46861 |
| 16115 | 03521 | 32625 | 37329 | 95917 | 87481 | 56925 | 00193 | 28181 | 53540 |
| 74958 | 25848 | 70585 | 73859 | 11120 | 75091 | 05393 | 25847 | 33503 | 22953 |
| 58118 | 58150 | 58141 | 41822 | 12504 | 00638 | 17764 | 53961 | 01847 | 12367 |
| 69131 | 51661 | 27558 | 66203 | 75132 | 48893 | 09183 | 54693 | 23548 | 86351 |
| 27539 | 07451 | 46757 | 26574 | 73200 | 15716 | 89474 | 97279 | 26473 | 42916 |
| 77319 | 55312 | 49552 | 09178 | 84375 | 54368 | 03145 | 50599 | 51897 | 95090 |
| 75572 | 83298 | 15555 | 85710 | 51406 | 65093 | 24116 | 66195 | 75072 | 69753 |
| 05276 | 73457 | 78798 | 00837 | 24776 | 65133 | 84676 | 54453 | 83896 | 06862 |
| 24233 | 84823 | 99920 | 71297 | 93365 | 41456 | 64222 | 96723 | 04043 | 54123 |
| 45526 | 72440 | 87250 | 01507 | 62030 | 27408 | 80320 | 74243 | 22608 | 22174 |
| 23641 | 24704 | 31503 | 48289 | 71903 | 67748 | 97872 | 95600 | 13964 | 09205 |
| 90894 | 45180 | 39557 | 15165 | 44034 | 47412 | 95827 | 45083 | 71423 | 56498 |
| 81571 | 16847 | 80189 | 54607 | 96286 | 13866 | 63625 | 95547 | 91001 | 17288 |
| 39864 | 96376 | 03308 | 85681 | 02889 | 77671 | 49314 | 44978 | 89043 | 91386 |
| 54485 | 89070 | 64486 | 49344 | 82861 | 02455 | 72461 | 49143 | 22454 | 16362 |
| 75434 | 47000 | 07992 | 23472 | 93148 | 20786 | 82077 | 20061 | 10839 | 79174 |
| 91209 | 41098 | 14097 | 93669 | 60663 | 36063 | 93700 | 97242 | 10220 | 16205 |
| 06427 | 88996 | 56771 | 64823 | 01432 | 04263 | 30113 | 90600 | 85991 | 26930 |
| 85590 | 10119 | 71412 | 94688 | 55423 | 62172 | 10403 | 43101 | 21901 | 74603 |
| 81081 | 62408 | 95988 | 43744 | 62826 | 66315 | 41907 | 83934 | 94972 | 69623 |
| 06062 | 21138 | 90389 | 14657 | 41306 | 56399 | 91751 | 37099 | 54403 | 28458 |
| 40638 | 39788 | 11732 | 25483 | 50753 | 91875 | 13729 | 21396 | 76717 | 64604 |
| 20847 | 35184 | 00844 | 04595 | 08062 | 51025 | 62746 | 81019 | 41031 | 94561 |
| 27340 | 93168 | 92422 | 19294 | 15933 | 87711 | 84093 | 88270 | 67677 | 06289 |
| 15868 | 05533 | 69715 | 77873 | 28907 | 98700 | 56985 | 65537 | 04388 | 30124 |
| 27853 | 17316 | 94445 | 29842 | 81849 | 72502 | 62907 | 47939 | 37560 | 84751 |
| 34889 | 69565 | 95523 | 20136 | 28003 | 00711 | 09935 | 25114 | 35500 | 54928 |

| | | | | | | | | | |
|---|---|---|---|---|---|---|---|---|---|
| 0.316 | 1.542 | 1.468 | −0.042 | −2.088 | −0.796 | −1.677 | 0.858 | −0.760 | −0.080 |
| 1.304 | −0.027 | −1.478 | 1.254 | −0.400 | −0.239 | 0.183 | 2.732 | −0.479 | 1.274 |
| −0.132 | −1.534 | −0.068 | −0.129 | −1.846 | 1.617 | 0.467 | 0.714 | 1.270 | −2.175 |
| 1.123 | −0.451 | 1.459 | −0.579 | 0.149 | 1.291 | −0.283 | 0.061 | −2.653 | −0.843 |
| 0.105 | −0.191 | −0.615 | −0.479 | −1.347 | 1.030 | −0.128 | 0.137 | −1.074 | −0.048 |
| −1.706 | −0.439 | −1.162 | 0.587 | 0.454 | −0.012 | −0.361 | 0.321 | −1.627 | −0.909 |
| −1.457 | 1.860 | −0.675 | 0.486 | −0.115 | 0.296 | −1.192 | −1.708 | −1.910 | −0.141 |
| 0.748 | −0.346 | 0.446 | 0.729 | 0.377 | 0.949 | 0.759 | −1.363 | −0.581 | 0.625 |
| 1.370 | 0.355 | 1.000 | 0.419 | −0.294 | 0.691 | −0.749 | −0.637 | −1.138 | 0.193 |
| −0.695 | 1.508 | 0.050 | −1.074 | −1.227 | 0.867 | 0.652 | 0.171 | −1.008 | −0.076 |
| −1.062 | 1.277 | 0.031 | 0.628 | −0.000 | −0.555 | 0.471 | −0.391 | 1.691 | 0.356 |
| −1.681 | −1.025 | −0.928 | 1.640 | 0.125 | −0.150 | 0.123 | −0.404 | 1.104 | 2.345 |
| −0.188 | −0.298 | 0.164 | −0.318 | −1.182 | 0.279 | −1.050 | −1.295 | 0.714 | 0.121 |
| 0.402 | 0.621 | −0.652 | 0.204 | 1.047 | 0.627 | −0.423 | −0.076 | 0.382 | −0.397 |
| 0.765 | −1.327 | 0.177 | 0.574 | −1.482 | 0.189 | −0.067 | 0.228 | −0.180 | −0.129 |
| −0.154 | 0.390 | −2.257 | 1.182 | −0.383 | −0.963 | 0.201 | −0.171 | 0.704 | 1.646 |
| 1.140 | −1.589 | −1.266 | −0.474 | −0.253 | 0.072 | 0.588 | −0.004 | −0.512 | −0.222 |
| −0.127 | −0.138 | −0.174 | 0.203 | −0.795 | 0.284 | 0.837 | 0.869 | 0.384 | −1.693 |
| 0.153 | −1.433 | 0.326 | 0.008 | −0.177 | −0.273 | −0.602 | 0.120 | −0.570 | 0.420 |
| −0.531 | 1.012 | −0.302 | 0.223 | 1.314 | −0.092 | −0.111 | 1.184 | −0.140 | 1.405 |
| −0.677 | 0.823 | 0.491 | 0.147 | −1.208 | 2.240 | 1.295 | −1.925 | 0.591 | 0.700 |
| 1.740 | −0.229 | 0.597 | 0.272 | −0.341 | 0.202 | 0.294 | −0.639 | 0.081 | 1.119 |
| 0.814 | 0.335 | 0.860 | −0.047 | 0.049 | 0.455 | −1.301 | 1.222 | −1.210 | −0.161 |
| −0.815 | 1.497 | 0.832 | −0.262 | 0.351 | 1.066 | −1.119 | 0.524 | 0.418 | −1.165 |
| 1.271 | −0.745 | −0.546 | −1.066 | −1.514 | 1.615 | −1.229 | 1.164 | 0.161 | −0.014 |
| −0.691 | 0.236 | 0.988 | −0.049 | −0.576 | 0.960 | −0.011 | 0.041 | −0.693 | −1.163 |
| 1.549 | 1.203 | −0.940 | 1.295 | 2.189 | −0.080 | −0.573 | 0.185 | 0.268 | −0.072 |
| 0.121 | 0.374 | −0.045 | −1.817 | 2.244 | −0.973 | 0.036 | −0.676 | 0.632 | 1.047 |
| −0.814 | 1.209 | 1.275 | 0.329 | −1.008 | −0.673 | 1.004 | −1.303 | −1.740 | 1.320 |
| 1.178 | 1.044 | −0.166 | −1.126 | 0.929 | 1.084 | −0.038 | −0.324 | 0.727 | 0.265 |
| 1.008 | 1.360 | 1.998 | −0.075 | 0.923 | −0.241 | −2.347 | 0.814 | 0.422 | −2.140 |
| −2.522 | 0.108 | 0.899 | 1.180 | 0.245 | −0.530 | −2.161 | 0.821 | 0.682 | −0.543 |
| −0.981 | 1.162 | −1.422 | −2.723 | −0.124 | 1.102 | −2.001 | −0.421 | 0.602 | −0.164 |
| −2.258 | 0.857 | −0.772 | 0.305 | −1.558 | 0.868 | 1.280 | −0.294 | 0.031 | −0.104 |
| 0.202 | 0.147 | −0.707 | −0.352 | 0.461 | −1.748 | −0.165 | −1.607 | −0.851 | −1.648 |
| −0.835 | 0.275 | −0.179 | −0.771 | 0.818 | 1.421 | 0.925 | −0.100 | 0.879 | 0.591 |
| −0.382 | −0.778 | 0.662 | −0.766 | 1.048 | −0.169 | 1.338 | −0.583 | 0.411 | 0.299 |
| 0.407 | 1.237 | 2.023 | −0.526 | −0.460 | −1.002 | −0.187 | −1.146 | −1.643 | −0.090 |
| −0.295 | −0.004 | −1.314 | 0.233 | −0.984 | 1.420 | −1.252 | 1.061 | 1.732 | −0.335 |
| 0.518 | −0.769 | −0.915 | 0.514 | 0.307 | 1.088 | −0.952 | −0.855 | 0.591 | −0.061 |
| −0.192 | −0.411 | −0.308 | 2.072 | 0.279 | −0.367 | 2.003 | −1.444 | 0.822 | 0.502 |
| −1.893 | −0.602 | −0.411 | 0.585 | 0.116 | −0.571 | −0.310 | 0.877 | 0.048 | −2.133 |
| 0.015 | 0.052 | −0.028 | −0.936 | 1.223 | 0.949 | −1.716 | −0.490 | −1.635 | −0.271 |
| −0.722 | −0.071 | 0.724 | 0.520 | 0.549 | 0.766 | −0.957 | 0.054 | −0.275 | −0.169 |
| −2.115 | 0.702 | 1.257 | −1.484 | 0.698 | −0.327 | 0.698 | 2.572 | −0.873 | 1.128 |
| −1.636 | −1.093 | 0.051 | 0.996 | 0.188 | −0.287 | 0.283 | 0.303 | 0.158 | 2.073 |
| 0.188 | −1.485 | −0.493 | −1.117 | 0.724 | −0.318 | −0.516 | −0.378 | −0.968 | −1.457 |
| 1.442 | −0.059 | 1.950 | −0.874 | −0.799 | −1.550 | −0.350 | 0.921 | 0.268 | −0.428 |
| −0.935 | −1.158 | −0.148 | 1.469 | 0.229 | 0.058 | −0.592 | 0.221 | 0.272 | −0.056 |
| 0.506 | −0.004 | −0.196 | −0.434 | −0.152 | −1.207 | 0.436 | −0.942 | −1.613 | −0.184 |

*Definition* von „$n$-Fakultät": $n! = 1 \cdot 2 \cdot 3 \cdot ... \cdot (n-1) \cdot n, \quad 0! = 1$

*Stirlingsche* Näherungsformel (für große $n$): $n! \approx n^n e^{-n} \sqrt{2\pi n}$
(mit $e = 2.71828...$ und $\pi = 3.14159...$)

| $n$ | $n!$ |
|---|---|
| 1 | 1 |
| 2 | 2 |
| 3 | 6 |
| 4 | 24 |
| 5 | 120 |
| 6 | 720 |
| 7 | 5 040 |
| 8 | 40 320 |
| 9 | 362 880 |
| 10 | 3 628 800 |
| 11 | 39 916 800 |
| 12 | 479 001 600 |
| 13 | 6 227 020 800 |
| 14 | 87 178 291 200 |
| 15 | 1 307 674 368 000 |
| 16 | 20 922 789 888 000 |
| 17 | 355 687 428 096 000 |
| 18 | 6 402 373 705 728 000 |
| 19 | 121 645 100 408 832 000 |
| 20 | 2 432 902 008 176 640 000 |
| 21 | 51 090 942 171 709 440 000 |
| 22 | 1 124 000 727 777 607 680 000 |
| 23 | 25 852 016 738 884 976 640 000 |
| 24 | 620 448 401 733 239 439 360 000 |
| 25 | 15 511 210 043 330 985 984 000 000 |
| 26 | 403 291 461 126 605 635 584 000 000 |
| 27 | 10 888 869 450 418 352 160 768 000 000 |
| 28 | 304 888 344 611 713 860 501 504 000 000 |
| 29 | 8 841 761 993 739 701 954 543 616 000 000 |
| 30 | 265 252 859 812 191 058 636 308 480 000 000 |
| 31 | 8 222 838 654 177 922 817 725 562 880 000 000 |
| 32 | 263 130 836 933 693 530 167 218 012 160 000 000 |
| 33 | 8 683 317 618 811 886 495 518 194 401 280 000 000 |
| 34 | 295 232 799 039 604 140 847 618 609 643 520 000 000 |
| 35 | 10 333 147 966 386 144 929 666 651 337 523 200 000 000 |
| 36 | 371 993 326 789 901 217 467 999 448 150 835 200 000 000 |
| 37 | 13 763 753 091 226 345 046 315 979 581 580 902 400 000 000 |
| 38 | 523 022 617 466 601 111 760 007 224 100 074 291 200 000 000 |
| 39 | 20 397 882 081 197 443 358 640 281 739 902 897 356 800 000 000 |
| 40 | 815 915 283 247 897 734 345 611 269 596 115 894 272 000 000 000 |

Tabellen

# Fakultäten

## Dekadische Logarithmen

| $n$ | $\lg n!$ | $n$ | $\lg n!$ | $n$ | $\lg n!$ | $n$ | $\lg n!$ |
|---|---|---|---|---|---|---|---|
| 0 | 0.00000 | 40 | 47.91165 | 80 | 118.85473 | 120 | 198.82539 |
| 1 | 0.00000 | 41 | 49.52443 | 81 | 120.76321 | 121 | 200.90818 |
| 2 | 0.30103 | 42 | 51.14768 | 82 | 122.67703 | 122 | 202.99454 |
| 3 | 0.77815 | 43 | 52.78115 | 83 | 124.59610 | 123 | 205.08444 |
| 4 | 1.38021 | 44 | 54.42460 | 84 | 126.52038 | 124 | 207.17787 |
| 5 | 2.07918 | 45 | 56.07781 | 85 | 128.44980 | 125 | 209.27478 |
| 6 | 2.85733 | 46 | 57.74057 | 86 | 130.38430 | 126 | 211.37515 |
| 7 | 3.70243 | 47 | 59.41267 | 87 | 132.32382 | 127 | 213.47895 |
| 8 | 4.60552 | 48 | 61.09391 | 88 | 134.26830 | 128 | 215.58616 |
| 9 | 5.55976 | 49 | 62.78410 | 89 | 136.21769 | 129 | 217.69675 |
| 10 | 6.55976 | 50 | 64.48307 | 90 | 138.17194 | 130 | 219.81069 |
| 11 | 7.60116 | 51 | 66.19065 | 91 | 140.13098 | 131 | 221.92796 |
| 12 | 8.68034 | 52 | 67.90665 | 92 | 142.09477 | 132 | 224.04854 |
| 13 | 9.79428 | 53 | 69.63092 | 93 | 144.06325 | 133 | 226.17239 |
| 14 | 10.94041 | 54 | 71.36332 | 94 | 146.03638 | 134 | 228.29949 |
| 15 | 12.11650 | 55 | 73.10368 | 95 | 148.01410 | 135 | 230.42983 |
| 16 | 13.32062 | 56 | 74.85187 | 96 | 149.99637 | 136 | 232.56337 |
| 17 | 14.55107 | 57 | 76.60774 | 97 | 151.98314 | 137 | 234.70009 |
| 18 | 15.80634 | 58 | 78.37117 | 98 | 153.97437 | 138 | 236.83997 |
| 19 | 17.08509 | 59 | 80.14202 | 99 | 155.97000 | 139 | 238.98298 |
| 20 | 18.38612 | 60 | 81.92017 | 100 | 157.97000 | 140 | 241.12911 |
| 21 | 19.70834 | 61 | 83.70550 | 101 | 159.97433 | 141 | 243.27833 |
| 22 | 21.05077 | 62 | 85.49790 | 102 | 161.98293 | 142 | 245.43062 |
| 23 | 22.41249 | 63 | 87.29724 | 103 | 163.99576 | 143 | 247.58595 |
| 24 | 23.79271 | 64 | 89.10342 | 104 | 166.01280 | 144 | 249.74432 |
| 25 | 25.19065 | 65 | 90.91633 | 105 | 168.03399 | 145 | 251.90568 |
| 26 | 26.60562 | 66 | 92.73587 | 106 | 170.05929 | 146 | 254.07004 |
| 27 | 28.03698 | 67 | 94.56195 | 107 | 172.08867 | 147 | 256.23735 |
| 28 | 29.48414 | 68 | 96.39446 | 108 | 174.12210 | 148 | 258.40762 |
| 29 | 30.94654 | 69 | 98.23331 | 109 | 176.15952 | 149 | 260.58080 |
| 30 | 32.42366 | 70 | 100.07841 | 110 | 178.20092 | 150 | 262.75689 |
| 31 | 33.91502 | 71 | 101.92966 | 111 | 180.24624 | 151 | 264.93587 |
| 32 | 35.42017 | 72 | 103.78700 | 112 | 182.29546 | 152 | 267.11771 |
| 33 | 36.93869 | 73 | 105.65032 | 113 | 184.34854 | 153 | 269.30241 |
| 34 | 38.47016 | 74 | 107.51955 | 114 | 186.40544 | 154 | 271.48993 |
| 35 | 40.01423 | 75 | 109.39461 | 115 | 188.46614 | 155 | 273.68026 |
| 36 | 41.57054 | 76 | 111.27543 | 116 | 190.53060 | 156 | 275.87338 |
| 37 | 43.13874 | 77 | 113.16192 | 117 | 192.59878 | 157 | 278.06928 |
| 38 | 44.71852 | 78 | 115.05401 | 118 | 194.67067 | 158 | 280.26794 |
| 39 | 46.30959 | 79 | 116.95164 | 119 | 196.74621 | 159 | 282.46934 |

Es gilt ($N$ und $n$ nichtnegativ und ganzzahlig, $N \geq n$):

$$\binom{N}{n} = \binom{N}{N-n} = \frac{N(N-1)\cdot\ldots\cdot(N-n+1)}{n!} = \frac{N!}{n!(N-n)!};$$

$$\binom{N}{0} = 1; \quad \binom{N}{N} = 1; \quad \binom{N}{1} = N; \quad \binom{N}{N-1} = N;$$

$$\binom{N+1}{n} = \binom{N}{n} + \binom{N}{n-1} = \binom{N}{n}\frac{N+1}{N-n+1} \quad \text{(Rekursionsformel)};$$

$$\binom{N+1}{n+1} = \binom{N}{n} + \binom{N-1}{n} + \binom{N-2}{n} + \cdots + \binom{n}{n};$$

$$\sum_{k=0}^{N}\binom{N}{k} = \binom{N}{0} + \binom{N}{1} + \binom{N}{2} + \cdots + \binom{N}{N} = 2^N.$$

| $N$ \ $n$ | 0 | 1 | 2 | 3 | 4 | 5 | 6 | 7 | 8 | 9 | 10 |
|---|---|---|---|---|---|---|---|---|---|---|---|
| 0 | 1 | | | | | | | | | | |
| 1 | 1 | 1 | | | | | | | | | |
| 2 | 1 | 2 | 1 | | | | | | | | |
| 3 | 1 | 3 | 3 | 1 | | | | | | | |
| 4 | 1 | 4 | 6 | 4 | 1 | | | | | | |
| 5 | 1 | 5 | 10 | 10 | 5 | 1 | | | | | |
| 6 | 1 | 6 | 15 | 20 | 15 | 6 | 1 | | | | |
| 7 | 1 | 7 | 21 | 35 | 35 | 21 | 7 | 1 | | | |
| 8 | 1 | 8 | 28 | 56 | 70 | 56 | 28 | 8 | 1 | | |
| 9 | 1 | 9 | 36 | 84 | 126 | 126 | 84 | 36 | 9 | 1 | |
| 10 | 1 | 10 | 45 | 120 | 210 | 252 | 210 | 120 | 45 | 10 | 1 |
| 11 | 1 | 11 | 55 | 165 | 330 | 462 | 462 | 330 | 165 | 55 | 11 |
| 12 | 1 | 12 | 66 | 220 | 495 | 792 | 924 | 792 | 495 | 220 | 66 |
| 13 | 1 | 13 | 78 | 286 | 715 | 1287 | 1716 | 1716 | 1287 | 715 | 286 |
| 14 | 1 | 14 | 91 | 364 | 1001 | 2002 | 3003 | 3432 | 3003 | 2002 | 1001 |
| 15 | 1 | 15 | 105 | 455 | 1365 | 3003 | 5005 | 6435 | 6435 | 5005 | 3003 |
| 16 | 1 | 16 | 120 | 560 | 1820 | 4368 | 8008 | 11440 | 12870 | 11440 | 8008 |
| 17 | 1 | 17 | 136 | 680 | 2380 | 6188 | 12376 | 19448 | 24310 | 24310 | 19448 |
| 18 | 1 | 18 | 153 | 816 | 3060 | 8568 | 18564 | 31824 | 43758 | 48620 | 43758 |
| 19 | 1 | 19 | 171 | 969 | 3876 | 11628 | 27132 | 50388 | 75582 | 92378 | 92378 |
| 20 | 1 | 20 | 190 | 1140 | 4845 | 15504 | 38760 | 77520 | 125970 | 167960 | 184756 |

# Binomialverteilung

## Wahrscheinlichkeitsfunktion

$$f_B(x/n;\theta) = \begin{cases} \binom{n}{x}\theta^x(1-\theta)^{n-x} & \text{für } x = 0, 1, ..., n \\ 0 & \text{sonst} \end{cases} \qquad 0 < \theta < 1$$

Für $\theta > 0.5$ findet man den gesuchten Wert über die Beziehung

$$f_B(x/n;\theta) = f_B(n-x/n; 1-\theta)$$

| $n$ | $x$ | $\theta$ | | | | | | | | |
|---|---|---|---|---|---|---|---|---|---|---|
| | | 0.01 | 0.05 | 0.1 | 0.15 | 0.2 | 0.25 | 0.3 | 0.4 | 0.5 |
| 1 | 0 | 0.9900 | 0.9500 | 0.9000 | 0.8500 | 0.8000 | 0.7500 | 0.7000 | 0.6000 | 0.5000 |
| | 1 | 0.0100 | 0.0500 | 0.1000 | 0.1500 | 0.2000 | 0.2500 | 0.3000 | 0.4000 | 0.5000 |
| 2 | 0 | 0.9801 | 0.9025 | 0.8100 | 0.7225 | 0.6400 | 0.5625 | 0.4900 | 0.3600 | 0.2500 |
| | 1 | 0.0198 | 0.0950 | 0.1800 | 0.2550 | 0.3200 | 0.3750 | 0.4200 | 0.4800 | 0.5000 |
| | 2 | 0.0001 | 0.0025 | 0.0100 | 0.0225 | 0.0400 | 0.0625 | 0.0900 | 0.1600 | 0.2500 |
| 3 | 0 | 0.9703 | 0.8574 | 0.7290 | 0.6141 | 0.5120 | 0.4219 | 0.3430 | 0.2160 | 0.1250 |
| | 1 | 0.0294 | 0.1354 | 0.2430 | 0.3251 | 0.3840 | 0.4219 | 0.4410 | 0.4320 | 0.3750 |
| | 2 | 0.0003 | 0.0071 | 0.0270 | 0.0574 | 0.0960 | 0.1406 | 0.1890 | 0.2880 | 0.3750 |
| | 3 | 0.0000 | 0.0001 | 0.0010 | 0.0034 | 0.0080 | 0.0156 | 0.0270 | 0.0640 | 0.1250 |
| 4 | 0 | 0.9606 | 0.8145 | 0.6561 | 0.5220 | 0.4096 | 0.3164 | 0.2401 | 0.1296 | 0.0625 |
| | 1 | 0.0388 | 0.1715 | 0.2916 | 0.3685 | 0.4096 | 0.4219 | 0.4116 | 0.3456 | 0.2500 |
| | 2 | 0.0006 | 0.0135 | 0.0486 | 0.0975 | 0.1536 | 0.2109 | 0.2646 | 0.3456 | 0.3750 |
| | 3 | 0.0000 | 0.0005 | 0.0036 | 0.0115 | 0.0256 | 0.0469 | 0.0756 | 0.1536 | 0.2500 |
| | 4 | 0.0000 | 0.0000 | 0.0001 | 0.0005 | 0.0016 | 0.0039 | 0.0081 | 0.0256 | 0.0625 |
| 5 | 0 | 0.9510 | 0.7738 | 0.5905 | 0.4437 | 0.3277 | 0.2373 | 0.1681 | 0.0778 | 0.0312 |
| | 1 | 0.0480 | 0.2036 | 0.3281 | 0.3915 | 0.4096 | 0.3955 | 0.3601 | 0.2592 | 0.1562 |
| | 2 | 0.0010 | 0.0214 | 0.0729 | 0.1382 | 0.2048 | 0.2637 | 0.3087 | 0.3456 | 0.3125 |
| | 3 | 0.0000 | 0.0011 | 0.0081 | 0.0244 | 0.0512 | 0.0879 | 0.1323 | 0.2304 | 0.3125 |
| | 4 | 0.0000 | 0.0000 | 0.0005 | 0.0022 | 0.0064 | 0.0146 | 0.0284 | 0.0768 | 0.1562 |
| | 5 | 0.0000 | 0.0000 | 0.0000 | 0.0001 | 0.0003 | 0.0010 | 0.0024 | 0.0102 | 0.0312 |
| 6 | 0 | 0.9415 | 0.7351 | 0.5314 | 0.3771 | 0.2621 | 0.1780 | 0.1176 | 0.0467 | 0.0156 |
| | 1 | 0.0571 | 0.2321 | 0.3543 | 0.3993 | 0.3932 | 0.3560 | 0.3025 | 0.1866 | 0.0937 |
| | 2 | 0.0014 | 0.0305 | 0.0984 | 0.1762 | 0.2458 | 0.2966 | 0.3241 | 0.3110 | 0.2344 |
| | 3 | 0.0000 | 0.0021 | 0.0146 | 0.0415 | 0.0819 | 0.1318 | 0.1852 | 0.2765 | 0.3125 |
| | 4 | 0.0000 | 0.0001 | 0.0012 | 0.0055 | 0.0154 | 0.0330 | 0.0595 | 0.1382 | 0.2344 |
| | 5 | 0.0000 | 0.0000 | 0.0001 | 0.0004 | 0.0015 | 0.0044 | 0.0102 | 0.0369 | 0.0937 |
| | 6 | 0.0000 | 0.0000 | 0.0000 | 0.0000 | 0.0001 | 0.0002 | 0.0007 | 0.0041 | 0.0156 |
| 7 | 0 | 0.9321 | 0.6983 | 0.4783 | 0.3206 | 0.2097 | 0.1335 | 0.0824 | 0.0280 | 0.0078 |
| | 1 | 0.0659 | 0.2573 | 0.3720 | 0.3960 | 0.3670 | 0.3115 | 0.2471 | 0.1306 | 0.0547 |
| | 2 | 0.0020 | 0.0406 | 0.1240 | 0.2097 | 0.2753 | 0.3115 | 0.3177 | 0.2613 | 0.1641 |
| | 3 | 0.0000 | 0.0036 | 0.0230 | 0.0617 | 0.1147 | 0.1730 | 0.2269 | 0.2903 | 0.2734 |
| | 4 | 0.0000 | 0.0002 | 0.0026 | 0.0109 | 0.0287 | 0.0577 | 0.0972 | 0.1935 | 0.2734 |
| | 5 | 0.0000 | 0.0000 | 0.0002 | 0.0012 | 0.0043 | 0.0115 | 0.0250 | 0.0774 | 0.1641 |
| | 6 | 0.0000 | 0.0000 | 0.0000 | 0.0001 | 0.0004 | 0.0013 | 0.0036 | 0.0172 | 0.0547 |
| | 7 | 0.0000 | 0.0000 | 0.0000 | 0.0000 | 0.0000 | 0.0001 | 0.0002 | 0.0016 | 0.0078 |
| 8 | 0 | 0.9227 | 0.6634 | 0.4305 | 0.2725 | 0.1678 | 0.1001 | 0.0576 | 0.0168 | 0.0039 |
| | 1 | 0.0746 | 0.2793 | 0.3826 | 0.3847 | 0.3355 | 0.2670 | 0.1977 | 0.0896 | 0.0312 |
| | 2 | 0.0026 | 0.0515 | 0.1488 | 0.2376 | 0.2936 | 0.3115 | 0.2965 | 0.2090 | 0.1094 |
| | 3 | 0.0001 | 0.0054 | 0.0331 | 0.0839 | 0.1468 | 0.2076 | 0.2541 | 0.2787 | 0.2187 |
| | 4 | 0.0000 | 0.0004 | 0.0046 | 0.0185 | 0.0459 | 0.0865 | 0.1361 | 0.2322 | 0.2734 |
| | 5 | 0.0000 | 0.0000 | 0.0004 | 0.0026 | 0.0092 | 0.0231 | 0.0467 | 0.1239 | 0.2187 |
| | 6 | 0.0000 | 0.0000 | 0.0000 | 0.0002 | 0.0011 | 0.0038 | 0.0100 | 0.0413 | 0.1094 |
| | 7 | 0.0000 | 0.0000 | 0.0000 | 0.0000 | 0.0001 | 0.0004 | 0.0012 | 0.0079 | 0.0312 |
| | 8 | 0.0000 | 0.0000 | 0.0000 | 0.0000 | 0.0000 | 0.0000 | 0.0001 | 0.0007 | 0.0039 |

| $n$ | $x$ | $\theta$ | | | | | | | | |
|---|---|---|---|---|---|---|---|---|---|---|
| | | 0.01 | 0.05 | 0.1 | 0.15 | 0.2 | 0.25 | 0.3 | 0.4 | 0.5 |
| 9 | 0 | 0.9135 | 0.6302 | 0.3874 | 0.2316 | 0.1342 | 0.0751 | 0.0404 | 0.0101 | 0.0020 |
| | 1 | 0.0830 | 0.2985 | 0.3874 | 0.3679 | 0.3020 | 0.2253 | 0.1556 | 0.0605 | 0.0176 |
| | 2 | 0.0034 | 0.0629 | 0.1722 | 0.2597 | 0.3020 | 0.3003 | 0.2668 | 0.1612 | 0.0703 |
| | 3 | 0.0001 | 0.0077 | 0.0446 | 0.1069 | 0.1762 | 0.2336 | 0.2668 | 0.2508 | 0.1641 |
| | 4 | 0.0000 | 0.0006 | 0.0074 | 0.0283 | 0.0661 | 0.1168 | 0.1715 | 0.2508 | 0.2461 |
| | 5 | 0.0000 | 0.0000 | 0.0008 | 0.0050 | 0.0165 | 0.0389 | 0.0735 | 0.1672 | 0.2461 |
| | 6 | 0.0000 | 0.0000 | 0.0001 | 0.0006 | 0.0028 | 0.0087 | 0.0210 | 0.0743 | 0.1641 |
| | 7 | 0.0000 | 0.0000 | 0.0000 | 0.0000 | 0.0003 | 0.0012 | 0.0039 | 0.0212 | 0.0703 |
| | 8 | 0.0000 | 0.0000 | 0.0000 | 0.0000 | 0.0000 | 0.0001 | 0.0004 | 0.0035 | 0.0176 |
| | 9 | 0.0000 | 0.0000 | 0.0000 | 0.0000 | 0.0000 | 0.0000 | 0.0000 | 0.0003 | 0.0020 |
| 10 | 0 | 0.9044 | 0.5987 | 0.3487 | 0.1969 | 0.1074 | 0.0563 | 0.0282 | 0.0060 | 0.0010 |
| | 1 | 0.0914 | 0.3151 | 0.3874 | 0.3474 | 0.2684 | 0.1877 | 0.1211 | 0.0403 | 0.0098 |
| | 2 | 0.0042 | 0.0746 | 0.1937 | 0.2759 | 0.3020 | 0.2816 | 0.2335 | 0.1209 | 0.0439 |
| | 3 | 0.0001 | 0.0105 | 0.0574 | 0.1298 | 0.2013 | 0.2503 | 0.2668 | 0.2150 | 0.1172 |
| | 4 | 0.0000 | 0.0010 | 0.0112 | 0.0401 | 0.0881 | 0.1460 | 0.2001 | 0.2508 | 0.2051 |
| | 5 | 0.0000 | 0.0001 | 0.0015 | 0.0085 | 0.0264 | 0.0584 | 0.1029 | 0.2007 | 0.2461 |
| | 6 | 0.0000 | 0.0000 | 0.0001 | 0.0012 | 0.0055 | 0.0162 | 0.0368 | 0.1115 | 0.2051 |
| | 7 | 0.0000 | 0.0000 | 0.0000 | 0.0001 | 0.0008 | 0.0031 | 0.0090 | 0.0425 | 0.1172 |
| | 8 | 0.0000 | 0.0000 | 0.0000 | 0.0000 | 0.0001 | 0.0004 | 0.0014 | 0.0106 | 0.0439 |
| | 9 | 0.0000 | 0.0000 | 0.0000 | 0.0000 | 0.0000 | 0.0000 | 0.0001 | 0.0016 | 0.0098 |
| | 10 | 0.0000 | 0.0000 | 0.0000 | 0.0000 | 0.0000 | 0.0000 | 0.0000 | 0.0001 | 0.0010 |
| 11 | 0 | 0.8953 | 0.5688 | 0.3138 | 0.1673 | 0.0859 | 0.0422 | 0.0198 | 0.0036 | 0.0005 |
| | 1 | 0.0995 | 0.3293 | 0.3835 | 0.3248 | 0.2362 | 0.1549 | 0.0932 | 0.0266 | 0.0054 |
| | 2 | 0.0050 | 0.0867 | 0.2131 | 0.2866 | 0.2953 | 0.2581 | 0.1998 | 0.0887 | 0.0269 |
| | 3 | 0.0002 | 0.0137 | 0.0710 | 0.1517 | 0.2215 | 0.2581 | 0.2568 | 0.1774 | 0.0806 |
| | 4 | 0.0000 | 0.0014 | 0.0158 | 0.0536 | 0.1107 | 0.1721 | 0.2201 | 0.2365 | 0.1611 |
| | 5 | 0.0000 | 0.0001 | 0.0025 | 0.0132 | 0.0388 | 0.0803 | 0.1321 | 0.2207 | 0.2256 |
| | 6 | 0.0000 | 0.0000 | 0.0003 | 0.0023 | 0.0097 | 0.0268 | 0.0566 | 0.1471 | 0.2256 |
| | 7 | 0.0000 | 0.0000 | 0.0000 | 0.0003 | 0.0017 | 0.0064 | 0.0173 | 0.0701 | 0.1611 |
| | 8 | 0.0000 | 0.0000 | 0.0000 | 0.0000 | 0.0002 | 0.0011 | 0.0037 | 0.0234 | 0.0806 |
| | 9 | 0.0000 | 0.0000 | 0.0000 | 0.0000 | 0.0000 | 0.0001 | 0.0005 | 0.0052 | 0.0269 |
| | 10 | 0.0000 | 0.0000 | 0.0000 | 0.0000 | 0.0000 | 0.0000 | 0.0000 | 0.0007 | 0.0054 |
| | 11 | 0.0000 | 0.0000 | 0.0000 | 0.0000 | 0.0000 | 0.0000 | 0.0000 | 0.0000 | 0.0005 |
| 12 | 0 | 0.8864 | 0.5404 | 0.2824 | 0.1422 | 0.0687 | 0.0317 | 0.0138 | 0.0022 | 0.0002 |
| | 1 | 0.1074 | 0.3413 | 0.3766 | 0.3012 | 0.2062 | 0.1267 | 0.0712 | 0.0174 | 0.0029 |
| | 2 | 0.0060 | 0.0988 | 0.2301 | 0.2924 | 0.2835 | 0.2323 | 0.1678 | 0.0639 | 0.0161 |
| | 3 | 0.0002 | 0.0173 | 0.0852 | 0.1720 | 0.2362 | 0.2581 | 0.2397 | 0.1419 | 0.0537 |
| | 4 | 0.0000 | 0.0021 | 0.0213 | 0.0683 | 0.1329 | 0.1936 | 0.2311 | 0.2128 | 0.1208 |
| | 5 | 0.0000 | 0.0002 | 0.0038 | 0.0193 | 0.0532 | 0.1032 | 0.1585 | 0.2270 | 0.1934 |
| | 6 | 0.0000 | 0.0000 | 0.0005 | 0.0040 | 0.0155 | 0.0401 | 0.0792 | 0.1766 | 0.2256 |
| | 7 | 0.0000 | 0.0000 | 0.0000 | 0.0006 | 0.0033 | 0.0115 | 0.0291 | 0.1009 | 0.1934 |
| | 8 | 0.0000 | 0.0000 | 0.0000 | 0.0001 | 0.0005 | 0.0024 | 0.0078 | 0.0420 | 0.1208 |
| | 9 | 0.0000 | 0.0000 | 0.0000 | 0.0000 | 0.0001 | 0.0004 | 0.0015 | 0.0125 | 0.0537 |
| | 10 | 0.0000 | 0.0000 | 0.0000 | 0.0000 | 0.0000 | 0.0000 | 0.0002 | 0.0025 | 0.0161 |
| | 11 | 0.0000 | 0.0000 | 0.0000 | 0.0000 | 0.0000 | 0.0000 | 0.0000 | 0.0003 | 0.0029 |
| | 12 | 0.0000 | 0.0000 | 0.0000 | 0.0000 | 0.0000 | 0.0000 | 0.0000 | 0.0000 | 0.0002 |

| $n$ | $x$ | $\theta$ | | | | | | | | |
|---|---|---|---|---|---|---|---|---|---|---|
| | | 0.01 | 0.05 | 0.1 | 0.15 | 0.2 | 0.25 | 0.3 | 0.4 | 0.5 |
| 13 | 0 | 0.8775 | 0.5133 | 0.2542 | 0.1209 | 0.0550 | 0.0238 | 0.0097 | 0.0013 | 0.0001 |
| | 1 | 0.1152 | 0.3512 | 0.3672 | 0.2774 | 0.1787 | 0.1029 | 0.0540 | 0.0113 | 0.0016 |
| | 2 | 0.0070 | 0.1109 | 0.2448 | 0.2937 | 0.2680 | 0.2059 | 0.1388 | 0.0453 | 0.0095 |
| | 3 | 0.0003 | 0.0214 | 0.0997 | 0.1900 | 0.2457 | 0.2517 | 0.2181 | 0.1107 | 0.0349 |
| | 4 | 0.0000 | 0.0028 | 0.0277 | 0.0838 | 0.1535 | 0.2097 | 0.2337 | 0.1845 | 0.0873 |
| | 5 | 0.0000 | 0.0003 | 0.0055 | 0.0266 | 0.0691 | 0.1258 | 0.1803 | 0.2214 | 0.1571 |
| | 6 | 0.0000 | 0.0000 | 0.0008 | 0.0063 | 0.0230 | 0.0559 | 0.1030 | 0.1968 | 0.2095 |
| | 7 | 0.0000 | 0.0000 | 0.0001 | 0.0011 | 0.0058 | 0.0186 | 0.0442 | 0.1312 | 0.2095 |
| | 8 | 0.0000 | 0.0000 | 0.0000 | 0.0001 | 0.0011 | 0.0047 | 0.0142 | 0.0656 | 0.1571 |
| | 9 | 0.0000 | 0.0000 | 0.0000 | 0.0000 | 0.0001 | 0.0009 | 0.0034 | 0.0243 | 0.0873 |
| | 10 | 0.0000 | 0.0000 | 0.0000 | 0.0000 | 0.0000 | 0.0001 | 0.0006 | 0.0065 | 0.0349 |
| | 11 | 0.0000 | 0.0000 | 0.0000 | 0.0000 | 0.0000 | 0.0000 | 0.0001 | 0.0012 | 0.0095 |
| | 12 | 0.0000 | 0.0000 | 0.0000 | 0.0000 | 0.0000 | 0.0000 | 0.0000 | 0.0001 | 0.0016 |
| | 13 | 0.0000 | 0.0000 | 0.0000 | 0.0000 | 0.0000 | 0.0000 | 0.0000 | 0.0000 | 0.0001 |
| 14 | 0 | 0.8687 | 0.4877 | 0.2288 | 0.1028 | 0.0440 | 0.0178 | 0.0068 | 0.0008 | 0.0001 |
| | 1 | 0.1229 | 0.3593 | 0.3559 | 0.2539 | 0.1539 | 0.0832 | 0.0407 | 0.0073 | 0.0009 |
| | 2 | 0.0081 | 0.1229 | 0.2570 | 0.2912 | 0.2501 | 0.1802 | 0.1134 | 0.0317 | 0.0056 |
| | 3 | 0.0003 | 0.0259 | 0.1142 | 0.2056 | 0.2501 | 0.2402 | 0.1943 | 0.0845 | 0.0222 |
| | 4 | 0.0000 | 0.0037 | 0.0349 | 0.0998 | 0.1720 | 0.2202 | 0.2290 | 0.1549 | 0.0611 |
| | 5 | 0.0000 | 0.0004 | 0.0078 | 0.0352 | 0.0860 | 0.1468 | 0.1963 | 0.2066 | 0.1222 |
| | 6 | 0.0000 | 0.0000 | 0.0013 | 0.0093 | 0.0322 | 0.0734 | 0.1262 | 0.2066 | 0.1833 |
| | 7 | 0.0000 | 0.0000 | 0.0002 | 0.0019 | 0.0092 | 0.0280 | 0.0618 | 0.1574 | 0.2095 |
| | 8 | 0.0000 | 0.0000 | 0.0000 | 0.0003 | 0.0020 | 0.0082 | 0.0232 | 0.0918 | 0.1833 |
| | 9 | 0.0000 | 0.0000 | 0.0000 | 0.0000 | 0.0003 | 0.0018 | 0.0066 | 0.0408 | 0.1222 |
| | 10 | 0.0000 | 0.0000 | 0.0000 | 0.0000 | 0.0000 | 0.0003 | 0.0014 | 0.0136 | 0.0611 |
| | 11 | 0.0000 | 0.0000 | 0.0000 | 0.0000 | 0.0000 | 0.0000 | 0.0002 | 0.0033 | 0.0222 |
| | 12 | 0.0000 | 0.0000 | 0.0000 | 0.0000 | 0.0000 | 0.0000 | 0.0000 | 0.0005 | 0.0056 |
| | 13 | 0.0000 | 0.0000 | 0.0000 | 0.0000 | 0.0000 | 0.0000 | 0.0000 | 0.0001 | 0.0009 |
| | 14 | 0.0000 | 0.0000 | 0.0000 | 0.0000 | 0.0000 | 0.0000 | 0.0000 | 0.0000 | 0.0001 |
| 15 | 0 | 0.8601 | 0.4633 | 0.2059 | 0.0874 | 0.0352 | 0.0134 | 0.0047 | 0.0005 | 0.0000 |
| | 1 | 0.1303 | 0.3658 | 0.3432 | 0.2312 | 0.1319 | 0.0668 | 0.0305 | 0.0047 | 0.0005 |
| | 2 | 0.0092 | 0.1348 | 0.2669 | 0.2856 | 0.2309 | 0.1559 | 0.0916 | 0.0219 | 0.0032 |
| | 3 | 0.0004 | 0.0307 | 0.1285 | 0.2184 | 0.2501 | 0.2252 | 0.1700 | 0.0634 | 0.0139 |
| | 4 | 0.0000 | 0.0049 | 0.0428 | 0.1156 | 0.1876 | 0.2252 | 0.2186 | 0.1268 | 0.0417 |
| | 5 | 0.0000 | 0.0006 | 0.0105 | 0.0449 | 0.1032 | 0.1651 | 0.2061 | 0.1859 | 0.0916 |
| | 6 | 0.0000 | 0.0000 | 0.0019 | 0.0132 | 0.0430 | 0.0917 | 0.1472 | 0.2066 | 0.1527 |
| | 7 | 0.0000 | 0.0000 | 0.0003 | 0.0030 | 0.0138 | 0.0393 | 0.0811 | 0.1771 | 0.1964 |
| | 8 | 0.0000 | 0.0000 | 0.0000 | 0.0005 | 0.0035 | 0.0131 | 0.0348 | 0.1181 | 0.1964 |
| | 9 | 0.0000 | 0.0000 | 0.0000 | 0.0001 | 0.0007 | 0.0034 | 0.0116 | 0.0612 | 0.1527 |
| | 10 | 0.0000 | 0.0000 | 0.0000 | 0.0000 | 0.0001 | 0.0007 | 0.0030 | 0.0245 | 0.0916 |
| | 11 | 0.0000 | 0.0000 | 0.0000 | 0.0000 | 0.0000 | 0.0001 | 0.0006 | 0.0074 | 0.0417 |
| | 12 | 0.0000 | 0.0000 | 0.0000 | 0.0000 | 0.0000 | 0.0000 | 0.0001 | 0.0016 | 0.0139 |
| | 13 | 0.0000 | 0.0000 | 0.0000 | 0.0000 | 0.0000 | 0.0000 | 0.0000 | 0.0003 | 0.0032 |
| | 14 | 0.0000 | 0.0000 | 0.0000 | 0.0000 | 0.0000 | 0.0000 | 0.0000 | 0.0000 | 0.0005 |
| | 15 | 0.0000 | 0.0000 | 0.0000 | 0.0000 | 0.0000 | 0.0000 | 0.0000 | 0.0000 | 0.0000 |

| $n$ | $x$ | $\theta$ | | | | | | | | |
|---|---|---|---|---|---|---|---|---|---|---|
| | | 0.01 | 0.05 | 0.1 | 0.15 | 0.2 | 0.25 | 0.3 | 0.4 | 0.5 |
| 20 | 0 | 0.8179 | 0.3585 | 0.1216 | 0.0388 | 0.0115 | 0.0032 | 0.0008 | 0.0000 | 0.0000 |
| | 1 | 0.1652 | 0.3774 | 0.2702 | 0.1368 | 0.0576 | 0.0211 | 0.0068 | 0.0005 | 0.0000 |
| | 2 | 0.0159 | 0.1887 | 0.2852 | 0.2293 | 0.1369 | 0.0669 | 0.0278 | 0.0031 | 0.0002 |
| | 3 | 0.0010 | 0.0596 | 0.1901 | 0.2428 | 0.2054 | 0.1339 | 0.0716 | 0.0123 | 0.0011 |
| | 4 | 0.0000 | 0.0133 | 0.0898 | 0.1821 | 0.2182 | 0.1897 | 0.1304 | 0.0350 | 0.0046 |
| | 5 | 0.0000 | 0.0022 | 0.0319 | 0.1028 | 0.1746 | 0.2023 | 0.1789 | 0.0746 | 0.0148 |
| | 6 | 0.0000 | 0.0003 | 0.0089 | 0.0454 | 0.1091 | 0.1686 | 0.1916 | 0.1244 | 0.0370 |
| | 7 | 0.0000 | 0.0000 | 0.0020 | 0.0160 | 0.0545 | 0.1124 | 0.1643 | 0.1659 | 0.0739 |
| | 8 | 0.0000 | 0.0000 | 0.0004 | 0.0046 | 0.0222 | 0.0609 | 0.1144 | 0.1797 | 0.1201 |
| | 9 | 0.0000 | 0.0000 | 0.0001 | 0.0011 | 0.0074 | 0.0271 | 0.0654 | 0.1597 | 0.1602 |
| | 10 | 0.0000 | 0.0000 | 0.0000 | 0.0002 | 0.0020 | 0.0099 | 0.0308 | 0.1171 | 0.1762 |
| | 11 | 0.0000 | 0.0000 | 0.0000 | 0.0000 | 0.0005 | 0.0030 | 0.0120 | 0.0710 | 0.1602 |
| | 12 | 0.0000 | 0.0000 | 0.0000 | 0.0000 | 0.0001 | 0.0008 | 0.0039 | 0.0355 | 0.1201 |
| | 13 | 0.0000 | 0.0000 | 0.0000 | 0.0000 | 0.0000 | 0.0002 | 0.0010 | 0.0146 | 0.0739 |
| | 14 | 0.0000 | 0.0000 | 0.0000 | 0.0000 | 0.0000 | 0.0000 | 0.0002 | 0.0049 | 0.0370 |
| | 15 | 0.0000 | 0.0000 | 0.0000 | 0.0000 | 0.0000 | 0.0000 | 0.0000 | 0.0013 | 0.0148 |
| | 16 | 0.0000 | 0.0000 | 0.0000 | 0.0000 | 0.0000 | 0.0000 | 0.0000 | 0.0003 | 0.0046 |
| | 17 | 0.0000 | 0.0000 | 0.0000 | 0.0000 | 0.0000 | 0.0000 | 0.0000 | 0.0000 | 0.0011 |
| | 18 | 0.0000 | 0.0000 | 0.0000 | 0.0000 | 0.0000 | 0.0000 | 0.0000 | 0.0000 | 0.0002 |
| | 19 | 0.0000 | 0.0000 | 0.0000 | 0.0000 | 0.0000 | 0.0000 | 0.0000 | 0.0000 | 0.0000 |
| | 20 | 0.0000 | 0.0000 | 0.0000 | 0.0000 | 0.0000 | 0.0000 | 0.0000 | 0.0000 | 0.0000 |
| 30 | 0 | 0.7397 | 0.2146 | 0.0424 | 0.0076 | 0.0012 | 0.0002 | 0.0000 | 0.0000 | 0.0000 |
| | 1 | 0.2242 | 0.3389 | 0.1413 | 0.0404 | 0.0093 | 0.0018 | 0.0003 | 0.0000 | 0.0000 |
| | 2 | 0.0328 | 0.2586 | 0.2277 | 0.1034 | 0.0337 | 0.0086 | 0.0018 | 0.0000 | 0.0000 |
| | 3 | 0.0031 | 0.1270 | 0.2361 | 0.1703 | 0.0785 | 0.0269 | 0.0072 | 0.0003 | 0.0000 |
| | 4 | 0.0002 | 0.0451 | 0.1771 | 0.2028 | 0.1325 | 0.0604 | 0.0208 | 0.0012 | 0.0000 |
| | 5 | 0.0000 | 0.0124 | 0.1023 | 0.1861 | 0.1723 | 0.1047 | 0.0464 | 0.0041 | 0.0001 |
| | 6 | 0.0000 | 0.0027 | 0.0474 | 0.1368 | 0.1795 | 0.1455 | 0.0829 | 0.0115 | 0.0006 |
| | 7 | 0.0000 | 0.0005 | 0.0180 | 0.0828 | 0.1538 | 0.1662 | 0.1219 | 0.0263 | 0.0019 |
| | 8 | 0.0000 | 0.0001 | 0.0058 | 0.0420 | 0.1106 | 0.1593 | 0.1501 | 0.0505 | 0.0055 |
| | 9 | 0.0000 | 0.0000 | 0.0016 | 0.0181 | 0.0676 | 0.1298 | 0.1573 | 0.0823 | 0.0133 |
| | 10 | 0.0000 | 0.0000 | 0.0004 | 0.0067 | 0.0355 | 0.0909 | 0.1416 | 0.1152 | 0.0280 |
| | 11 | 0.0000 | 0.0000 | 0.0001 | 0.0022 | 0.0161 | 0.0551 | 0.1103 | 0.1396 | 0.0509 |
| | 12 | 0.0000 | 0.0000 | 0.0000 | 0.0006 | 0.0064 | 0.0291 | 0.0749 | 0.1474 | 0.0806 |
| | 13 | 0.0000 | 0.0000 | 0.0000 | 0.0001 | 0.0022 | 0.0134 | 0.0444 | 0.1360 | 0.1115 |
| | 14 | 0.0000 | 0.0000 | 0.0000 | 0.0000 | 0.0007 | 0.0054 | 0.0231 | 0.1101 | 0.1354 |
| | 15 | 0.0000 | 0.0000 | 0.0000 | 0.0000 | 0.0002 | 0.0019 | 0.0106 | 0.0783 | 0.1445 |
| | 16 | 0.0000 | 0.0000 | 0.0000 | 0.0000 | 0.0000 | 0.0006 | 0.0042 | 0.0489 | 0.1354 |
| | 17 | 0.0000 | 0.0000 | 0.0000 | 0.0000 | 0.0000 | 0.0002 | 0.0015 | 0.0269 | 0.1115 |
| | 18 | 0.0000 | 0.0000 | 0.0000 | 0.0000 | 0.0000 | 0.0000 | 0.0005 | 0.0129 | 0.0806 |
| | 19 | 0.0000 | 0.0000 | 0.0000 | 0.0000 | 0.0000 | 0.0000 | 0.0001 | 0.0054 | 0.0509 |
| | 20 | 0.0000 | 0.0000 | 0.0000 | 0.0000 | 0.0000 | 0.0000 | 0.0000 | 0.0020 | 0.0280 |
| | 21 | 0.0000 | 0.0000 | 0.0000 | 0.0000 | 0.0000 | 0.0000 | 0.0000 | 0.0006 | 0.0133 |
| | 22 | 0.0000 | 0.0000 | 0.0000 | 0.0000 | 0.0000 | 0.0000 | 0.0000 | 0.0002 | 0.0055 |
| | 23 | 0.0000 | 0.0000 | 0.0000 | 0.0000 | 0.0000 | 0.0000 | 0.0000 | 0.0000 | 0.0019 |
| | 24 | 0.0000 | 0.0000 | 0.0000 | 0.0000 | 0.0000 | 0.0000 | 0.0000 | 0.0000 | 0.0006 |
| | 25 | 0.0000 | 0.0000 | 0.0000 | 0.0000 | 0.0000 | 0.0000 | 0.0000 | 0.0000 | 0.0001 |
| | 26 | 0.0000 | 0.0000 | 0.0000 | 0.0000 | 0.0000 | 0.0000 | 0.0000 | 0.0000 | 0.0000 |
| | 27 | 0.0000 | 0.0000 | 0.0000 | 0.0000 | 0.0000 | 0.0000 | 0.0000 | 0.0000 | 0.0000 |
| | 28 | 0.0000 | 0.0000 | 0.0000 | 0.0000 | 0.0000 | 0.0000 | 0.0000 | 0.0000 | 0.0000 |
| | 29 | 0.0000 | 0.0000 | 0.0000 | 0.0000 | 0.0000 | 0.0000 | 0.0000 | 0.0000 | 0.0000 |
| | 30 | 0.0000 | 0.0000 | 0.0000 | 0.0000 | 0.0000 | 0.0000 | 0.0000 | 0.0000 | 0.0000 |

# Binomialverteilung

## Wahrscheinlichkeitsfunktion

| $n$ | $x$ | $\theta$ | | | | | | | | |
|---|---|---|---|---|---|---|---|---|---|---|
| | | 0.01 | 0.05 | 0.1 | 0.15 | 0.2 | 0.25 | 0.3 | 0.4 | 0.5 |
| 50 | 0 | 0.6050 | 0.0769 | 0.0052 | 0.0003 | 0.0000 | 0.0000 | 0.0000 | 0.0000 | 0.0000 |
| | 1 | 0.3056 | 0.2025 | 0.0286 | 0.0026 | 0.0002 | 0.0000 | 0.0000 | 0.0000 | 0.0000 |
| | 2 | 0.0756 | 0.2611 | 0.0779 | 0.0113 | 0.0011 | 0.0001 | 0.0000 | 0.0000 | 0.0000 |
| | 3 | 0.0122 | 0.2199 | 0.1386 | 0.0319 | 0.0044 | 0.0004 | 0.0000 | 0.0000 | 0.0000 |
| | 4 | 0.0015 | 0.1360 | 0.1809 | 0.0661 | 0.0128 | 0.0016 | 0.0001 | 0.0000 | 0.0000 |
| | 5 | 0.0001 | 0.0658 | 0.1849 | 0.1072 | 0.0295 | 0.0049 | 0.0006 | 0.0000 | 0.0000 |
| | 6 | 0.0000 | 0.0260 | 0.1541 | 0.1419 | 0.0554 | 0.0123 | 0.0018 | 0.0000 | 0.0000 |
| | 7 | 0.0000 | 0.0086 | 0.1076 | 0.1575 | 0.0870 | 0.0259 | 0.0048 | 0.0000 | 0.0000 |
| | 8 | 0.0000 | 0.0024 | 0.0643 | 0.1493 | 0.1169 | 0.0463 | 0.0110 | 0.0002 | 0.0000 |
| | 9 | 0.0000 | 0.0006 | 0.0333 | 0.1230 | 0.1364 | 0.0721 | 0.0220 | 0.0005 | 0.0000 |
| | 10 | 0.0000 | 0.0001 | 0.0152 | 0.0890 | 0.1398 | 0.0985 | 0.0386 | 0.0014 | 0.0000 |
| | 11 | 0.0000 | 0.0000 | 0.0061 | 0.0571 | 0.1271 | 0.1194 | 0.0602 | 0.0035 | 0.0000 |
| | 12 | 0.0000 | 0.0000 | 0.0022 | 0.0328 | 0.1033 | 0.1294 | 0.0838 | 0.0076 | 0.0001 |
| | 13 | 0.0000 | 0.0000 | 0.0007 | 0.0169 | 0.0755 | 0.1261 | 0.1050 | 0.0147 | 0.0003 |
| | 14 | 0.0000 | 0.0000 | 0.0002 | 0.0079 | 0.0499 | 0.1110 | 0.1189 | 0.0260 | 0.0008 |
| | 15 | 0.0000 | 0.0000 | 0.0001 | 0.0033 | 0.0299 | 0.0888 | 0.1223 | 0.0415 | 0.0020 |
| | 16 | 0.0000 | 0.0000 | 0.0000 | 0.0013 | 0.0164 | 0.0648 | 0.1147 | 0.0606 | 0.0044 |
| | 17 | 0.0000 | 0.0000 | 0.0000 | 0.0005 | 0.0082 | 0.0432 | 0.0983 | 0.0808 | 0.0087 |
| | 18 | 0.0000 | 0.0000 | 0.0000 | 0.0001 | 0.0037 | 0.0264 | 0.0772 | 0.0987 | 0.0160 |
| | 19 | 0.0000 | 0.0000 | 0.0000 | 0.0000 | 0.0016 | 0.0148 | 0.0558 | 0.1109 | 0.0270 |
| | 20 | 0.0000 | 0.0000 | 0.0000 | 0.0000 | 0.0006 | 0.0077 | 0.0370 | 0.1146 | 0.0419 |
| | 21 | 0.0000 | 0.0000 | 0.0000 | 0.0000 | 0.0002 | 0.0036 | 0.0227 | 0.1091 | 0.0598 |
| | 22 | 0.0000 | 0.0000 | 0.0000 | 0.0000 | 0.0001 | 0.0016 | 0.0128 | 0.0959 | 0.0788 |
| | 23 | 0.0000 | 0.0000 | 0.0000 | 0.0000 | 0.0000 | 0.0006 | 0.0067 | 0.0778 | 0.0960 |
| | 24 | 0.0000 | 0.0000 | 0.0000 | 0.0000 | 0.0000 | 0.0002 | 0.0032 | 0.0584 | 0.1080 |
| | 25 | 0.0000 | 0.0000 | 0.0000 | 0.0000 | 0.0000 | 0.0001 | 0.0014 | 0.0405 | 0.1123 |
| | 26 | 0.0000 | 0.0000 | 0.0000 | 0.0000 | 0.0000 | 0.0000 | 0.0006 | 0.0259 | 0.1080 |
| | 27 | 0.0000 | 0.0000 | 0.0000 | 0.0000 | 0.0000 | 0.0000 | 0.0002 | 0.0154 | 0.0960 |
| | 28 | 0.0000 | 0.0000 | 0.0000 | 0.0000 | 0.0000 | 0.0000 | 0.0001 | 0.0084 | 0.0788 |
| | 29 | 0.0000 | 0.0000 | 0.0000 | 0.0000 | 0.0000 | 0.0000 | 0.0000 | 0.0043 | 0.0598 |
| | 30 | 0.0000 | 0.0000 | 0.0000 | 0.0000 | 0.0000 | 0.0000 | 0.0000 | 0.0020 | 0.0419 |
| | 31 | 0.0000 | 0.0000 | 0.0000 | 0.0000 | 0.0000 | 0.0000 | 0.0000 | 0.0009 | 0.0270 |
| | 32 | 0.0000 | 0.0000 | 0.0000 | 0.0000 | 0.0000 | 0.0000 | 0.0000 | 0.0003 | 0.0160 |
| | 33 | 0.0000 | 0.0000 | 0.0000 | 0.0000 | 0.0000 | 0.0000 | 0.0000 | 0.0001 | 0.0087 |
| | 34 | 0.0000 | 0.0000 | 0.0000 | 0.0000 | 0.0000 | 0.0000 | 0.0000 | 0.0000 | 0.0044 |
| | 35 | 0.0000 | 0.0000 | 0.0000 | 0.0000 | 0.0000 | 0.0000 | 0.0000 | 0.0000 | 0.0020 |
| | 36 | 0.0000 | 0.0000 | 0.0000 | 0.0000 | 0.0000 | 0.0000 | 0.0000 | 0.0000 | 0.0008 |
| | 37 | 0.0000 | 0.0000 | 0.0000 | 0.0000 | 0.0000 | 0.0000 | 0.0000 | 0.0000 | 0.0003 |
| | 38 | 0.0000 | 0.0000 | 0.0000 | 0.0000 | 0.0000 | 0.0000 | 0.0000 | 0.0000 | 0.0001 |
| | 39 | 0.0000 | 0.0000 | 0.0000 | 0.0000 | 0.0000 | 0.0000 | 0.0000 | 0.0000 | 0.0000 |
| | 40 | 0.0000 | 0.0000 | 0.0000 | 0.0000 | 0.0000 | 0.0000 | 0.0000 | 0.0000 | 0.0000 |

$$F_B(x/n;\theta) = \sum_{\nu=0}^{x} \binom{n}{\nu} \theta^{\nu}(1-\theta)^{n-\nu} \qquad (0 < \theta < 1)$$

Für $\theta > 0.5$ findet man den gesuchten Wert über die Beziehung

$$F_B(x/n;\theta) = 1 - F_B(n-x-1/n; 1-\theta)$$

| n | x | θ | | | | | | | | |
|---|---|---|---|---|---|---|---|---|---|---|
| | | 0.01 | 0.05 | 0.1 | 0.15 | 0.2 | 0.25 | 0.3 | 0.4 | 0.5 |
| 1 | 0 | 0.9900 | 0.9500 | 0.9000 | 0.8500 | 0.8000 | 0.7500 | 0.7000 | 0.6000 | 0.5000 |
| | 1 | 1.0000 | 1.0000 | 1.0000 | 1.0000 | 1.0000 | 1.0000 | 1.0000 | 1.0000 | 1.0000 |
| 2 | 0 | 0.9801 | 0.9025 | 0.8100 | 0.7225 | 0.6400 | 0.5625 | 0.4900 | 0.3600 | 0.2500 |
| | 1 | 0.9999 | 0.9975 | 0.9900 | 0.9775 | 0.9600 | 0.9375 | 0.9100 | 0.8400 | 0.7500 |
| | 2 | 1.0000 | 1.0000 | 1.0000 | 1.0000 | 1.0000 | 1.0000 | 1.0000 | 1.0000 | 1.0000 |
| 3 | 0 | 0.9703 | 0.8574 | 0.7290 | 0.6141 | 0.5120 | 0.4219 | 0.3430 | 0.2160 | 0.1250 |
| | 1 | 0.9997 | 0.9928 | 0.9720 | 0.9393 | 0.8960 | 0.8438 | 0.7840 | 0.6480 | 0.5000 |
| | 2 | 1.0000 | 0.9999 | 0.9990 | 0.9966 | 0.9920 | 0.9844 | 0.9730 | 0.9360 | 0.8750 |
| | 3 | 1.0000 | 1.0000 | 1.0000 | 1.0000 | 1.0000 | 1.0000 | 1.0000 | 1.0000 | 1.0000 |
| 4 | 0 | 0.9606 | 0.8145 | 0.6561 | 0.5220 | 0.4096 | 0.3164 | 0.2401 | 0.1296 | 0.0625 |
| | 1 | 0.9994 | 0.9860 | 0.9477 | 0.8905 | 0.8192 | 0.7383 | 0.6517 | 0.4752 | 0.3125 |
| | 2 | 1.0000 | 0.9995 | 0.9963 | 0.9880 | 0.9728 | 0.9492 | 0.9163 | 0.8208 | 0.6875 |
| | 3 | 1.0000 | 1.0000 | 0.9999 | 0.9995 | 0.9984 | 0.9961 | 0.9919 | 0.9744 | 0.9375 |
| | 4 | 1.0000 | 1.0000 | 1.0000 | 1.0000 | 1.0000 | 1.0000 | 1.0000 | 1.0000 | 1.0000 |
| 5 | 0 | 0.9510 | 0.7738 | 0.5905 | 0.4437 | 0.3277 | 0.2373 | 0.1681 | 0.0778 | 0.0312 |
| | 1 | 0.9990 | 0.9774 | 0.9185 | 0.8352 | 0.7373 | 0.6328 | 0.5282 | 0.3370 | 0.1875 |
| | 2 | 1.0000 | 0.9988 | 0.9914 | 0.9734 | 0.9421 | 0.8965 | 0.8369 | 0.6826 | 0.5000 |
| | 3 | 1.0000 | 1.0000 | 0.9995 | 0.9978 | 0.9933 | 0.9844 | 0.9692 | 0.9130 | 0.8125 |
| | 4 | 1.0000 | 1.0000 | 1.0000 | 0.9999 | 0.9997 | 0.9990 | 0.9976 | 0.9898 | 0.9688 |
| | 5 | 1.0000 | 1.0000 | 1.0000 | 1.0000 | 1.0000 | 1.0000 | 1.0000 | 1.0000 | 1.0000 |
| 6 | 0 | 0.9415 | 0.7351 | 0.5314 | 0.3771 | 0.2621 | 0.1780 | 0.1176 | 0.0467 | 0.0156 |
| | 1 | 0.9985 | 0.9672 | 0.8857 | 0.7765 | 0.6554 | 0.5339 | 0.4202 | 0.2333 | 0.1094 |
| | 2 | 1.0000 | 0.9978 | 0.9841 | 0.9527 | 0.9011 | 0.8306 | 0.7443 | 0.5443 | 0.3437 |
| | 3 | 1.0000 | 0.9999 | 0.9987 | 0.9941 | 0.9830 | 0.9624 | 0.9295 | 0.8208 | 0.6562 |
| | 4 | 1.0000 | 1.0000 | 0.9999 | 0.9996 | 0.9984 | 0.9954 | 0.9891 | 0.9590 | 0.8906 |
| | 5 | 1.0000 | 1.0000 | 1.0000 | 1.0000 | 0.9999 | 0.9998 | 0.9993 | 0.9959 | 0.9844 |
| | 6 | 1.0000 | 1.0000 | 1.0000 | 1.0000 | 1.0000 | 1.0000 | 1.0000 | 1.0000 | 1.0000 |
| 7 | 0 | 0.9321 | 0.6983 | 0.4783 | 0.3206 | 0.2097 | 0.1335 | 0.0824 | 0.0280 | 0.0078 |
| | 1 | 0.9980 | 0.9556 | 0.8503 | 0.7166 | 0.5767 | 0.4449 | 0.3294 | 0.1586 | 0.0625 |
| | 2 | 1.0000 | 0.9962 | 0.9743 | 0.9262 | 0.8520 | 0.7564 | 0.6471 | 0.4199 | 0.2266 |
| | 3 | 1.0000 | 0.9998 | 0.9973 | 0.9879 | 0.9667 | 0.9294 | 0.8740 | 0.7102 | 0.5000 |
| | 4 | 1.0000 | 1.0000 | 0.9998 | 0.9988 | 0.9953 | 0.9871 | 0.9712 | 0.9037 | 0.7734 |
| | 5 | 1.0000 | 1.0000 | 1.0000 | 0.9999 | 0.9996 | 0.9987 | 0.9962 | 0.9812 | 0.9375 |
| | 6 | 1.0000 | 1.0000 | 1.0000 | 1.0000 | 1.0000 | 0.9999 | 0.9998 | 0.9984 | 0.9922 |
| | 7 | 1.0000 | 1.0000 | 1.0000 | 1.0000 | 1.0000 | 1.0000 | 1.0000 | 1.0000 | 1.0000 |
| 8 | 0 | 0.9227 | 0.6634 | 0.4305 | 0.2725 | 0.1678 | 0.1001 | 0.0576 | 0.0168 | 0.0039 |
| | 1 | 0.9973 | 0.9428 | 0.8131 | 0.6572 | 0.5033 | 0.3671 | 0.2553 | 0.1064 | 0.0352 |
| | 2 | 0.9999 | 0.9942 | 0.9619 | 0.8948 | 0.7969 | 0.6785 | 0.5518 | 0.3154 | 0.1445 |
| | 3 | 1.0000 | 0.9996 | 0.9950 | 0.9786 | 0.9437 | 0.8862 | 0.8059 | 0.5941 | 0.3633 |
| | 4 | 1.0000 | 1.0000 | 0.9996 | 0.9971 | 0.9896 | 0.9727 | 0.9420 | 0.8263 | 0.6367 |
| | 5 | 1.0000 | 1.0000 | 1.0000 | 0.9998 | 0.9988 | 0.9958 | 0.9887 | 0.9502 | 0.8555 |
| | 6 | 1.0000 | 1.0000 | 1.0000 | 1.0000 | 0.9999 | 0.9996 | 0.9987 | 0.9915 | 0.9648 |
| | 7 | 1.0000 | 1.0000 | 1.0000 | 1.0000 | 1.0000 | 1.0000 | 0.9999 | 0.9993 | 0.9961 |
| | 8 | 1.0000 | 1.0000 | 1.0000 | 1.0000 | 1.0000 | 1.0000 | 1.0000 | 1.0000 | 1.0000 |

# Binomialverteilung

## Verteilungsfunktion

| $n$ | $x$ | $\theta$ | | | | | | | | |
|---|---|---|---|---|---|---|---|---|---|---|
| | | 0.01 | 0.05 | 0.1 | 0.15 | 0.2 | 0.25 | 0.3 | 0.4 | 0.5 |
| 9 | 0 | 0.9135 | 0.6302 | 0.3874 | 0.2316 | 0.1342 | 0.0751 | 0.0404 | 0.0101 | 0.0020 |
| | 1 | 0.9966 | 0.9288 | 0.7748 | 0.5995 | 0.4362 | 0.3003 | 0.1960 | 0.0705 | 0.0195 |
| | 2 | 0.9999 | 0.9916 | 0.9470 | 0.8591 | 0.7382 | 0.6007 | 0.4628 | 0.2318 | 0.0898 |
| | 3 | 1.0000 | 0.9994 | 0.9917 | 0.9661 | 0.9144 | 0.8343 | 0.7297 | 0.4826 | 0.2539 |
| | 4 | 1.0000 | 1.0000 | 0.9991 | 0.9944 | 0.9804 | 0.9511 | 0.9012 | 0.7334 | 0.5000 |
| | 5 | 1.0000 | 1.0000 | 0.9999 | 0.9994 | 0.9969 | 0.9900 | 0.9747 | 0.9006 | 0.7461 |
| | 6 | 1.0000 | 1.0000 | 1.0000 | 1.0000 | 0.9997 | 0.9987 | 0.9957 | 0.9750 | 0.9102 |
| | 7 | 1.0000 | 1.0000 | 1.0000 | 1.0000 | 1.0000 | 0.9999 | 0.9996 | 0.9962 | 0.9805 |
| | 8 | 1.0000 | 1.0000 | 1.0000 | 1.0000 | 1.0000 | 1.0000 | 1.0000 | 0.9997 | 0.9980 |
| | 9 | 1.0000 | 1.0000 | 1.0000 | 1.0000 | 1.0000 | 1.0000 | 1.0000 | 1.0000 | 1.0000 |
| 10 | 0 | 0.9044 | 0.5987 | 0.3487 | 0.1969 | 0.1074 | 0.0563 | 0.0282 | 0.0060 | 0.0010 |
| | 1 | 0.9957 | 0.9139 | 0.7361 | 0.5443 | 0.3758 | 0.2440 | 0.1493 | 0.0464 | 0.0107 |
| | 2 | 0.9999 | 0.9885 | 0.9298 | 0.8202 | 0.6778 | 0.5256 | 0.3828 | 0.1673 | 0.0547 |
| | 3 | 1.0000 | 0.9990 | 0.9872 | 0.9500 | 0.8791 | 0.7759 | 0.6496 | 0.3823 | 0.1719 |
| | 4 | 1.0000 | 0.9999 | 0.9984 | 0.9901 | 0.9672 | 0.9219 | 0.8497 | 0.6331 | 0.3770 |
| | 5 | 1.0000 | 1.0000 | 0.9999 | 0.9986 | 0.9936 | 0.9803 | 0.9527 | 0.8338 | 0.6230 |
| | 6 | 1.0000 | 1.0000 | 1.0000 | 0.9999 | 0.9991 | 0.9965 | 0.9894 | 0.9452 | 0.8281 |
| | 7 | 1.0000 | 1.0000 | 1.0000 | 1.0000 | 0.9999 | 0.9996 | 0.9984 | 0.9877 | 0.9453 |
| | 8 | 1.0000 | 1.0000 | 1.0000 | 1.0000 | 1.0000 | 1.0000 | 0.9999 | 0.9983 | 0.9893 |
| | 9 | 1.0000 | 1.0000 | 1.0000 | 1.0000 | 1.0000 | 1.0000 | 1.0000 | 0.9999 | 0.9990 |
| | 10 | 1.0000 | 1.0000 | 1.0000 | 1.0000 | 1.0000 | 1.0000 | 1.0000 | 1.0000 | 1.0000 |
| 11 | 0 | 0.8953 | 0.5688 | 0.3138 | 0.1673 | 0.0859 | 0.0422 | 0.0198 | 0.0036 | 0.0005 |
| | 1 | 0.9948 | 0.8981 | 0.6974 | 0.4922 | 0.3221 | 0.1971 | 0.1130 | 0.0302 | 0.0059 |
| | 2 | 0.9998 | 0.9848 | 0.9104 | 0.7788 | 0.6174 | 0.4552 | 0.3127 | 0.1189 | 0.0327 |
| | 3 | 1.0000 | 0.9984 | 0.9815 | 0.9306 | 0.8389 | 0.7133 | 0.5696 | 0.2963 | 0.1133 |
| | 4 | 1.0000 | 0.9999 | 0.9972 | 0.9841 | 0.9496 | 0.8854 | 0.7897 | 0.5328 | 0.2744 |
| | 5 | 1.0000 | 1.0000 | 0.9997 | 0.9973 | 0.9883 | 0.9657 | 0.9218 | 0.7535 | 0.5000 |
| | 6 | 1.0000 | 1.0000 | 1.0000 | 0.9997 | 0.9980 | 0.9924 | 0.9784 | 0.9006 | 0.7256 |
| | 7 | 1.0000 | 1.0000 | 1.0000 | 1.0000 | 0.9998 | 0.9988 | 0.9957 | 0.9707 | 0.8867 |
| | 8 | 1.0000 | 1.0000 | 1.0000 | 1.0000 | 1.0000 | 0.9999 | 0.9994 | 0.9941 | 0.9673 |
| | 9 | 1.0000 | 1.0000 | 1.0000 | 1.0000 | 1.0000 | 1.0000 | 1.0000 | 0.9993 | 0.9941 |
| | 10 | 1.0000 | 1.0000 | 1.0000 | 1.0000 | 1.0000 | 1.0000 | 1.0000 | 1.0000 | 0.9995 |
| | 11 | 1.0000 | 1.0000 | 1.0000 | 1.0000 | 1.0000 | 1.0000 | 1.0000 | 1.0000 | 1.0000 |
| 12 | 0 | 0.8864 | 0.5404 | 0.2824 | 0.1422 | 0.0687 | 0.0317 | 0.0138 | 0.0022 | 0.0002 |
| | 1 | 0.9938 | 0.8816 | 0.6590 | 0.4435 | 0.2749 | 0.1584 | 0.0850 | 0.0196 | 0.0032 |
| | 2 | 0.9998 | 0.9804 | 0.8891 | 0.7358 | 0.5583 | 0.3907 | 0.2528 | 0.0834 | 0.0193 |
| | 3 | 1.0000 | 0.9978 | 0.9744 | 0.9078 | 0.7946 | 0.6488 | 0.4925 | 0.2253 | 0.0730 |
| | 4 | 1.0000 | 0.9998 | 0.9957 | 0.9761 | 0.9274 | 0.8424 | 0.7237 | 0.4382 | 0.1938 |
| | 5 | 1.0000 | 1.0000 | 0.9995 | 0.9954 | 0.9806 | 0.9456 | 0.8822 | 0.6652 | 0.3872 |
| | 6 | 1.0000 | 1.0000 | 0.9999 | 0.9993 | 0.9961 | 0.9857 | 0.9614 | 0.8418 | 0.6128 |
| | 7 | 1.0000 | 1.0000 | 1.0000 | 0.9999 | 0.9994 | 0.9972 | 0.9905 | 0.9427 | 0.8062 |
| | 8 | 1.0000 | 1.0000 | 1.0000 | 1.0000 | 0.9999 | 0.9996 | 0.9983 | 0.9847 | 0.9270 |
| | 9 | 1.0000 | 1.0000 | 1.0000 | 1.0000 | 1.0000 | 1.0000 | 0.9998 | 0.9972 | 0.9807 |
| | 10 | 1.0000 | 1.0000 | 1.0000 | 1.0000 | 1.0000 | 1.0000 | 1.0000 | 0.9997 | 0.9968 |
| | 11 | 1.0000 | 1.0000 | 1.0000 | 1.0000 | 1.0000 | 1.0000 | 1.0000 | 1.0000 | 0.9998 |
| | 12 | 1.0000 | 1.0000 | 1.0000 | 1.0000 | 1.0000 | 1.0000 | 1.0000 | 1.0000 | 1.0000 |

| $n$ | $x$ | $\theta$ | | | | | | | | |
|---|---|---|---|---|---|---|---|---|---|---|
| | | 0.01 | 0.05 | 0.1 | 0.15 | 0.2 | 0.25 | 0.3 | 0.4 | 0.5 |
| 13 | 0 | 0.8775 | 0.5133 | 0.2542 | 0.1209 | 0.0550 | 0.0238 | 0.0097 | 0.0013 | 0.0001 |
| | 1 | 0.9928 | 0.8646 | 0.6213 | 0.3983 | 0.2336 | 0.1267 | 0.0637 | 0.0126 | 0.0017 |
| | 2 | 0.9997 | 0.9755 | 0.8661 | 0.6920 | 0.5017 | 0.3326 | 0.2025 | 0.0579 | 0.0112 |
| | 3 | 1.0000 | 0.9969 | 0.9658 | 0.8820 | 0.7473 | 0.5843 | 0.4206 | 0.1686 | 0.0461 |
| | 4 | 1.0000 | 0.9997 | 0.9935 | 0.9658 | 0.9009 | 0.7940 | 0.6543 | 0.3530 | 0.1334 |
| | 5 | 1.0000 | 1.0000 | 0.9991 | 0.9925 | 0.9700 | 0.9198 | 0.8346 | 0.5744 | 0.2905 |
| | 6 | 1.0000 | 1.0000 | 0.9999 | 0.9987 | 0.9930 | 0.9757 | 0.9376 | 0.7712 | 0.5000 |
| | 7 | 1.0000 | 1.0000 | 1.0000 | 0.9998 | 0.9988 | 0.9944 | 0.9818 | 0.9023 | 0.7095 |
| | 8 | 1.0000 | 1.0000 | 1.0000 | 1.0000 | 0.9998 | 0.9990 | 0.9960 | 0.9679 | 0.8666 |
| | 9 | 1.0000 | 1.0000 | 1.0000 | 1.0000 | 1.0000 | 0.9999 | 0.9993 | 0.9922 | 0.9539 |
| | 10 | 1.0000 | 1.0000 | 1.0000 | 1.0000 | 1.0000 | 1.0000 | 0.9999 | 0.9987 | 0.9888 |
| | 11 | 1.0000 | 1.0000 | 1.0000 | 1.0000 | 1.0000 | 1.0000 | 1.0000 | 0.9999 | 0.9983 |
| | 12 | 1.0000 | 1.0000 | 1.0000 | 1.0000 | 1.0000 | 1.0000 | 1.0000 | 1.0000 | 0.9999 |
| | 13 | 1.0000 | 1.0000 | 1.0000 | 1.0000 | 1.0000 | 1.0000 | 1.0000 | 1.0000 | 1.0000 |
| 14 | 0 | 0.8687 | 0.4877 | 0.2288 | 0.1028 | 0.0440 | 0.0178 | 0.0068 | 0.0008 | 0.0001 |
| | 1 | 0.9916 | 0.8470 | 0.5846 | 0.3567 | 0.1979 | 0.1010 | 0.0475 | 0.0081 | 0.0009 |
| | 2 | 0.9997 | 0.9699 | 0.8416 | 0.6479 | 0.4481 | 0.2811 | 0.1608 | 0.0398 | 0.0065 |
| | 3 | 1.0000 | 0.9958 | 0.9559 | 0.8535 | 0.6982 | 0.5213 | 0.3552 | 0.1243 | 0.0287 |
| | 4 | 1.0000 | 0.9996 | 0.9908 | 0.9533 | 0.8702 | 0.7415 | 0.5842 | 0.2793 | 0.0898 |
| | 5 | 1.0000 | 1.0000 | 0.9985 | 0.9885 | 0.9561 | 0.8883 | 0.7805 | 0.4859 | 0.2120 |
| | 6 | 1.0000 | 1.0000 | 0.9998 | 0.9978 | 0.9884 | 0.9617 | 0.9067 | 0.6925 | 0.3953 |
| | 7 | 1.0000 | 1.0000 | 1.0000 | 0.9997 | 0.9976 | 0.9897 | 0.9685 | 0.8499 | 0.6047 |
| | 8 | 1.0000 | 1.0000 | 1.0000 | 1.0000 | 0.9996 | 0.9978 | 0.9917 | 0.9417 | 0.7880 |
| | 9 | 1.0000 | 1.0000 | 1.0000 | 1.0000 | 1.0000 | 0.9997 | 0.9983 | 0.9825 | 0.9102 |
| | 10 | 1.0000 | 1.0000 | 1.0000 | 1.0000 | 1.0000 | 1.0000 | 0.9998 | 0.9961 | 0.9713 |
| | 11 | 1.0000 | 1.0000 | 1.0000 | 1.0000 | 1.0000 | 1.0000 | 1.0000 | 0.9994 | 0.9935 |
| | 12 | 1.0000 | 1.0000 | 1.0000 | 1.0000 | 1.0000 | 1.0000 | 1.0000 | 0.9999 | 0.9991 |
| | 13 | 1.0000 | 1.0000 | 1.0000 | 1.0000 | 1.0000 | 1.0000 | 1.0000 | 1.0000 | 0.9999 |
| | 14 | 1.0000 | 1.0000 | 1.0000 | 1.0000 | 1.0000 | 1.0000 | 1.0000 | 1.0000 | 1.0000 |
| 15 | 0 | 0.8601 | 0.4633 | 0.2059 | 0.0874 | 0.0352 | 0.0134 | 0.0047 | 0.0005 | 0.0000 |
| | 1 | 0.9904 | 0.8290 | 0.5490 | 0.3186 | 0.1671 | 0.0802 | 0.0353 | 0.0052 | 0.0005 |
| | 2 | 0.9996 | 0.9638 | 0.8159 | 0.6042 | 0.3980 | 0.2361 | 0.1268 | 0.0271 | 0.0037 |
| | 3 | 1.0000 | 0.9945 | 0.9444 | 0.8227 | 0.6482 | 0.4613 | 0.2969 | 0.0905 | 0.0176 |
| | 4 | 1.0000 | 0.9994 | 0.9873 | 0.9383 | 0.8358 | 0.6865 | 0.5155 | 0.2173 | 0.0592 |
| | 5 | 1.0000 | 0.9999 | 0.9978 | 0.9832 | 0.9389 | 0.8516 | 0.7216 | 0.4032 | 0.1509 |
| | 6 | 1.0000 | 1.0000 | 0.9997 | 0.9964 | 0.9819 | 0.9434 | 0.8689 | 0.6098 | 0.3036 |
| | 7 | 1.0000 | 1.0000 | 1.0000 | 0.9994 | 0.9958 | 0.9827 | 0.9500 | 0.7869 | 0.5000 |
| | 8 | 1.0000 | 1.0000 | 1.0000 | 0.9999 | 0.9992 | 0.9958 | 0.9848 | 0.9050 | 0.6964 |
| | 9 | 1.0000 | 1.0000 | 1.0000 | 1.0000 | 0.9999 | 0.9992 | 0.9963 | 0.9662 | 0.8491 |
| | 10 | 1.0000 | 1.0000 | 1.0000 | 1.0000 | 1.0000 | 0.9999 | 0.9993 | 0.9907 | 0.9408 |
| | 11 | 1.0000 | 1.0000 | 1.0000 | 1.0000 | 1.0000 | 1.0000 | 0.9999 | 0.9981 | 0.9824 |
| | 12 | 1.0000 | 1.0000 | 1.0000 | 1.0000 | 1.0000 | 1.0000 | 1.0000 | 0.9997 | 0.9963 |
| | 13 | 1.0000 | 1.0000 | 1.0000 | 1.0000 | 1.0000 | 1.0000 | 1.0000 | 1.0000 | 0.9995 |
| | 14 | 1.0000 | 1.0000 | 1.0000 | 1.0000 | 1.0000 | 1.0000 | 1.0000 | 1.0000 | 1.0000 |
| | 15 | 1.0000 | 1.0000 | 1.0000 | 1.0000 | 1.0000 | 1.0000 | 1.0000 | 1.0000 | 1.0000 |

# Binomialverteilung

## Verteilungsfunktion

| $n$ | $x$ | $\theta$ | | | | | | | | |
|---|---|---|---|---|---|---|---|---|---|---|
| | | 0.01 | 0.05 | 0.1 | 0.15 | 0.2 | 0.25 | 0.3 | 0.4 | 0.5 |
| 20 | 0 | 0.8179 | 0.3585 | 0.1216 | 0.0388 | 0.0115 | 0.0032 | 0.0008 | 0.0000 | 0.0000 |
| | 1 | 0.9831 | 0.7358 | 0.3917 | 0.1756 | 0.0692 | 0.0243 | 0.0076 | 0.0005 | 0.0000 |
| | 2 | 0.9990 | 0.9245 | 0.6769 | 0.4049 | 0.2061 | 0.0913 | 0.0355 | 0.0036 | 0.0002 |
| | 3 | 1.0000 | 0.9841 | 0.8670 | 0.6477 | 0.4114 | 0.2252 | 0.1071 | 0.0160 | 0.0013 |
| | 4 | 1.0000 | 0.9974 | 0.9568 | 0.8298 | 0.6296 | 0.4148 | 0.2375 | 0.0510 | 0.0059 |
| | 5 | 1.0000 | 0.9997 | 0.9887 | 0.9327 | 0.8042 | 0.6172 | 0.4164 | 0.1256 | 0.0207 |
| | 6 | 1.0000 | 1.0000 | 0.9976 | 0.9781 | 0.9133 | 0.7858 | 0.6080 | 0.2500 | 0.0577 |
| | 7 | 1.0000 | 1.0000 | 0.9996 | 0.9941 | 0.9679 | 0.8982 | 0.7723 | 0.4159 | 0.1316 |
| | 8 | 1.0000 | 1.0000 | 0.9999 | 0.9987 | 0.9900 | 0.9591 | 0.8867 | 0.5956 | 0.2517 |
| | 9 | 1.0000 | 1.0000 | 1.0000 | 0.9998 | 0.9974 | 0.9861 | 0.9520 | 0.7553 | 0.4119 |
| | 10 | 1.0000 | 1.0000 | 1.0000 | 1.0000 | 0.9994 | 0.9961 | 0.9829 | 0.8725 | 0.5881 |
| | 11 | 1.0000 | 1.0000 | 1.0000 | 1.0000 | 0.9999 | 0.9991 | 0.9949 | 0.9435 | 0.7483 |
| | 12 | 1.0000 | 1.0000 | 1.0000 | 1.0000 | 1.0000 | 0.9998 | 0.9987 | 0.9790 | 0.8684 |
| | 13 | 1.0000 | 1.0000 | 1.0000 | 1.0000 | 1.0000 | 1.0000 | 0.9997 | 0.9935 | 0.9423 |
| | 14 | 1.0000 | 1.0000 | 1.0000 | 1.0000 | 1.0000 | 1.0000 | 1.0000 | 0.9984 | 0.9793 |
| | 15 | 1.0000 | 1.0000 | 1.0000 | 1.0000 | 1.0000 | 1.0000 | 1.0000 | 0.9997 | 0.9941 |
| | 16 | 1.0000 | 1.0000 | 1.0000 | 1.0000 | 1.0000 | 1.0000 | 1.0000 | 1.0000 | 0.9987 |
| | 17 | 1.0000 | 1.0000 | 1.0000 | 1.0000 | 1.0000 | 1.0000 | 1.0000 | 1.0000 | 0.9998 |
| | 18 | 1.0000 | 1.0000 | 1.0000 | 1.0000 | 1.0000 | 1.0000 | 1.0000 | 1.0000 | 1.0000 |
| | 19 | 1.0000 | 1.0000 | 1.0000 | 1.0000 | 1.0000 | 1.0000 | 1.0000 | 1.0000 | 1.0000 |
| | 20 | 1.0000 | 1.0000 | 1.0000 | 1.0000 | 1.0000 | 1.0000 | 1.0000 | 1.0000 | 1.0000 |
| 30 | 0 | 0.7397 | 0.2146 | 0.0424 | 0.0076 | 0.0012 | 0.0002 | 0.0000 | 0.0000 | 0.0000 |
| | 1 | 0.9639 | 0.5535 | 0.1837 | 0.0480 | 0.0105 | 0.0020 | 0.0003 | 0.0000 | 0.0000 |
| | 2 | 0.9967 | 0.8122 | 0.4114 | 0.1514 | 0.0442 | 0.0106 | 0.0021 | 0.0000 | 0.0000 |
| | 3 | 0.9998 | 0.9392 | 0.6474 | 0.3217 | 0.1227 | 0.0374 | 0.0093 | 0.0003 | 0.0000 |
| | 4 | 1.0000 | 0.9844 | 0.8245 | 0.5245 | 0.2552 | 0.0979 | 0.0302 | 0.0015 | 0.0000 |
| | 5 | 1.0000 | 0.9967 | 0.9268 | 0.7106 | 0.4275 | 0.2026 | 0.0766 | 0.0057 | 0.0002 |
| | 6 | 1.0000 | 0.9994 | 0.9742 | 0.8474 | 0.6070 | 0.3481 | 0.1595 | 0.0172 | 0.0007 |
| | 7 | 1.0000 | 0.9999 | 0.9922 | 0.9302 | 0.7608 | 0.5143 | 0.2814 | 0.0435 | 0.0026 |
| | 8 | 1.0000 | 1.0000 | 0.9980 | 0.9722 | 0.8713 | 0.6736 | 0.4315 | 0.0940 | 0.0081 |
| | 9 | 1.0000 | 1.0000 | 0.9995 | 0.9903 | 0.9389 | 0.8034 | 0.5888 | 0.1763 | 0.0214 |
| | 10 | 1.0000 | 1.0000 | 0.9999 | 0.9971 | 0.9744 | 0.8943 | 0.7304 | 0.2915 | 0.0494 |
| | 11 | 1.0000 | 1.0000 | 1.0000 | 0.9992 | 0.9905 | 0.9493 | 0.8407 | 0.4311 | 0.1002 |
| | 12 | 1.0000 | 1.0000 | 1.0000 | 0.9998 | 0.9969 | 0.9784 | 0.9155 | 0.5785 | 0.1808 |
| | 13 | 1.0000 | 1.0000 | 1.0000 | 1.0000 | 0.9991 | 0.9918 | 0.9599 | 0.7145 | 0.2923 |
| | 14 | 1.0000 | 1.0000 | 1.0000 | 1.0000 | 0.9998 | 0.9973 | 0.9831 | 0.8246 | 0.4278 |
| | 15 | 1.0000 | 1.0000 | 1.0000 | 1.0000 | 0.9999 | 0.9992 | 0.9936 | 0.9029 | 0.5722 |
| | 16 | 1.0000 | 1.0000 | 1.0000 | 1.0000 | 1.0000 | 0.9998 | 0.9979 | 0.9519 | 0.7077 |
| | 17 | 1.0000 | 1.0000 | 1.0000 | 1.0000 | 1.0000 | 0.9999 | 0.9994 | 0.9788 | 0.8192 |
| | 18 | 1.0000 | 1.0000 | 1.0000 | 1.0000 | 1.0000 | 1.0000 | 0.9998 | 0.9917 | 0.8998 |
| | 19 | 1.0000 | 1.0000 | 1.0000 | 1.0000 | 1.0000 | 1.0000 | 1.0000 | 0.9971 | 0.9506 |
| | 20 | 1.0000 | 1.0000 | 1.0000 | 1.0000 | 1.0000 | 1.0000 | 1.0000 | 0.9991 | 0.9786 |
| | 21 | 1.0000 | 1.0000 | 1.0000 | 1.0000 | 1.0000 | 1.0000 | 1.0000 | 0.9998 | 0.9919 |
| | 22 | 1.0000 | 1.0000 | 1.0000 | 1.0000 | 1.0000 | 1.0000 | 1.0000 | 1.0000 | 0.9974 |
| | 23 | 1.0000 | 1.0000 | 1.0000 | 1.0000 | 1.0000 | 1.0000 | 1.0000 | 1.0000 | 0.9993 |
| | 24 | 1.0000 | 1.0000 | 1.0000 | 1.0000 | 1.0000 | 1.0000 | 1.0000 | 1.0000 | 0.9998 |
| | 25 | 1.0000 | 1.0000 | 1.0000 | 1.0000 | 1.0000 | 1.0000 | 1.0000 | 1.0000 | 1.0000 |
| | 26 | 1.0000 | 1.0000 | 1.0000 | 1.0000 | 1.0000 | 1.0000 | 1.0000 | 1.0000 | 1.0000 |
| | 27 | 1.0000 | 1.0000 | 1.0000 | 1.0000 | 1.0000 | 1.0000 | 1.0000 | 1.0000 | 1.0000 |
| | 28 | 1.0000 | 1.0000 | 1.0000 | 1.0000 | 1.0000 | 1.0000 | 1.0000 | 1.0000 | 1.0000 |
| | 29 | 1.0000 | 1.0000 | 1.0000 | 1.0000 | 1.0000 | 1.0000 | 1.0000 | 1.0000 | 1.0000 |
| | 30 | 1.0000 | 1.0000 | 1.0000 | 1.0000 | 1.0000 | 1.0000 | 1.0000 | 1.0000 | 1.0000 |

| n | x | θ | | | | | | | | |
|---|---|---|---|---|---|---|---|---|---|---|
| | | 0.01 | 0.05 | 0.1 | 0.15 | 0.2 | 0.25 | 0.3 | 0.4 | 0.5 |
| 50 | 0 | 0.6050 | 0.0769 | 0.0052 | 0.0003 | 0.0000 | 0.0000 | 0.0000 | 0.0000 | 0.0000 |
| | 1 | 0.9106 | 0.2794 | 0.0338 | 0.0029 | 0.0002 | 0.0000 | 0.0000 | 0.0000 | 0.0000 |
| | 2 | 0.9862 | 0.5405 | 0.1117 | 0.0142 | 0.0013 | 0.0001 | 0.0000 | 0.0000 | 0.0000 |
| | 3 | 0.9984 | 0.7604 | 0.2503 | 0.0460 | 0.0057 | 0.0005 | 0.0000 | 0.0000 | 0.0000 |
| | 4 | 0.9999 | 0.8964 | 0.4312 | 0.1121 | 0.0185 | 0.0021 | 0.0002 | 0.0000 | 0.0000 |
| | 5 | 1.0000 | 0.9622 | 0.6161 | 0.2194 | 0.0480 | 0.0070 | 0.0007 | 0.0000 | 0.0000 |
| | 6 | 1.0000 | 0.9882 | 0.7702 | 0.3613 | 0.1034 | 0.0194 | 0.0025 | 0.0000 | 0.0000 |
| | 7 | 1.0000 | 0.9968 | 0.8779 | 0.5188 | 0.1904 | 0.0453 | 0.0073 | 0.0001 | 0.0000 |
| | 8 | 1.0000 | 0.9992 | 0.9421 | 0.6681 | 0.3073 | 0.0916 | 0.0183 | 0.0002 | 0.0000 |
| | 9 | 1.0000 | 0.9998 | 0.9755 | 0.7911 | 0.4437 | 0.1637 | 0.0402 | 0.0008 | 0.0000 |
| | 10 | 1.0000 | 1.0000 | 0.9906 | 0.8801 | 0.5836 | 0.2622 | 0.0789 | 0.0022 | 0.0000 |
| | 11 | 1.0000 | 1.0000 | 0.9968 | 0.9372 | 0.7107 | 0.3816 | 0.1390 | 0.0057 | 0.0000 |
| | 12 | 1.0000 | 1.0000 | 0.9990 | 0.9699 | 0.8139 | 0.5110 | 0.2229 | 0.0133 | 0.0002 |
| | 13 | 1.0000 | 1.0000 | 0.9997 | 0.9868 | 0.8894 | 0.6370 | 0.3279 | 0.0280 | 0.0005 |
| | 14 | 1.0000 | 1.0000 | 0.9999 | 0.9947 | 0.9393 | 0.7481 | 0.4468 | 0.0540 | 0.0013 |
| | 15 | 1.0000 | 1.0000 | 1.0000 | 0.9981 | 0.9692 | 0.8369 | 0.5692 | 0.0955 | 0.0033 |
| | 16 | 1.0000 | 1.0000 | 1.0000 | 0.9993 | 0.9856 | 0.9017 | 0.6839 | 0.1561 | 0.0077 |
| | 17 | 1.0000 | 1.0000 | 1.0000 | 0.9998 | 0.9937 | 0.9449 | 0.7822 | 0.2369 | 0.0164 |
| | 18 | 1.0000 | 1.0000 | 1.0000 | 0.9999 | 0.9975 | 0.9713 | 0.8594 | 0.3356 | 0.0325 |
| | 19 | 1.0000 | 1.0000 | 1.0000 | 1.0000 | 0.9991 | 0.9861 | 0.9152 | 0.4465 | 0.0595 |
| | 20 | 1.0000 | 1.0000 | 1.0000 | 1.0000 | 0.9997 | 0.9937 | 0.9522 | 0.5610 | 0.1013 |
| | 21 | 1.0000 | 1.0000 | 1.0000 | 1.0000 | 0.9999 | 0.9974 | 0.9749 | 0.6701 | 0.1611 |
| | 22 | 1.0000 | 1.0000 | 1.0000 | 1.0000 | 1.0000 | 0.9990 | 0.9877 | 0.7660 | 0.2399 |
| | 23 | 1.0000 | 1.0000 | 1.0000 | 1.0000 | 1.0000 | 0.9996 | 0.9944 | 0.8438 | 0.3359 |
| | 24 | 1.0000 | 1.0000 | 1.0000 | 1.0000 | 1.0000 | 0.9999 | 0.9976 | 0.9022 | 0.4439 |
| | 25 | 1.0000 | 1.0000 | 1.0000 | 1.0000 | 1.0000 | 1.0000 | 0.9991 | 0.9427 | 0.5561 |
| | 26 | 1.0000 | 1.0000 | 1.0000 | 1.0000 | 1.0000 | 1.0000 | 0.9997 | 0.9686 | 0.6641 |
| | 27 | 1.0000 | 1.0000 | 1.0000 | 1.0000 | 1.0000 | 1.0000 | 0.9999 | 0.9840 | 0.7601 |
| | 28 | 1.0000 | 1.0000 | 1.0000 | 1.0000 | 1.0000 | 1.0000 | 1.0000 | 0.9924 | 0.8389 |
| | 29 | 1.0000 | 1.0000 | 1.0000 | 1.0000 | 1.0000 | 1.0000 | 1.0000 | 0.9966 | 0.8987 |
| | 30 | 1.0000 | 1.0000 | 1.0000 | 1.0000 | 1.0000 | 1.0000 | 1.0000 | 0.9986 | 0.9405 |
| | 31 | 1.0000 | 1.0000 | 1.0000 | 1.0000 | 1.0000 | 1.0000 | 1.0000 | 0.9995 | 0.9675 |
| | 32 | 1.0000 | 1.0000 | 1.0000 | 1.0000 | 1.0000 | 1.0000 | 1.0000 | 0.9998 | 0.9836 |
| | 33 | 1.0000 | 1.0000 | 1.0000 | 1.0000 | 1.0000 | 1.0000 | 1.0000 | 0.9999 | 0.9923 |
| | 34 | 1.0000 | 1.0000 | 1.0000 | 1.0000 | 1.0000 | 1.0000 | 1.0000 | 1.0000 | 0.9967 |
| | 35 | 1.0000 | 1.0000 | 1.0000 | 1.0000 | 1.0000 | 1.0000 | 1.0000 | 1.0000 | 0.9987 |
| | 36 | 1.0000 | 1.0000 | 1.0000 | 1.0000 | 1.0000 | 1.0000 | 1.0000 | 1.0000 | 0.9995 |
| | 37 | 1.0000 | 1.0000 | 1.0000 | 1.0000 | 1.0000 | 1.0000 | 1.0000 | 1.0000 | 0.9998 |
| | 38 | 1.0000 | 1.0000 | 1.0000 | 1.0000 | 1.0000 | 1.0000 | 1.0000 | 1.0000 | 1.0000 |
| | 39 | 1.0000 | 1.0000 | 1.0000 | 1.0000 | 1.0000 | 1.0000 | 1.0000 | 1.0000 | 1.0000 |
| | 40 | 1.0000 | 1.0000 | 1.0000 | 1.0000 | 1.0000 | 1.0000 | 1.0000 | 1.0000 | 1.0000 |

# Hypergeometrische Verteilung

## Wahrscheinlichkeits- und Verteilungsfunktion

$$f_H(x/N;n;M) = \begin{cases} \frac{\binom{M}{x}\binom{N-M}{n-x}}{\binom{N}{n}} & \text{für } x = 0, 1, ..., n \\ 0 & \text{sonst} \end{cases} \qquad F_H(x/N;n;M) = \sum_{v=0}^{x} \frac{\binom{M}{v}\binom{N-M}{n-v}}{\binom{N}{n}}$$

Für $M > n$ findet man den gesuchten Wert über die Beziehung:

$$f_H(x/N;n;M) = f_H(x/N;M;n) \quad \text{bzw.} \quad F_H(x/N;n;M) = F_H(x/N;M;n)$$

| $N$ | $n$ | $M$ | $x$ | $f_H(x)$ | $F_H(x)$ | $N$ | $n$ | $M$ | $x$ | $f_H(x)$ | $F_H(x)$ |
|---|---|---|---|---|---|---|---|---|---|---|---|
| 2 | 1 | 1 | 0 | 0.5000 | 0.5000 | 5 | 4 | 3 | 2 | 0.6000 | 0.6000 |
| 2 | 1 | 1 | 1 | 0.5000 | 1.0000 | 5 | 4 | 3 | 3 | 0.4000 | 1.0000 |
| 3 | 1 | 1 | 0 | 0.6667 | 0.6667 | 5 | 4 | 4 | 3 | 0.8000 | 0.8000 |
| 3 | 1 | 1 | 1 | 0.3333 | 1.0000 | 5 | 4 | 4 | 4 | 0.2000 | 1.0000 |
| 3 | 2 | 1 | 0 | 0.3333 | 0.3333 | 6 | 1 | 1 | 0 | 0.8333 | 0.8333 |
| 3 | 2 | 1 | 1 | 0.6667 | 1.0000 | 6 | 1 | 1 | 1 | 0.1667 | 1.0000 |
| 3 | 2 | 2 | 1 | 0.6667 | 0.6667 | 6 | 2 | 1 | 0 | 0.6667 | 0.6667 |
| 3 | 2 | 2 | 2 | 0.3333 | 1.0000 | 6 | 2 | 1 | 1 | 0.3333 | 1.0000 |
| 4 | 1 | 1 | 0 | 0.7500 | 0.7500 | 6 | 2 | 2 | 0 | 0.4000 | 0.4000 |
| 4 | 1 | 1 | 1 | 0.2500 | 1.0000 | 6 | 2 | 2 | 1 | 0.5333 | 0.9333 |
| 4 | 2 | 1 | 0 | 0.5000 | 0.5000 | 6 | 2 | 2 | 2 | 0.0667 | 1.0000 |
| 4 | 2 | 1 | 1 | 0.5000 | 1.0000 | 6 | 3 | 1 | 0 | 0.5000 | 0.5000 |
| 4 | 2 | 2 | 0 | 0.1667 | 0.1667 | 6 | 3 | 1 | 1 | 0.5000 | 1.0000 |
| 4 | 2 | 2 | 1 | 0.6667 | 0.8333 | 6 | 3 | 2 | 0 | 0.2000 | 0.2000 |
| 4 | 2 | 2 | 2 | 0.1667 | 1.0000 | 6 | 3 | 2 | 1 | 0.6000 | 0.8000 |
| 4 | 3 | 1 | 0 | 0.2500 | 0.2500 | 6 | 3 | 2 | 2 | 0.2000 | 1.0000 |
| 4 | 3 | 1 | 1 | 0.7500 | 1.0000 | 6 | 3 | 3 | 0 | 0.0500 | 0.0500 |
| 4 | 3 | 2 | 1 | 0.5000 | 0.5000 | 6 | 3 | 3 | 1 | 0.4500 | 0.5000 |
| 4 | 3 | 2 | 2 | 0.5000 | 1.0000 | 6 | 3 | 3 | 2 | 0.4500 | 0.9500 |
| 4 | 3 | 3 | 2 | 0.7500 | 0.7500 | 6 | 3 | 3 | 3 | 0.0500 | 1.0000 |
| 4 | 3 | 3 | 3 | 0.2500 | 1.0000 | 6 | 4 | 1 | 0 | 0.3333 | 0.3333 |
| 5 | 1 | 1 | 0 | 0.8000 | 0.8000 | 6 | 4 | 1 | 1 | 0.6667 | 1.0000 |
| 5 | 1 | 1 | 1 | 0.2000 | 1.0000 | 6 | 4 | 2 | 0 | 0.0667 | 0.0667 |
| 5 | 2 | 1 | 0 | 0.6000 | 0.6000 | 6 | 4 | 2 | 1 | 0.5333 | 0.6000 |
| 5 | 2 | 1 | 1 | 0.4000 | 1.0000 | 6 | 4 | 2 | 2 | 0.4000 | 1.0000 |
| 5 | 2 | 2 | 0 | 0.3000 | 0.3000 | 6 | 4 | 3 | 1 | 0.2000 | 0.2000 |
| 5 | 2 | 2 | 1 | 0.6000 | 0.9000 | 6 | 4 | 3 | 2 | 0.6000 | 0.8000 |
| 5 | 2 | 2 | 2 | 0.1000 | 1.0000 | 6 | 4 | 3 | 3 | 0.2000 | 1.0000 |
| 5 | 3 | 1 | 0 | 0.4000 | 0.4000 | 6 | 4 | 4 | 2 | 0.4000 | 0.4000 |
| 5 | 3 | 1 | 1 | 0.6000 | 1.0000 | 6 | 4 | 4 | 3 | 0.5333 | 0.9333 |
| 5 | 3 | 2 | 0 | 0.1000 | 0.1000 | 6 | 4 | 4 | 4 | 0.0667 | 1.0000 |
| 5 | 3 | 2 | 1 | 0.6000 | 0.7000 | 6 | 5 | 1 | 0 | 0.1667 | 0.1667 |
| 5 | 3 | 2 | 2 | 0.3000 | 1.0000 | 6 | 5 | 1 | 1 | 0.8333 | 1.0000 |
| 5 | 3 | 3 | 1 | 0.3000 | 0.3000 | 6 | 5 | 2 | 1 | 0.3333 | 0.3333 |
| 5 | 3 | 3 | 2 | 0.6000 | 0.9000 | 6 | 5 | 2 | 2 | 0.6667 | 1.0000 |
| 5 | 3 | 3 | 3 | 0.1000 | 1.0000 | 6 | 5 | 3 | 2 | 0.5000 | 0.5000 |
| 5 | 4 | 1 | 0 | 0.2000 | 0.2000 | 6 | 5 | 3 | 3 | 0.5000 | 1.0000 |
| 5 | 4 | 1 | 1 | 0.8000 | 1.0000 | 6 | 5 | 4 | 3 | 0.6667 | 0.6667 |
| 5 | 4 | 2 | 1 | 0.4000 | 0.4000 | 6 | 5 | 4 | 4 | 0.3333 | 1.0000 |
| 5 | 4 | 2 | 2 | 0.6000 | 1.0000 | 6 | 5 | 5 | 4 | 0.8333 | 0.8333 |

| $N$ | $n$ | $M$ | $x$ | $f_H(x)$ | $F_H(x)$ |
|---|---|---|---|---|---|
| 6 | 5 | 5 | 5 | 0.1667 | 1.0000 |
| 7 | 1 | 1 | 0 | 0.8571 | 0.8571 |
| 7 | 1 | 1 | 1 | 0.1429 | 1.0000 |
| 7 | 2 | 1 | 0 | 0.7143 | 0.7143 |
| 7 | 2 | 1 | 1 | 0.2857 | 1.0000 |
| 7 | 2 | 2 | 0 | 0.4762 | 0.4762 |
| 7 | 2 | 2 | 1 | 0.4762 | 0.9524 |
| 7 | 2 | 2 | 2 | 0.0476 | 1.0000 |
| 7 | 3 | 1 | 0 | 0.5714 | 0.5714 |
| 7 | 3 | 1 | 1 | 0.4286 | 1.0000 |
| 7 | 3 | 2 | 0 | 0.2857 | 0.2857 |
| 7 | 3 | 2 | 1 | 0.5714 | 0.8571 |
| 7 | 3 | 2 | 2 | 0.1429 | 1.0000 |
| 7 | 3 | 3 | 0 | 0.1143 | 0.1143 |
| 7 | 3 | 3 | 1 | 0.5143 | 0.6286 |
| 7 | 3 | 3 | 2 | 0.3429 | 0.9714 |
| 7 | 3 | 3 | 3 | 0.0286 | 1.0000 |
| 7 | 4 | 1 | 0 | 0.4286 | 0.4286 |
| 7 | 4 | 1 | 1 | 0.5714 | 1.0000 |
| 7 | 4 | 2 | 0 | 0.1429 | 0.1429 |
| 7 | 4 | 2 | 1 | 0.5714 | 0.7143 |
| 7 | 4 | 2 | 2 | 0.2857 | 1.0000 |
| 7 | 4 | 3 | 0 | 0.0286 | 0.0286 |
| 7 | 4 | 3 | 1 | 0.3429 | 0.3714 |
| 7 | 4 | 3 | 2 | 0.5143 | 0.8857 |
| 7 | 4 | 3 | 3 | 0.1143 | 1.0000 |
| 7 | 4 | 4 | 1 | 0.1143 | 0.1143 |
| 7 | 4 | 4 | 2 | 0.5143 | 0.6286 |
| 7 | 4 | 4 | 3 | 0.3429 | 0.9714 |
| 7 | 4 | 4 | 4 | 0.0286 | 1.0000 |
| 7 | 5 | 1 | 0 | 0.2857 | 0.2857 |
| 7 | 5 | 1 | 1 | 0.7143 | 1.0000 |
| 7 | 5 | 2 | 0 | 0.0476 | 0.0476 |
| 7 | 5 | 2 | 1 | 0.4762 | 0.5238 |
| 7 | 5 | 2 | 2 | 0.4762 | 1.0000 |
| 7 | 5 | 3 | 1 | 0.1429 | 0.1429 |
| 7 | 5 | 3 | 2 | 0.5714 | 0.7143 |
| 7 | 5 | 3 | 3 | 0.2857 | 1.0000 |
| 7 | 5 | 4 | 2 | 0.2857 | 0.2857 |
| 7 | 5 | 4 | 3 | 0.5714 | 0.8571 |
| 7 | 5 | 4 | 4 | 0.1429 | 1.0000 |
| 7 | 5 | 5 | 3 | 0.4762 | 0.4762 |
| 7 | 5 | 5 | 4 | 0.4762 | 0.9524 |
| 7 | 5 | 5 | 5 | 0.0476 | 1.0000 |
| 7 | 6 | 1 | 0 | 0.1429 | 0.1429 |
| 7 | 6 | 1 | 1 | 0.8571 | 1.0000 |
| 7 | 6 | 2 | 1 | 0.2857 | 0.2857 |
| 7 | 6 | 2 | 2 | 0.7143 | 1.0000 |
| 7 | 6 | 3 | 2 | 0.4286 | 0.4286 |
| 7 | 6 | 3 | 3 | 0.5714 | 1.0000 |

| $N$ | $n$ | $M$ | $x$ | $f_H(x)$ | $F_H(x)$ |
|---|---|---|---|---|---|
| 7 | 6 | 4 | 3 | 0.5714 | 0.5714 |
| 7 | 6 | 4 | 4 | 0.4286 | 1.0000 |
| 7 | 6 | 5 | 4 | 0.7143 | 0.7143 |
| 7 | 6 | 5 | 5 | 0.2857 | 1.0000 |
| 7 | 6 | 6 | 5 | 0.8571 | 0.8571 |
| 7 | 6 | 6 | 6 | 0.1429 | 1.0000 |
| 8 | 1 | 1 | 0 | 0.8750 | 0.8750 |
| 8 | 1 | 1 | 1 | 0.1250 | 1.0000 |
| 8 | 2 | 1 | 0 | 0.7500 | 0.7500 |
| 8 | 2 | 1 | 1 | 0.2500 | 1.0000 |
| 8 | 2 | 2 | 0 | 0.5357 | 0.5357 |
| 8 | 2 | 2 | 1 | 0.4286 | 0.9643 |
| 8 | 2 | 2 | 2 | 0.0357 | 1.0000 |
| 8 | 3 | 1 | 0 | 0.6250 | 0.6250 |
| 8 | 3 | 1 | 1 | 0.3750 | 1.0000 |
| 8 | 3 | 2 | 0 | 0.3571 | 0.3571 |
| 8 | 3 | 2 | 1 | 0.5357 | 0.8929 |
| 8 | 3 | 2 | 2 | 0.1071 | 1.0000 |
| 8 | 3 | 3 | 0 | 0.1786 | 0.1786 |
| 8 | 3 | 3 | 1 | 0.5357 | 0.7143 |
| 8 | 3 | 3 | 2 | 0.2679 | 0.9821 |
| 8 | 3 | 3 | 3 | 0.0179 | 1.0000 |
| 8 | 4 | 1 | 0 | 0.5000 | 0.5000 |
| 8 | 4 | 1 | 1 | 0.5000 | 1.0000 |
| 8 | 4 | 2 | 0 | 0.2143 | 0.2143 |
| 8 | 4 | 2 | 1 | 0.5714 | 0.7857 |
| 8 | 4 | 2 | 2 | 0.2143 | 1.0000 |
| 8 | 4 | 3 | 0 | 0.0714 | 0.0714 |
| 8 | 4 | 3 | 1 | 0.4286 | 0.5000 |
| 8 | 4 | 3 | 2 | 0.4286 | 0.9286 |
| 8 | 4 | 3 | 3 | 0.0714 | 1.0000 |
| 8 | 4 | 4 | 0 | 0.0143 | 0.0143 |
| 8 | 4 | 4 | 1 | 0.2286 | 0.2429 |
| 8 | 4 | 4 | 2 | 0.5143 | 0.7571 |
| 8 | 4 | 4 | 3 | 0.2286 | 0.9857 |
| 8 | 4 | 4 | 4 | 0.0143 | 1.0000 |
| 8 | 5 | 1 | 0 | 0.3750 | 0.3750 |
| 8 | 5 | 1 | 1 | 0.6250 | 1.0000 |
| 8 | 5 | 2 | 0 | 0.1071 | 0.1071 |
| 8 | 5 | 2 | 1 | 0.5357 | 0.6429 |
| 8 | 5 | 2 | 2 | 0.3571 | 1.0000 |
| 8 | 5 | 3 | 0 | 0.0179 | 0.0179 |
| 8 | 5 | 3 | 1 | 0.2679 | 0.2857 |
| 8 | 5 | 3 | 2 | 0.5357 | 0.8214 |
| 8 | 5 | 3 | 3 | 0.1786 | 1.0000 |
| 8 | 5 | 4 | 1 | 0.0714 | 0.0714 |
| 8 | 5 | 4 | 2 | 0.4286 | 0.5000 |
| 8 | 5 | 4 | 3 | 0.4286 | 0.9286 |
| 8 | 5 | 4 | 4 | 0.0714 | 1.0000 |
| 8 | 5 | 5 | 2 | 0.1786 | 0.1786 |

| $N$ | $n$ | $M$ | $x$ | $f_H(x)$ | $F_H(x)$ |
|---|---|---|---|---|---|
| 8 | 5 | 5 | 3 | 0.5357 | 0.7143 |
| 8 | 5 | 5 | 4 | 0.2679 | 0.9821 |
| 8 | 5 | 5 | 5 | 0.0179 | 1.0000 |
| 8 | 6 | 1 | 0 | 0.2500 | 0.2500 |
| 8 | 6 | 1 | 1 | 0.7500 | 1.0000 |
| 8 | 6 | 2 | 0 | 0.0357 | 0.0357 |
| 8 | 6 | 2 | 1 | 0.4286 | 0.4643 |
| 8 | 6 | 2 | 2 | 0.5357 | 1.0000 |
| 8 | 6 | 3 | 1 | 0.1071 | 0.1071 |
| 8 | 6 | 3 | 2 | 0.5357 | 0.6429 |
| 8 | 6 | 3 | 3 | 0.3571 | 1.0000 |
| 8 | 6 | 4 | 2 | 0.2143 | 0.2143 |
| 8 | 6 | 4 | 3 | 0.5714 | 0.7857 |
| 8 | 6 | 4 | 4 | 0.2143 | 1.0000 |
| 8 | 6 | 5 | 3 | 0.3571 | 0.3571 |
| 8 | 6 | 5 | 4 | 0.5357 | 0.8929 |
| 8 | 6 | 5 | 5 | 0.1071 | 1.0000 |
| 8 | 6 | 6 | 4 | 0.5357 | 0.5357 |
| 8 | 6 | 6 | 5 | 0.4286 | 0.9643 |
| 8 | 6 | 6 | 6 | 0.0357 | 1.0000 |
| 8 | 7 | 1 | 0 | 0.1250 | 0.1250 |
| 8 | 7 | 1 | 1 | 0.8750 | 1.0000 |
| 8 | 7 | 2 | 1 | 0.2500 | 0.2500 |
| 8 | 7 | 2 | 2 | 0.7500 | 1.0000 |
| 8 | 7 | 3 | 2 | 0.3750 | 0.3750 |
| 8 | 7 | 3 | 3 | 0.6250 | 1.0000 |
| 8 | 7 | 4 | 3 | 0.5000 | 0.5000 |
| 8 | 7 | 4 | 4 | 0.5000 | 1.0000 |
| 8 | 7 | 5 | 4 | 0.6250 | 0.6250 |
| 8 | 7 | 5 | 5 | 0.3750 | 1.0000 |
| 8 | 7 | 6 | 5 | 0.7500 | 0.7500 |
| 8 | 7 | 6 | 6 | 0.2500 | 1.0000 |
| 8 | 7 | 7 | 6 | 0.8750 | 0.8750 |
| 8 | 7 | 7 | 7 | 0.1250 | 1.0000 |
| 9 | 1 | 1 | 0 | 0.8889 | 0.8889 |
| 9 | 1 | 1 | 1 | 0.1111 | 1.0000 |
| 9 | 2 | 1 | 0 | 0.7778 | 0.7778 |
| 9 | 2 | 1 | 1 | 0.2222 | 1.0000 |
| 9 | 2 | 2 | 0 | 0.5833 | 0.5833 |
| 9 | 2 | 2 | 1 | 0.3889 | 0.9722 |
| 9 | 2 | 2 | 2 | 0.0278 | 1.0000 |
| 9 | 3 | 1 | 0 | 0.6667 | 0.6667 |
| 9 | 3 | 1 | 1 | 0.3333 | 1.0000 |
| 9 | 3 | 2 | 0 | 0.4167 | 0.4167 |
| 9 | 3 | 2 | 1 | 0.5000 | 0.9167 |
| 9 | 3 | 2 | 2 | 0.0833 | 1.0000 |
| 9 | 3 | 3 | 0 | 0.2381 | 0.2381 |
| 9 | 3 | 3 | 1 | 0.5357 | 0.7738 |
| 9 | 3 | 3 | 2 | 0.2143 | 0.9881 |
| 9 | 3 | 3 | 3 | 0.0119 | 1.0000 |

| $N$ | $n$ | $M$ | $x$ | $f_H(x)$ | $F_H(x)$ |
|---|---|---|---|---|---|
| 9 | 4 | 1 | 0 | 0.5556 | 0.5556 |
| 9 | 4 | 1 | 1 | 0.4444 | 1.0000 |
| 9 | 4 | 2 | 0 | 0.2778 | 0.2778 |
| 9 | 4 | 2 | 1 | 0.5556 | 0.8333 |
| 9 | 4 | 2 | 2 | 0.1667 | 1.0000 |
| 9 | 4 | 3 | 0 | 0.1190 | 0.1190 |
| 9 | 4 | 3 | 1 | 0.4762 | 0.5952 |
| 9 | 4 | 3 | 2 | 0.3571 | 0.9524 |
| 9 | 4 | 3 | 3 | 0.0476 | 1.0000 |
| 9 | 4 | 4 | 0 | 0.0397 | 0.0397 |
| 9 | 4 | 4 | 1 | 0.3175 | 0.3571 |
| 9 | 4 | 4 | 2 | 0.4762 | 0.8333 |
| 9 | 4 | 4 | 3 | 0.1587 | 0.9921 |
| 9 | 4 | 4 | 4 | 0.0079 | 1.0000 |
| 9 | 5 | 1 | 0 | 0.4444 | 0.4444 |
| 9 | 5 | 1 | 1 | 0.5556 | 1.0000 |
| 9 | 5 | 2 | 0 | 0.1667 | 0.1667 |
| 9 | 5 | 2 | 1 | 0.5556 | 0.7222 |
| 9 | 5 | 2 | 2 | 0.2778 | 1.0000 |
| 9 | 5 | 3 | 0 | 0.0476 | 0.0476 |
| 9 | 5 | 3 | 1 | 0.3571 | 0.4048 |
| 9 | 5 | 3 | 2 | 0.4762 | 0.8810 |
| 9 | 5 | 3 | 3 | 0.1190 | 1.0000 |
| 9 | 5 | 4 | 0 | 0.0079 | 0.0079 |
| 9 | 5 | 4 | 1 | 0.1587 | 0.1667 |
| 9 | 5 | 4 | 2 | 0.4762 | 0.6429 |
| 9 | 5 | 4 | 3 | 0.3175 | 0.9603 |
| 9 | 5 | 4 | 4 | 0.0397 | 1.0000 |
| 9 | 5 | 5 | 1 | 0.0397 | 0.0397 |
| 9 | 5 | 5 | 2 | 0.3175 | 0.3571 |
| 9 | 5 | 5 | 3 | 0.4762 | 0.8333 |
| 9 | 5 | 5 | 4 | 0.1587 | 0.9921 |
| 9 | 5 | 5 | 5 | 0.0079 | 1.0000 |
| 9 | 6 | 1 | 0 | 0.3333 | 0.3333 |
| 9 | 6 | 1 | 1 | 0.6667 | 1.0000 |
| 9 | 6 | 2 | 0 | 0.0833 | 0.0833 |
| 9 | 6 | 2 | 1 | 0.5000 | 0.5833 |
| 9 | 6 | 2 | 2 | 0.4167 | 1.0000 |
| 9 | 6 | 3 | 0 | 0.0119 | 0.0119 |
| 9 | 6 | 3 | 1 | 0.2143 | 0.2262 |
| 9 | 6 | 3 | 2 | 0.5357 | 0.7619 |
| 9 | 6 | 3 | 3 | 0.2381 | 1.0000 |
| 9 | 6 | 4 | 1 | 0.0476 | 0.0476 |
| 9 | 6 | 4 | 2 | 0.3571 | 0.4048 |
| 9 | 6 | 4 | 3 | 0.4762 | 0.8810 |
| 9 | 6 | 4 | 4 | 0.1190 | 1.0000 |
| 9 | 6 | 5 | 2 | 0.1190 | 0.1190 |
| 9 | 6 | 5 | 3 | 0.4762 | 0.5952 |
| 9 | 6 | 5 | 4 | 0.3571 | 0.9524 |
| 9 | 6 | 5 | 5 | 0.0476 | 1.0000 |

| $N$ | $n$ | $M$ | $x$ | $f_H(x)$ | $F_H(x)$ |
|---|---|---|---|---|---|
| 9 | 6 | 6 | 3 | 0.2381 | 0.2381 |
| 9 | 6 | 6 | 4 | 0.5357 | 0.7738 |
| 9 | 6 | 6 | 5 | 0.2143 | 0.9881 |
| 9 | 6 | 6 | 6 | 0.0119 | 1.0000 |
| 9 | 7 | 1 | 0 | 0.2222 | 0.2222 |
| 9 | 7 | 1 | 1 | 0.7778 | 1.0000 |
| 9 | 7 | 2 | 0 | 0.0278 | 0.0278 |
| 9 | 7 | 2 | 1 | 0.3889 | 0.4167 |
| 9 | 7 | 2 | 2 | 0.5833 | 1.0000 |
| 9 | 7 | 3 | 1 | 0.0833 | 0.0833 |
| 9 | 7 | 3 | 2 | 0.5000 | 0.5833 |
| 9 | 7 | 3 | 3 | 0.4167 | 1.0000 |
| 9 | 7 | 4 | 2 | 0.1667 | 0.1667 |
| 9 | 7 | 4 | 3 | 0.5556 | 0.7222 |
| 9 | 7 | 4 | 4 | 0.2778 | 1.0000 |
| 9 | 7 | 5 | 3 | 0.2778 | 0.2778 |
| 9 | 7 | 5 | 4 | 0.5556 | 0.8333 |
| 9 | 7 | 5 | 5 | 0.1667 | 1.0000 |
| 9 | 7 | 6 | 4 | 0.4167 | 0.4167 |
| 9 | 7 | 6 | 5 | 0.5000 | 0.9167 |
| 9 | 7 | 6 | 6 | 0.0833 | 1.0000 |
| 9 | 7 | 7 | 5 | 0.5833 | 0.5833 |
| 9 | 7 | 7 | 6 | 0.3889 | 0.9722 |
| 9 | 7 | 7 | 7 | 0.0278 | 1.0000 |
| 9 | 8 | 1 | 0 | 0.1111 | 0.1111 |
| 9 | 8 | 1 | 1 | 0.8889 | 1.0000 |
| 9 | 8 | 2 | 1 | 0.2222 | 0.2222 |
| 9 | 8 | 2 | 2 | 0.7778 | 1.0000 |
| 9 | 8 | 3 | 2 | 0.3333 | 0.3333 |
| 9 | 8 | 3 | 3 | 0.6667 | 1.0000 |
| 9 | 8 | 4 | 3 | 0.4444 | 0.4444 |
| 9 | 8 | 4 | 4 | 0.5556 | 1.0000 |
| 9 | 8 | 5 | 4 | 0.5556 | 0.5556 |
| 9 | 8 | 5 | 5 | 0.4444 | 1.0000 |
| 9 | 8 | 6 | 5 | 0.6667 | 0.6667 |
| 9 | 8 | 6 | 6 | 0.3333 | 1.0000 |
| 9 | 8 | 7 | 6 | 0.7778 | 0.7778 |
| 9 | 8 | 7 | 7 | 0.2222 | 1.0000 |
| 9 | 8 | 8 | 7 | 0.8889 | 0.8889 |
| 9 | 8 | 8 | 8 | 0.1111 | 1.0000 |
| 10 | 1 | 1 | 0 | 0.9000 | 0.9000 |
| 10 | 1 | 1 | 1 | 0.1000 | 1.0000 |
| 10 | 2 | 1 | 0 | 0.8000 | 0.8000 |
| 10 | 2 | 1 | 1 | 0.2000 | 1.0000 |
| 10 | 2 | 2 | 0 | 0.6222 | 0.6222 |
| 10 | 2 | 2 | 1 | 0.3556 | 0.9778 |
| 10 | 2 | 2 | 2 | 0.0222 | 1.0000 |
| 10 | 3 | 1 | 0 | 0.7000 | 0.7000 |
| 10 | 3 | 1 | 1 | 0.3000 | 1.0000 |
| 10 | 3 | 2 | 0 | 0.4667 | 0.4667 |

| $N$ | $n$ | $M$ | $x$ | $f_H(x)$ | $F_H(x)$ |
|---|---|---|---|---|---|
| 10 | 3 | 2 | 1 | 0.4667 | 0.9333 |
| 10 | 3 | 2 | 2 | 0.0667 | 1.0000 |
| 10 | 3 | 3 | 0 | 0.2917 | 0.2917 |
| 10 | 3 | 3 | 1 | 0.5250 | 0.8167 |
| 10 | 3 | 3 | 2 | 0.1750 | 0.9917 |
| 10 | 3 | 3 | 3 | 0.0083 | 1.0000 |
| 10 | 4 | 1 | 0 | 0.6000 | 0.6000 |
| 10 | 4 | 1 | 1 | 0.4000 | 1.0000 |
| 10 | 4 | 2 | 0 | 0.3333 | 0.3333 |
| 10 | 4 | 2 | 1 | 0.5333 | 0.8667 |
| 10 | 4 | 2 | 2 | 0.1333 | 1.0000 |
| 10 | 4 | 3 | 0 | 0.1667 | 0.1667 |
| 10 | 4 | 3 | 1 | 0.5000 | 0.6667 |
| 10 | 4 | 3 | 2 | 0.3000 | 0.9667 |
| 10 | 4 | 3 | 3 | 0.0333 | 1.0000 |
| 10 | 4 | 4 | 0 | 0.0714 | 0.0714 |
| 10 | 4 | 4 | 1 | 0.3810 | 0.4524 |
| 10 | 4 | 4 | 2 | 0.4286 | 0.8810 |
| 10 | 4 | 4 | 3 | 0.1143 | 0.9952 |
| 10 | 4 | 4 | 4 | 0.0048 | 1.0000 |
| 10 | 5 | 1 | 0 | 0.5000 | 0.5000 |
| 10 | 5 | 1 | 1 | 0.5000 | 1.0000 |
| 10 | 5 | 2 | 0 | 0.2222 | 0.2222 |
| 10 | 5 | 2 | 1 | 0.5556 | 0.7778 |
| 10 | 5 | 2 | 2 | 0.2222 | 1.0000 |
| 10 | 5 | 3 | 0 | 0.0833 | 0.0833 |
| 10 | 5 | 3 | 1 | 0.4167 | 0.5000 |
| 10 | 5 | 3 | 2 | 0.4167 | 0.9167 |
| 10 | 5 | 3 | 3 | 0.0833 | 1.0000 |
| 10 | 5 | 4 | 0 | 0.0238 | 0.0238 |
| 10 | 5 | 4 | 1 | 0.2381 | 0.2619 |
| 10 | 5 | 4 | 2 | 0.4762 | 0.7381 |
| 10 | 5 | 4 | 3 | 0.2381 | 0.9762 |
| 10 | 5 | 4 | 4 | 0.0238 | 1.0000 |
| 10 | 5 | 5 | 0 | 0.0040 | 0.0040 |
| 10 | 5 | 5 | 1 | 0.0992 | 0.1032 |
| 10 | 5 | 5 | 2 | 0.3968 | 0.5000 |
| 10 | 5 | 5 | 3 | 0.3968 | 0.8968 |
| 10 | 5 | 5 | 4 | 0.0992 | 0.9960 |
| 10 | 5 | 5 | 5 | 0.0040 | 1.0000 |
| 10 | 6 | 1 | 0 | 0.4000 | 0.4000 |
| 10 | 6 | 1 | 1 | 0.6000 | 1.0000 |
| 10 | 6 | 2 | 0 | 0.1333 | 0.1333 |
| 10 | 6 | 2 | 1 | 0.5333 | 0.6667 |
| 10 | 6 | 2 | 2 | 0.3333 | 1.0000 |
| 10 | 6 | 3 | 0 | 0.0333 | 0.0333 |
| 10 | 6 | 3 | 1 | 0.3000 | 0.3333 |
| 10 | 6 | 3 | 2 | 0.5000 | 0.8333 |
| 10 | 6 | 3 | 3 | 0.1667 | 1.0000 |
| 10 | 6 | 4 | 0 | 0.0048 | 0.0048 |

# Hypergeometrische Verteilung

## Wahrscheinlichkeits- und Verteilungsfunktion

| $N$ | $n$ | $M$ | $x$ | $f_H(x)$ | $F_H(x)$ |
|---|---|---|---|---|---|
| 10 | 6 | 4 | 1 | 0.1143 | 0.1190 |
| 10 | 6 | 4 | 2 | 0.4286 | 0.5476 |
| 10 | 6 | 4 | 3 | 0.3810 | 0.9286 |
| 10 | 6 | 4 | 4 | 0.0714 | 1.0000 |
| 10 | 6 | 5 | 1 | 0.0238 | 0.0238 |
| 10 | 6 | 5 | 2 | 0.2381 | 0.2619 |
| 10 | 6 | 5 | 3 | 0.4762 | 0.7381 |
| 10 | 6 | 5 | 4 | 0.2381 | 0.9762 |
| 10 | 6 | 5 | 5 | 0.0238 | 1.0000 |
| 10 | 6 | 6 | 2 | 0.0714 | 0.0714 |
| 10 | 6 | 6 | 3 | 0.3810 | 0.4524 |
| 10 | 6 | 6 | 4 | 0.4286 | 0.8810 |
| 10 | 6 | 6 | 5 | 0.1143 | 0.9952 |
| 10 | 6 | 6 | 6 | 0.0048 | 1.0000 |
| 10 | 7 | 1 | 0 | 0.3000 | 0.3000 |
| 10 | 7 | 1 | 1 | 0.7000 | 1.0000 |
| 10 | 7 | 2 | 0 | 0.0667 | 0.0667 |
| 10 | 7 | 2 | 1 | 0.4667 | 0.5333 |
| 10 | 7 | 2 | 2 | 0.4667 | 1.0000 |
| 10 | 7 | 3 | 0 | 0.0083 | 0.0083 |
| 10 | 7 | 3 | 1 | 0.1750 | 0.1833 |
| 10 | 7 | 3 | 2 | 0.5250 | 0.7083 |
| 10 | 7 | 3 | 3 | 0.2917 | 1.0000 |
| 10 | 7 | 4 | 1 | 0.0333 | 0.0333 |
| 10 | 7 | 4 | 2 | 0.3000 | 0.3333 |
| 10 | 7 | 4 | 3 | 0.5000 | 0.8333 |
| 10 | 7 | 4 | 4 | 0.1667 | 1.0000 |
| 10 | 7 | 5 | 2 | 0.0833 | 0.0833 |
| 10 | 7 | 5 | 3 | 0.4167 | 0.5000 |
| 10 | 7 | 5 | 4 | 0.4167 | 0.9167 |
| 10 | 7 | 5 | 5 | 0.0833 | 1.0000 |
| 10 | 7 | 6 | 3 | 0.1667 | 0.1667 |
| 10 | 7 | 6 | 4 | 0.5000 | 0.6667 |
| 10 | 7 | 6 | 5 | 0.3000 | 0.9667 |
| 10 | 7 | 6 | 6 | 0.0333 | 1.0000 |
| 10 | 7 | 7 | 4 | 0.2917 | 0.2917 |
| 10 | 7 | 7 | 5 | 0.5250 | 0.8167 |
| 10 | 7 | 7 | 6 | 0.1750 | 0.9917 |
| 10 | 7 | 7 | 7 | 0.0083 | 1.0000 |
| 10 | 8 | 1 | 0 | 0.2000 | 0.2000 |
| 10 | 8 | 1 | 1 | 0.8000 | 1.0000 |
| 10 | 8 | 2 | 0 | 0.0222 | 0.0222 |
| 10 | 8 | 2 | 1 | 0.3556 | 0.3778 |
| 10 | 8 | 2 | 2 | 0.6222 | 1.0000 |
| 10 | 8 | 3 | 1 | 0.0667 | 0.0667 |
| 10 | 8 | 3 | 2 | 0.4667 | 0.5333 |
| 10 | 8 | 3 | 3 | 0.4667 | 1.0000 |
| 10 | 8 | 4 | 2 | 0.1333 | 0.1333 |
| 10 | 8 | 4 | 3 | 0.5333 | 0.6667 |
| 10 | 8 | 4 | 4 | 0.3333 | 1.0000 |

| $N$ | $n$ | $M$ | $x$ | $f_H(x)$ | $F_H(x)$ |
|---|---|---|---|---|---|
| 10 | 8 | 5 | 3 | 0.2222 | 0.2222 |
| 10 | 8 | 5 | 4 | 0.5556 | 0.7778 |
| 10 | 8 | 5 | 5 | 0.2222 | 1.0000 |
| 10 | 8 | 6 | 4 | 0.3333 | 0.3333 |
| 10 | 8 | 6 | 5 | 0.5333 | 0.8667 |
| 10 | 8 | 6 | 6 | 0.1333 | 1.0000 |
| 10 | 8 | 7 | 5 | 0.4667 | 0.4667 |
| 10 | 8 | 7 | 6 | 0.4667 | 0.9333 |
| 10 | 8 | 7 | 7 | 0.0667 | 1.0000 |
| 10 | 8 | 8 | 6 | 0.6222 | 0.6222 |
| 10 | 8 | 8 | 7 | 0.3556 | 0.9778 |
| 10 | 8 | 8 | 8 | 0.0222 | 1.0000 |
| 10 | 9 | 1 | 0 | 0.1000 | 0.1000 |
| 10 | 9 | 1 | 1 | 0.9000 | 1.0000 |
| 10 | 9 | 2 | 1 | 0.2000 | 0.2000 |
| 10 | 9 | 2 | 2 | 0.8000 | 1.0000 |
| 10 | 9 | 3 | 2 | 0.3000 | 0.3000 |
| 10 | 9 | 3 | 3 | 0.7000 | 1.0000 |
| 10 | 9 | 4 | 3 | 0.4000 | 0.4000 |
| 10 | 9 | 4 | 4 | 0.6000 | 1.0000 |
| 10 | 9 | 5 | 4 | 0.5000 | 0.5000 |
| 10 | 9 | 5 | 5 | 0.5000 | 1.0000 |
| 10 | 9 | 6 | 5 | 0.6000 | 0.6000 |
| 10 | 9 | 6 | 6 | 0.4000 | 1.0000 |
| 10 | 9 | 7 | 6 | 0.7000 | 0.7000 |
| 10 | 9 | 7 | 7 | 0.3000 | 1.0000 |
| 10 | 9 | 8 | 7 | 0.8000 | 0.8000 |
| 10 | 9 | 8 | 8 | 0.2000 | 1.0000 |
| 10 | 9 | 9 | 8 | 0.9000 | 0.9000 |
| 10 | 9 | 9 | 9 | 0.1000 | 1.0000 |
| 11 | 1 | 1 | 0 | 0.9091 | 0.9091 |
| 11 | 1 | 1 | 1 | 0.0909 | 1.0000 |
| 11 | 2 | 1 | 0 | 0.8182 | 0.8182 |
| 11 | 2 | 1 | 1 | 0.1818 | 1.0000 |
| 11 | 2 | 2 | 0 | 0.6545 | 0.6545 |
| 11 | 2 | 2 | 1 | 0.3273 | 0.9818 |
| 11 | 2 | 2 | 2 | 0.0182 | 1.0000 |
| 11 | 3 | 1 | 0 | 0.7273 | 0.7273 |
| 11 | 3 | 1 | 1 | 0.2727 | 1.0000 |
| 11 | 3 | 2 | 0 | 0.5091 | 0.5091 |
| 11 | 3 | 2 | 1 | 0.4364 | 0.9455 |
| 11 | 3 | 2 | 2 | 0.0545 | 1.0000 |
| 11 | 3 | 3 | 0 | 0.3394 | 0.3394 |
| 11 | 3 | 3 | 1 | 0.5091 | 0.8485 |
| 11 | 3 | 3 | 2 | 0.1455 | 0.9939 |
| 11 | 3 | 3 | 3 | 0.0061 | 1.0000 |
| 11 | 4 | 1 | 0 | 0.6364 | 0.6364 |
| 11 | 4 | 1 | 1 | 0.3636 | 1.0000 |
| 11 | 4 | 2 | 0 | 0.3818 | 0.3818 |
| 11 | 4 | 2 | 1 | 0.5091 | 0.8909 |

| $N$ | $n$ | $M$ | $x$ | $f_H(x)$ | $F_H(x)$ |
|---|---|---|---|---|---|
| 11 | 4 | 2 | 2 | 0.1091 | 1.0000 |
| 11 | 4 | 3 | 0 | 0.2121 | 0.2121 |
| 11 | 4 | 3 | 1 | 0.5091 | 0.7212 |
| 11 | 4 | 3 | 2 | 0.2545 | 0.9758 |
| 11 | 4 | 3 | 3 | 0.0242 | 1.0000 |
| 11 | 4 | 4 | 0 | 0.1061 | 0.1061 |
| 11 | 4 | 4 | 1 | 0.4242 | 0.5303 |
| 11 | 4 | 4 | 2 | 0.3818 | 0.9121 |
| 11 | 4 | 4 | 3 | 0.0848 | 0.9970 |
| 11 | 4 | 4 | 4 | 0.0030 | 1.0000 |
| 11 | 5 | 1 | 0 | 0.5455 | 0.5455 |
| 11 | 5 | 1 | 1 | 0.4545 | 1.0000 |
| 11 | 5 | 2 | 0 | 0.2727 | 0.2727 |
| 11 | 5 | 2 | 1 | 0.5455 | 0.8182 |
| 11 | 5 | 2 | 2 | 0.1818 | 1.0000 |
| 11 | 5 | 3 | 0 | 0.1212 | 0.1212 |
| 11 | 5 | 3 | 1 | 0.4545 | 0.5758 |
| 11 | 5 | 3 | 2 | 0.3636 | 0.9394 |
| 11 | 5 | 3 | 3 | 0.0606 | 1.0000 |
| 11 | 5 | 4 | 0 | 0.0455 | 0.0455 |
| 11 | 5 | 4 | 1 | 0.3030 | 0.3485 |
| 11 | 5 | 4 | 2 | 0.4545 | 0.8030 |
| 11 | 5 | 4 | 3 | 0.1818 | 0.9848 |
| 11 | 5 | 4 | 4 | 0.0152 | 1.0000 |
| 11 | 5 | 5 | 0 | 0.0130 | 0.0130 |
| 11 | 5 | 5 | 1 | 0.1623 | 0.1753 |
| 11 | 5 | 5 | 2 | 0.4329 | 0.6082 |
| 11 | 5 | 5 | 3 | 0.3247 | 0.9329 |
| 11 | 5 | 5 | 4 | 0.0649 | 0.9978 |
| 11 | 5 | 5 | 5 | 0.0022 | 1.0000 |
| 11 | 6 | 1 | 0 | 0.4545 | 0.4545 |
| 11 | 6 | 1 | 1 | 0.5455 | 1.0000 |
| 11 | 6 | 2 | 0 | 0.1818 | 0.1818 |
| 11 | 6 | 2 | 1 | 0.5455 | 0.7273 |
| 11 | 6 | 2 | 2 | 0.2727 | 1.0000 |
| 11 | 6 | 3 | 0 | 0.0606 | 0.0606 |
| 11 | 6 | 3 | 1 | 0.3636 | 0.4242 |
| 11 | 6 | 3 | 2 | 0.4545 | 0.8788 |
| 11 | 6 | 3 | 3 | 0.1212 | 1.0000 |
| 11 | 6 | 4 | 0 | 0.0152 | 0.0152 |
| 11 | 6 | 4 | 1 | 0.1818 | 0.1970 |
| 11 | 6 | 4 | 2 | 0.4545 | 0.6515 |
| 11 | 6 | 4 | 3 | 0.3030 | 0.9545 |
| 11 | 6 | 4 | 4 | 0.0455 | 1.0000 |
| 11 | 6 | 5 | 0 | 0.0022 | 0.0022 |
| 11 | 6 | 5 | 1 | 0.0649 | 0.0671 |
| 11 | 6 | 5 | 2 | 0.3247 | 0.3918 |
| 11 | 6 | 5 | 3 | 0.4329 | 0.8247 |
| 11 | 6 | 5 | 4 | 0.1623 | 0.9870 |
| 11 | 6 | 5 | 5 | 0.0130 | 1.0000 |

| $N$ | $n$ | $M$ | $x$ | $f_H(x)$ | $F_H(x)$ |
|---|---|---|---|---|---|
| 11 | 6 | 6 | 1 | 0.0130 | 0.0130 |
| 11 | 6 | 6 | 2 | 0.1623 | 0.1753 |
| 11 | 6 | 6 | 3 | 0.4329 | 0.6082 |
| 11 | 6 | 6 | 4 | 0.3247 | 0.9329 |
| 11 | 6 | 6 | 5 | 0.0649 | 0.9978 |
| 11 | 6 | 6 | 6 | 0.0022 | 1.0000 |
| 11 | 7 | 1 | 0 | 0.3636 | 0.3636 |
| 11 | 7 | 1 | 1 | 0.6364 | 1.0000 |
| 11 | 7 | 2 | 0 | 0.1091 | 0.1091 |
| 11 | 7 | 2 | 1 | 0.5091 | 0.6182 |
| 11 | 7 | 2 | 2 | 0.3818 | 1.0000 |
| 11 | 7 | 3 | 0 | 0.0242 | 0.0242 |
| 11 | 7 | 3 | 1 | 0.2545 | 0.2788 |
| 11 | 7 | 3 | 2 | 0.5091 | 0.7879 |
| 11 | 7 | 3 | 3 | 0.2121 | 1.0000 |
| 11 | 7 | 4 | 0 | 0.0030 | 0.0030 |
| 11 | 7 | 4 | 1 | 0.0848 | 0.0879 |
| 11 | 7 | 4 | 2 | 0.3818 | 0.4697 |
| 11 | 7 | 4 | 3 | 0.4242 | 0.8939 |
| 11 | 7 | 4 | 4 | 0.1061 | 1.0000 |
| 11 | 7 | 5 | 1 | 0.0152 | 0.0152 |
| 11 | 7 | 5 | 2 | 0.1818 | 0.1970 |
| 11 | 7 | 5 | 3 | 0.4545 | 0.6515 |
| 11 | 7 | 5 | 4 | 0.3030 | 0.9545 |
| 11 | 7 | 5 | 5 | 0.0455 | 1.0000 |
| 11 | 7 | 6 | 2 | 0.0455 | 0.0455 |
| 11 | 7 | 6 | 3 | 0.3030 | 0.3485 |
| 11 | 7 | 6 | 4 | 0.4545 | 0.8030 |
| 11 | 7 | 6 | 5 | 0.1818 | 0.9848 |
| 11 | 7 | 6 | 6 | 0.0152 | 1.0000 |
| 11 | 7 | 7 | 3 | 0.1061 | 0.1061 |
| 11 | 7 | 7 | 4 | 0.4242 | 0.5303 |
| 11 | 7 | 7 | 5 | 0.3818 | 0.9121 |
| 11 | 7 | 7 | 6 | 0.0848 | 0.9970 |
| 11 | 7 | 7 | 7 | 0.0030 | 1.0000 |
| 11 | 8 | 1 | 0 | 0.2727 | 0.2727 |
| 11 | 8 | 1 | 1 | 0.7273 | 1.0000 |
| 11 | 8 | 2 | 0 | 0.0545 | 0.0545 |
| 11 | 8 | 2 | 1 | 0.4364 | 0.4909 |
| 11 | 8 | 2 | 2 | 0.5091 | 1.0000 |
| 11 | 8 | 3 | 0 | 0.0061 | 0.0061 |
| 11 | 8 | 3 | 1 | 0.1455 | 0.1515 |
| 11 | 8 | 3 | 2 | 0.5091 | 0.6606 |
| 11 | 8 | 3 | 3 | 0.3394 | 1.0000 |
| 11 | 8 | 4 | 1 | 0.0242 | 0.0242 |
| 11 | 8 | 4 | 2 | 0.2545 | 0.2788 |
| 11 | 8 | 4 | 3 | 0.5091 | 0.7879 |
| 11 | 8 | 4 | 4 | 0.2121 | 1.0000 |
| 11 | 8 | 5 | 2 | 0.0606 | 0.0606 |
| 11 | 8 | 5 | 3 | 0.3636 | 0.4242 |

| $N$ | $n$ | $M$ | $x$ | $f_H(x)$ | $F_H(x)$ |
|---|---|---|---|---|---|
| 11 | 8 | 5 | 4 | 0.4545 | 0.8788 |
| 11 | 8 | 5 | 5 | 0.1212 | 1.0000 |
| 11 | 8 | 6 | 3 | 0.1212 | 0.1212 |
| 11 | 8 | 6 | 4 | 0.4545 | 0.5758 |
| 11 | 8 | 6 | 5 | 0.3636 | 0.9394 |
| 11 | 8 | 6 | 6 | 0.0606 | 1.0000 |
| 11 | 8 | 7 | 4 | 0.2121 | 0.2121 |
| 11 | 8 | 7 | 5 | 0.5091 | 0.7212 |
| 11 | 8 | 7 | 6 | 0.2545 | 0.9758 |
| 11 | 8 | 7 | 7 | 0.0242 | 1.0000 |
| 11 | 8 | 8 | 5 | 0.3394 | 0.3394 |
| 11 | 8 | 8 | 6 | 0.5091 | 0.8485 |
| 11 | 8 | 8 | 7 | 0.1455 | 0.9939 |
| 11 | 8 | 8 | 8 | 0.0061 | 1.0000 |
| 11 | 9 | 1 | 0 | 0.1818 | 0.1818 |
| 11 | 9 | 1 | 1 | 0.8182 | 1.0000 |
| 11 | 9 | 2 | 0 | 0.0182 | 0.0182 |
| 11 | 9 | 2 | 1 | 0.3273 | 0.3455 |
| 11 | 9 | 2 | 2 | 0.6545 | 1.0000 |
| 11 | 9 | 3 | 1 | 0.0545 | 0.0545 |
| 11 | 9 | 3 | 2 | 0.4364 | 0.4909 |
| 11 | 9 | 3 | 3 | 0.5091 | 1.0000 |
| 11 | 9 | 4 | 2 | 0.1091 | 0.1091 |
| 11 | 9 | 4 | 3 | 0.5091 | 0.6182 |
| 11 | 9 | 4 | 4 | 0.3818 | 1.0000 |
| 11 | 9 | 5 | 3 | 0.1818 | 0.1818 |
| 11 | 9 | 5 | 4 | 0.5455 | 0.7273 |
| 11 | 9 | 5 | 5 | 0.2727 | 1.0000 |
| 11 | 9 | 6 | 4 | 0.2727 | 0.2727 |
| 11 | 9 | 6 | 5 | 0.5455 | 0.8182 |
| 11 | 9 | 6 | 6 | 0.1818 | 1.0000 |
| 11 | 9 | 7 | 5 | 0.3818 | 0.3818 |
| 11 | 9 | 7 | 6 | 0.5091 | 0.8909 |
| 11 | 9 | 7 | 7 | 0.1091 | 1.0000 |
| 11 | 9 | 8 | 6 | 0.5091 | 0.5091 |
| 11 | 9 | 8 | 7 | 0.4364 | 0.9455 |
| 11 | 9 | 8 | 8 | 0.0545 | 1.0000 |
| 11 | 9 | 9 | 7 | 0.6545 | 0.6545 |
| 11 | 9 | 9 | 8 | 0.3273 | 0.9818 |
| 11 | 9 | 9 | 9 | 0.0182 | 1.0000 |
| 11 | 10 | 1 | 0 | 0.0909 | 0.0909 |
| 11 | 10 | 1 | 1 | 0.9091 | 1.0000 |
| 11 | 10 | 2 | 1 | 0.1818 | 0.1818 |
| 11 | 10 | 2 | 2 | 0.8182 | 1.0000 |
| 11 | 10 | 3 | 2 | 0.2727 | 0.2727 |
| 11 | 10 | 3 | 3 | 0.7273 | 1.0000 |
| 11 | 10 | 4 | 3 | 0.3636 | 0.3636 |
| 11 | 10 | 4 | 4 | 0.6364 | 1.0000 |
| 11 | 10 | 5 | 4 | 0.4545 | 0.4545 |
| 11 | 10 | 5 | 5 | 0.5455 | 1.0000 |

| $N$ | $n$ | $M$ | $x$ | $f_H(x)$ | $F_H(x)$ |
|---|---|---|---|---|---|
| 11 | 10 | 6 | 5 | 0.5455 | 0.5455 |
| 11 | 10 | 6 | 6 | 0.4545 | 1.0000 |
| 11 | 10 | 7 | 6 | 0.6364 | 0.6364 |
| 11 | 10 | 7 | 7 | 0.3636 | 1.0000 |
| 11 | 10 | 8 | 7 | 0.7273 | 0.7273 |
| 11 | 10 | 8 | 8 | 0.2727 | 1.0000 |
| 11 | 10 | 9 | 8 | 0.8182 | 0.8182 |
| 11 | 10 | 9 | 9 | 0.1818 | 1.0000 |
| 11 | 10 | 10 | 9 | 0.9091 | 0.9091 |
| 11 | 10 | 10 | 10 | 0.0909 | 1.0000 |
| 12 | 1 | 1 | 0 | 0.9167 | 0.9167 |
| 12 | 1 | 1 | 1 | 0.0833 | 1.0000 |
| 12 | 2 | 1 | 0 | 0.8333 | 0.8333 |
| 12 | 2 | 1 | 1 | 0.1667 | 1.0000 |
| 12 | 2 | 2 | 0 | 0.6818 | 0.6818 |
| 12 | 2 | 2 | 1 | 0.3030 | 0.9848 |
| 12 | 2 | 2 | 2 | 0.0152 | 1.0000 |
| 12 | 3 | 1 | 0 | 0.7500 | 0.7500 |
| 12 | 3 | 1 | 1 | 0.2500 | 1.0000 |
| 12 | 3 | 2 | 0 | 0.5455 | 0.5455 |
| 12 | 3 | 2 | 1 | 0.4091 | 0.9545 |
| 12 | 3 | 2 | 2 | 0.0455 | 1.0000 |
| 12 | 3 | 3 | 0 | 0.3818 | 0.3818 |
| 12 | 3 | 3 | 1 | 0.4909 | 0.8727 |
| 12 | 3 | 3 | 2 | 0.1227 | 0.9955 |
| 12 | 3 | 3 | 3 | 0.0045 | 1.0000 |
| 12 | 4 | 1 | 0 | 0.6667 | 0.6667 |
| 12 | 4 | 1 | 1 | 0.3333 | 1.0000 |
| 12 | 4 | 2 | 0 | 0.4242 | 0.4242 |
| 12 | 4 | 2 | 1 | 0.4848 | 0.9091 |
| 12 | 4 | 2 | 2 | 0.0909 | 1.0000 |
| 12 | 4 | 3 | 0 | 0.2545 | 0.2545 |
| 12 | 4 | 3 | 1 | 0.5091 | 0.7636 |
| 12 | 4 | 3 | 2 | 0.2182 | 0.9818 |
| 12 | 4 | 3 | 3 | 0.0182 | 1.0000 |
| 12 | 4 | 4 | 0 | 0.1414 | 0.1414 |
| 12 | 4 | 4 | 1 | 0.4525 | 0.5939 |
| 12 | 4 | 4 | 2 | 0.3394 | 0.9333 |
| 12 | 4 | 4 | 3 | 0.0646 | 0.9980 |
| 12 | 4 | 4 | 4 | 0.0020 | 1.0000 |
| 12 | 5 | 1 | 0 | 0.5833 | 0.5833 |
| 12 | 5 | 1 | 1 | 0.4167 | 1.0000 |
| 12 | 5 | 2 | 0 | 0.3182 | 0.3182 |
| 12 | 5 | 2 | 1 | 0.5303 | 0.8485 |
| 12 | 5 | 2 | 2 | 0.1515 | 1.0000 |
| 12 | 5 | 3 | 0 | 0.1591 | 0.1591 |
| 12 | 5 | 3 | 1 | 0.4773 | 0.6364 |
| 12 | 5 | 3 | 2 | 0.3182 | 0.9545 |
| 12 | 5 | 3 | 3 | 0.0455 | 1.0000 |
| 12 | 5 | 4 | 0 | 0.0707 | 0.0707 |

| $N$ | $n$ | $M$ | $x$ | $f_H(x)$ | $F_H(x)$ |
|---|---|---|---|---|---|
| 12 | 5 | 4 | 1 | 0.3535 | 0.4242 |
| 12 | 5 | 4 | 2 | 0.4242 | 0.8485 |
| 12 | 5 | 4 | 3 | 0.1414 | 0.9899 |
| 12 | 5 | 4 | 4 | 0.0101 | 1.0000 |
| 12 | 5 | 5 | 0 | 0.0265 | 0.0265 |
| 12 | 5 | 5 | 1 | 0.2210 | 0.2475 |
| 12 | 5 | 5 | 2 | 0.4419 | 0.6894 |
| 12 | 5 | 5 | 3 | 0.2652 | 0.9545 |
| 12 | 5 | 5 | 4 | 0.0442 | 0.9987 |
| 12 | 5 | 5 | 5 | 0.0013 | 1.0000 |
| 12 | 6 | 1 | 0 | 0.5000 | 0.5000 |
| 12 | 6 | 1 | 1 | 0.5000 | 1.0000 |
| 12 | 6 | 2 | 0 | 0.2273 | 0.2273 |
| 12 | 6 | 2 | 1 | 0.5455 | 0.7727 |
| 12 | 6 | 2 | 2 | 0.2273 | 1.0000 |
| 12 | 6 | 3 | 0 | 0.0909 | 0.0909 |
| 12 | 6 | 3 | 1 | 0.4091 | 0.5000 |
| 12 | 6 | 3 | 2 | 0.4091 | 0.9091 |
| 12 | 6 | 3 | 3 | 0.0909 | 1.0000 |
| 12 | 6 | 4 | 0 | 0.0303 | 0.0303 |
| 12 | 6 | 4 | 1 | 0.2424 | 0.2727 |
| 12 | 6 | 4 | 2 | 0.4545 | 0.7273 |
| 12 | 6 | 4 | 3 | 0.2424 | 0.9697 |
| 12 | 6 | 4 | 4 | 0.0303 | 1.0000 |
| 12 | 6 | 5 | 0 | 0.0076 | 0.0076 |
| 12 | 6 | 5 | 1 | 0.1136 | 0.1212 |
| 12 | 6 | 5 | 2 | 0.3788 | 0.5000 |
| 12 | 6 | 5 | 3 | 0.3788 | 0.8788 |
| 12 | 6 | 5 | 4 | 0.1136 | 0.9924 |
| 12 | 6 | 5 | 5 | 0.0076 | 1.0000 |
| 12 | 6 | 6 | 0 | 0.0011 | 0.0011 |
| 12 | 6 | 6 | 1 | 0.0390 | 0.0400 |
| 12 | 6 | 6 | 2 | 0.2435 | 0.2835 |
| 12 | 6 | 6 | 3 | 0.4329 | 0.7165 |
| 12 | 6 | 6 | 4 | 0.2435 | 0.9600 |
| 12 | 6 | 6 | 5 | 0.0390 | 0.9989 |
| 12 | 6 | 6 | 6 | 0.0011 | 1.0000 |
| 12 | 7 | 1 | 0 | 0.4167 | 0.4167 |
| 12 | 7 | 1 | 1 | 0.5833 | 1.0000 |
| 12 | 7 | 2 | 0 | 0.1515 | 0.1515 |
| 12 | 7 | 2 | 1 | 0.5303 | 0.6818 |
| 12 | 7 | 2 | 2 | 0.3182 | 1.0000 |
| 12 | 7 | 3 | 0 | 0.0455 | 0.0455 |
| 12 | 7 | 3 | 1 | 0.3182 | 0.3636 |
| 12 | 7 | 3 | 2 | 0.4773 | 0.8409 |
| 12 | 7 | 3 | 3 | 0.1591 | 1.0000 |
| 12 | 7 | 4 | 0 | 0.0101 | 0.0101 |
| 12 | 7 | 4 | 1 | 0.1414 | 0.1515 |
| 12 | 7 | 4 | 2 | 0.4242 | 0.5758 |
| 12 | 7 | 4 | 3 | 0.3535 | 0.9293 |

| $N$ | $n$ | $M$ | $x$ | $f_H(x)$ | $F_H(x)$ |
|---|---|---|---|---|---|
| 12 | 7 | 4 | 4 | 0.0707 | 1.0000 |
| 12 | 7 | 5 | 0 | 0.0013 | 0.0013 |
| 12 | 7 | 5 | 1 | 0.0442 | 0.0455 |
| 12 | 7 | 5 | 2 | 0.2652 | 0.3106 |
| 12 | 7 | 5 | 3 | 0.4419 | 0.7525 |
| 12 | 7 | 5 | 4 | 0.2210 | 0.9735 |
| 12 | 7 | 5 | 5 | 0.0265 | 1.0000 |
| 12 | 7 | 6 | 1 | 0.0076 | 0.0076 |
| 12 | 7 | 6 | 2 | 0.1136 | 0.1212 |
| 12 | 7 | 6 | 3 | 0.3788 | 0.5000 |
| 12 | 7 | 6 | 4 | 0.3788 | 0.8788 |
| 12 | 7 | 6 | 5 | 0.1136 | 0.9924 |
| 12 | 7 | 6 | 6 | 0.0076 | 1.0000 |
| 12 | 7 | 7 | 2 | 0.0265 | 0.0265 |
| 12 | 7 | 7 | 3 | 0.2210 | 0.2475 |
| 12 | 7 | 7 | 4 | 0.4419 | 0.6894 |
| 12 | 7 | 7 | 5 | 0.2652 | 0.9545 |
| 12 | 7 | 7 | 6 | 0.0442 | 0.9987 |
| 12 | 7 | 7 | 7 | 0.0013 | 1.0000 |
| 12 | 8 | 1 | 0 | 0.3333 | 0.3333 |
| 12 | 8 | 1 | 1 | 0.6667 | 1.0000 |
| 12 | 8 | 2 | 0 | 0.0909 | 0.0909 |
| 12 | 8 | 2 | 1 | 0.4848 | 0.5758 |
| 12 | 8 | 2 | 2 | 0.4242 | 1.0000 |
| 12 | 8 | 3 | 0 | 0.0182 | 0.0182 |
| 12 | 8 | 3 | 1 | 0.2182 | 0.2364 |
| 12 | 8 | 3 | 2 | 0.5091 | 0.7455 |
| 12 | 8 | 3 | 3 | 0.2545 | 1.0000 |
| 12 | 8 | 4 | 0 | 0.0020 | 0.0020 |
| 12 | 8 | 4 | 1 | 0.0646 | 0.0667 |
| 12 | 8 | 4 | 2 | 0.3394 | 0.4061 |
| 12 | 8 | 4 | 3 | 0.4525 | 0.8586 |
| 12 | 8 | 4 | 4 | 0.1414 | 1.0000 |
| 12 | 8 | 5 | 1 | 0.0101 | 0.0101 |
| 12 | 8 | 5 | 2 | 0.1414 | 0.1515 |
| 12 | 8 | 5 | 3 | 0.4242 | 0.5758 |
| 12 | 8 | 5 | 4 | 0.3535 | 0.9293 |
| 12 | 8 | 5 | 5 | 0.0707 | 1.0000 |
| 12 | 8 | 6 | 2 | 0.0303 | 0.0303 |
| 12 | 8 | 6 | 3 | 0.2424 | 0.2727 |
| 12 | 8 | 6 | 4 | 0.4545 | 0.7273 |
| 12 | 8 | 6 | 5 | 0.2424 | 0.9697 |
| 12 | 8 | 6 | 6 | 0.0303 | 1.0000 |
| 12 | 8 | 7 | 3 | 0.0707 | 0.0707 |
| 12 | 8 | 7 | 4 | 0.3535 | 0.4242 |
| 12 | 8 | 7 | 5 | 0.4242 | 0.8485 |
| 12 | 8 | 7 | 6 | 0.1414 | 0.9899 |
| 12 | 8 | 7 | 7 | 0.0101 | 1.0000 |
| 12 | 8 | 8 | 4 | 0.1414 | 0.1414 |
| 12 | 8 | 8 | 5 | 0.4525 | 0.5939 |

| $N$ | $n$ | $M$ | $x$ | $f_H(x)$ | $F_H(x)$ |
|---|---|---|---|---|---|
| 12 | 8 | 8 | 6 | 0.3394 | 0.9333 |
| 12 | 8 | 8 | 7 | 0.0646 | 0.9980 |
| 12 | 8 | 8 | 8 | 0.0020 | 1.0000 |
| 12 | 9 | 1 | 0 | 0.2500 | 0.2500 |
| 12 | 9 | 1 | 1 | 0.7500 | 1.0000 |
| 12 | 9 | 2 | 0 | 0.0455 | 0.0455 |
| 12 | 9 | 2 | 1 | 0.4091 | 0.4545 |
| 12 | 9 | 2 | 2 | 0.5455 | 1.0000 |
| 12 | 9 | 3 | 0 | 0.0045 | 0.0045 |
| 12 | 9 | 3 | 1 | 0.1227 | 0.1273 |
| 12 | 9 | 3 | 2 | 0.4909 | 0.6182 |
| 12 | 9 | 3 | 3 | 0.3818 | 1.0000 |
| 12 | 9 | 4 | 1 | 0.0182 | 0.0182 |
| 12 | 9 | 4 | 2 | 0.2182 | 0.2364 |
| 12 | 9 | 4 | 3 | 0.5091 | 0.7455 |
| 12 | 9 | 4 | 4 | 0.2545 | 1.0000 |
| 12 | 9 | 5 | 2 | 0.0455 | 0.0455 |
| 12 | 9 | 5 | 3 | 0.3182 | 0.3636 |
| 12 | 9 | 5 | 4 | 0.4773 | 0.8409 |
| 12 | 9 | 5 | 5 | 0.1591 | 1.0000 |
| 12 | 9 | 6 | 3 | 0.0909 | 0.0909 |
| 12 | 9 | 6 | 4 | 0.4091 | 0.5000 |
| 12 | 9 | 6 | 5 | 0.4091 | 0.9091 |
| 12 | 9 | 6 | 6 | 0.0909 | 1.0000 |
| 12 | 9 | 7 | 4 | 0.1591 | 0.1591 |
| 12 | 9 | 7 | 5 | 0.4773 | 0.6364 |
| 12 | 9 | 7 | 6 | 0.3182 | 0.9545 |
| 12 | 9 | 7 | 7 | 0.0455 | 1.0000 |
| 12 | 9 | 8 | 5 | 0.2545 | 0.2545 |
| 12 | 9 | 8 | 6 | 0.5091 | 0.7636 |
| 12 | 9 | 8 | 7 | 0.2182 | 0.9818 |
| 12 | 9 | 8 | 8 | 0.0182 | 1.0000 |
| 12 | 9 | 9 | 6 | 0.3818 | 0.3818 |
| 12 | 9 | 9 | 7 | 0.4909 | 0.8727 |
| 12 | 9 | 9 | 8 | 0.1227 | 0.9955 |
| 12 | 9 | 9 | 9 | 0.0045 | 1.0000 |
| 12 | 10 | 1 | 0 | 0.1667 | 0.1667 |
| 12 | 10 | 1 | 1 | 0.8333 | 1.0000 |
| 12 | 10 | 2 | 0 | 0.0152 | 0.0152 |
| 12 | 10 | 2 | 1 | 0.3030 | 0.3182 |
| 12 | 10 | 2 | 2 | 0.6818 | 1.0000 |
| 12 | 10 | 3 | 1 | 0.0455 | 0.0455 |
| 12 | 10 | 3 | 2 | 0.4091 | 0.4545 |
| 12 | 10 | 3 | 3 | 0.5455 | 1.0000 |
| 12 | 10 | 4 | 2 | 0.0909 | 0.0909 |
| 12 | 10 | 4 | 3 | 0.4848 | 0.5758 |
| 12 | 10 | 4 | 4 | 0.4242 | 1.0000 |
| 12 | 10 | 5 | 3 | 0.1515 | 0.1515 |
| 12 | 10 | 5 | 4 | 0.5303 | 0.6818 |
| 12 | 10 | 5 | 5 | 0.3182 | 1.0000 |

| $N$ | $n$ | $M$ | $x$ | $f_H(x)$ | $F_H(x)$ |
|---|---|---|---|---|---|
| 12 | 10 | 6 | 4 | 0.2273 | 0.2273 |
| 12 | 10 | 6 | 5 | 0.5455 | 0.7727 |
| 12 | 10 | 6 | 6 | 0.2273 | 1.0000 |
| 12 | 10 | 7 | 5 | 0.3182 | 0.3182 |
| 12 | 10 | 7 | 6 | 0.5303 | 0.8485 |
| 12 | 10 | 7 | 7 | 0.1515 | 1.0000 |
| 12 | 10 | 8 | 6 | 0.4242 | 0.4242 |
| 12 | 10 | 8 | 7 | 0.4848 | 0.9091 |
| 12 | 10 | 8 | 8 | 0.0909 | 1.0000 |
| 12 | 10 | 9 | 7 | 0.5455 | 0.5455 |
| 12 | 10 | 9 | 8 | 0.4091 | 0.9545 |
| 12 | 10 | 9 | 9 | 0.0455 | 1.0000 |
| 12 | 10 | 10 | 8 | 0.6818 | 0.6818 |
| 12 | 10 | 10 | 9 | 0.3030 | 0.9848 |
| 12 | 10 | 10 | 10 | 0.0152 | 1.0000 |
| 12 | 11 | 1 | 0 | 0.0833 | 0.0833 |
| 12 | 11 | 1 | 1 | 0.9167 | 1.0000 |
| 12 | 11 | 2 | 1 | 0.1667 | 0.1667 |
| 12 | 11 | 2 | 2 | 0.8333 | 1.0000 |
| 12 | 11 | 3 | 2 | 0.2500 | 0.2500 |
| 12 | 11 | 3 | 3 | 0.7500 | 1.0000 |
| 12 | 11 | 4 | 3 | 0.3333 | 0.3333 |
| 12 | 11 | 4 | 4 | 0.6667 | 1.0000 |
| 12 | 11 | 5 | 4 | 0.4167 | 0.4167 |
| 12 | 11 | 5 | 5 | 0.5833 | 1.0000 |
| 12 | 11 | 6 | 5 | 0.5000 | 0.5000 |
| 12 | 11 | 6 | 6 | 0.5000 | 1.0000 |
| 12 | 11 | 7 | 6 | 0.5833 | 0.5833 |
| 12 | 11 | 7 | 7 | 0.4167 | 1.0000 |
| 12 | 11 | 8 | 7 | 0.6667 | 0.6667 |
| 12 | 11 | 8 | 8 | 0.3333 | 1.0000 |
| 12 | 11 | 9 | 8 | 0.7500 | 0.7500 |
| 12 | 11 | 9 | 9 | 0.2500 | 1.0000 |
| 12 | 11 | 10 | 9 | 0.8333 | 0.8333 |
| 12 | 11 | 10 | 10 | 0.1667 | 1.0000 |
| 12 | 11 | 11 | 10 | 0.9167 | 0.9167 |
| 12 | 11 | 11 | 11 | 0.0833 | 1.0000 |

$$f_P(x/\mu) = \begin{cases} \dfrac{\mu^x e^{-\mu}}{x!} & \text{für } x = 0, 1, \ldots \quad (\mu > 0; e = 2.71828\ldots) \\ 0 & \text{sonst} \end{cases}$$

| $x$ | $\mu$ | | | | | | | | |
|---|---|---|---|---|---|---|---|---|---|
| | 0.005 | 0.010 | 0.020 | 0.030 | 0.040 | 0.050 | 0.060 | 0.070 | 0.080 |
| 0 | 0.9950 | 0.9900 | 0.9802 | 0.9704 | 0.9608 | 0.9512 | 0.9418 | 0.9324 | 0.9231 |
| 1 | 0.0050 | 0.0099 | 0.0196 | 0.0291 | 0.0384 | 0.0476 | 0.0565 | 0.0653 | 0.0738 |
| 2 | 0.0000 | 0.0000 | 0.0002 | 0.0004 | 0.0008 | 0.0012 | 0.0017 | 0.0023 | 0.0030 |
| 3 | 0.0000 | 0.0000 | 0.0000 | 0.0000 | 0.0000 | 0.0000 | 0.0000 | 0.0001 | 0.0001 |

| $x$ | $\mu$ | | | | | | | | |
|---|---|---|---|---|---|---|---|---|---|
| | 0.090 | 0.100 | 0.150 | 0.200 | 0.300 | 0.400 | 0.500 | 0.600 | 0.700 |
| 0 | 0.9139 | 0.9048 | 0.8607 | 0.8187 | 0.7408 | 0.6703 | 0.6065 | 0.5488 | 0.4966 |
| 1 | 0.0823 | 0.0905 | 0.1291 | 0.1637 | 0.2222 | 0.2681 | 0.3033 | 0.3293 | 0.3476 |
| 2 | 0.0037 | 0.0045 | 0.0097 | 0.0164 | 0.0333 | 0.0536 | 0.0758 | 0.0988 | 0.1217 |
| 3 | 0.0001 | 0.0002 | 0.0005 | 0.0011 | 0.0033 | 0.0072 | 0.0126 | 0.0198 | 0.0284 |
| 4 | 0.0000 | 0.0000 | 0.0000 | 0.0001 | 0.0003 | 0.0007 | 0.0016 | 0.0030 | 0.0050 |
| 5 | 0.0000 | 0.0000 | 0.0000 | 0.0000 | 0.0000 | 0.0001 | 0.0002 | 0.0004 | 0.0007 |
| 6 | 0.0000 | 0.0000 | 0.0000 | 0.0000 | 0.0000 | 0.0000 | 0.0000 | 0.0000 | 0.0001 |

| $x$ | $\mu$ | | | | | | | | |
|---|---|---|---|---|---|---|---|---|---|
| | 0.800 | 0.900 | 1.000 | 1.100 | 1.200 | 1.300 | 1.400 | 1.500 | 1.600 |
| 0 | 0.4493 | 0.4066 | 0.3679 | 0.3329 | 0.3012 | 0.2725 | 0.2466 | 0.2231 | 0.2019 |
| 1 | 0.3595 | 0.3659 | 0.3679 | 0.3662 | 0.3614 | 0.3543 | 0.3452 | 0.3347 | 0.3230 |
| 2 | 0.1438 | 0.1647 | 0.1839 | 0.2014 | 0.2169 | 0.2303 | 0.2417 | 0.2510 | 0.2584 |
| 3 | 0.0383 | 0.0494 | 0.0613 | 0.0738 | 0.0867 | 0.0998 | 0.1128 | 0.1255 | 0.1378 |
| 4 | 0.0077 | 0.0111 | 0.0153 | 0.0203 | 0.0260 | 0.0324 | 0.0395 | 0.0471 | 0.0551 |
| 5 | 0.0012 | 0.0020 | 0.0031 | 0.0045 | 0.0062 | 0.0084 | 0.0111 | 0.0141 | 0.0176 |
| 6 | 0.0002 | 0.0003 | 0.0005 | 0.0008 | 0.0012 | 0.0018 | 0.0026 | 0.0035 | 0.0047 |
| 7 | 0.0000 | 0.0000 | 0.0001 | 0.0001 | 0.0002 | 0.0003 | 0.0005 | 0.0008 | 0.0011 |
| 8 | 0.0000 | 0.0000 | 0.0000 | 0.0000 | 0.0000 | 0.0001 | 0.0001 | 0.0001 | 0.0002 |

| $x$ | $\mu$ | | | | | | | | |
|---|---|---|---|---|---|---|---|---|---|
| | 1.700 | 1.800 | 1.900 | 2.000 | 2.100 | 2.200 | 2.300 | 2.400 | 2.500 |
| 0 | 0.1827 | 0.1653 | 0.1496 | 0.1353 | 0.1225 | 0.1108 | 0.1003 | 0.0907 | 0.0821 |
| 1 | 0.3106 | 0.2975 | 0.2842 | 0.2707 | 0.2572 | 0.2438 | 0.2306 | 0.2177 | 0.2052 |
| 2 | 0.2640 | 0.2678 | 0.2700 | 0.2707 | 0.2700 | 0.2681 | 0.2652 | 0.2613 | 0.2565 |
| 3 | 0.1496 | 0.1607 | 0.1710 | 0.1804 | 0.1890 | 0.1966 | 0.2033 | 0.2090 | 0.2138 |
| 4 | 0.0636 | 0.0723 | 0.0812 | 0.0902 | 0.0992 | 0.1082 | 0.1169 | 0.1254 | 0.1336 |
| 5 | 0.0216 | 0.0260 | 0.0309 | 0.0361 | 0.0417 | 0.0476 | 0.0538 | 0.0602 | 0.0668 |
| 6 | 0.0061 | 0.0078 | 0.0098 | 0.0120 | 0.0146 | 0.0174 | 0.0206 | 0.0241 | 0.0278 |
| 7 | 0.0015 | 0.0020 | 0.0027 | 0.0034 | 0.0044 | 0.0055 | 0.0068 | 0.0083 | 0.0099 |
| 8 | 0.0003 | 0.0005 | 0.0006 | 0.0009 | 0.0011 | 0.0015 | 0.0019 | 0.0025 | 0.0031 |
| 9 | 0.0001 | 0.0001 | 0.0001 | 0.0002 | 0.0003 | 0.0004 | 0.0005 | 0.0007 | 0.0009 |
| 10 | 0.0000 | 0.0000 | 0.0000 | 0.0000 | 0.0001 | 0.0001 | 0.0001 | 0.0002 | 0.0002 |
| 11 | 0.0000 | 0.0000 | 0.0000 | 0.0000 | 0.0000 | 0.0000 | 0.0000 | 0.0000 | 0.0000 |

# Poissonverteilung

## Wahrscheinlichkeitsfunktion

| $x$ | $\mu$ | | | | | | | | |
|---|---|---|---|---|---|---|---|---|---|
| | 2.600 | 2.700 | 2.800 | 2.900 | 3.000 | 3.100 | 3.200 | 3.300 | 3.400 |
| 0 | 0.0743 | 0.0672 | 0.0608 | 0.0550 | 0.0498 | 0.0450 | 0.0408 | 0.0369 | 0.0334 |
| 1 | 0.1931 | 0.1815 | 0.1703 | 0.1596 | 0.1494 | 0.1397 | 0.1304 | 0.1217 | 0.1135 |
| 2 | 0.2510 | 0.2450 | 0.2384 | 0.2314 | 0.2240 | 0.2165 | 0.2087 | 0.2008 | 0.1929 |
| 3 | 0.2176 | 0.2205 | 0.2225 | 0.2237 | 0.2240 | 0.2237 | 0.2226 | 0.2209 | 0.2186 |
| 4 | 0.1414 | 0.1488 | 0.1557 | 0.1622 | 0.1680 | 0.1733 | 0.1781 | 0.1823 | 0.1858 |
| 5 | 0.0735 | 0.0804 | 0.0872 | 0.0940 | 0.1008 | 0.1075 | 0.1140 | 0.1203 | 0.1264 |
| 6 | 0.0319 | 0.0362 | 0.0407 | 0.0455 | 0.0504 | 0.0555 | 0.0608 | 0.0662 | 0.0716 |
| 7 | 0.0118 | 0.0139 | 0.0163 | 0.0188 | 0.0216 | 0.0246 | 0.0278 | 0.0312 | 0.0348 |
| 8 | 0.0038 | 0.0047 | 0.0057 | 0.0068 | 0.0081 | 0.0095 | 0.0111 | 0.0129 | 0.0148 |
| 9 | 0.0011 | 0.0014 | 0.0018 | 0.0022 | 0.0027 | 0.0033 | 0.0040 | 0.0047 | 0.0056 |
| 10 | 0.0003 | 0.0004 | 0.0005 | 0.0006 | 0.0008 | 0.0010 | 0.0013 | 0.0016 | 0.0019 |
| 11 | 0.0001 | 0.0001 | 0.0001 | 0.0002 | 0.0002 | 0.0003 | 0.0004 | 0.0005 | 0.0006 |
| 12 | 0.0000 | 0.0000 | 0.0000 | 0.0000 | 0.0001 | 0.0001 | 0.0001 | 0.0001 | 0.0002 |
| 13 | 0.0000 | 0.0000 | 0.0000 | 0.0000 | 0.0000 | 0.0000 | 0.0000 | 0.0000 | 0.0000 |

| $x$ | $\mu$ | | | | | | | | |
|---|---|---|---|---|---|---|---|---|---|
| | 3.500 | 3.600 | 3.700 | 3.800 | 3.900 | 4.000 | 4.500 | 5.000 | 5.500 |
| 0 | 0.0302 | 0.0273 | 0.0247 | 0.0224 | 0.0202 | 0.0183 | 0.0111 | 0.0067 | 0.0041 |
| 1 | 0.1057 | 0.0984 | 0.0915 | 0.0850 | 0.0789 | 0.0733 | 0.0500 | 0.0337 | 0.0225 |
| 2 | 0.1850 | 0.1771 | 0.1692 | 0.1615 | 0.1539 | 0.1465 | 0.1125 | 0.0842 | 0.0618 |
| 3 | 0.2158 | 0.2125 | 0.2087 | 0.2046 | 0.2001 | 0.1954 | 0.1687 | 0.1404 | 0.1133 |
| 4 | 0.1888 | 0.1912 | 0.1931 | 0.1944 | 0.1951 | 0.1954 | 0.1898 | 0.1755 | 0.1558 |
| 5 | 0.1322 | 0.1377 | 0.1429 | 0.1477 | 0.1522 | 0.1563 | 0.1708 | 0.1755 | 0.1714 |
| 6 | 0.0771 | 0.0826 | 0.0881 | 0.0936 | 0.0989 | 0.1042 | 0.1281 | 0.1462 | 0.1571 |
| 7 | 0.0385 | 0.0425 | 0.0466 | 0.0508 | 0.0551 | 0.0595 | 0.0824 | 0.1044 | 0.1234 |
| 8 | 0.0169 | 0.0191 | 0.0215 | 0.0241 | 0.0269 | 0.0298 | 0.0463 | 0.0653 | 0.0849 |
| 9 | 0.0066 | 0.0076 | 0.0089 | 0.0102 | 0.0116 | 0.0132 | 0.0232 | 0.0363 | 0.0519 |
| 10 | 0.0023 | 0.0028 | 0.0033 | 0.0039 | 0.0045 | 0.0053 | 0.0104 | 0.0181 | 0.0285 |
| 11 | 0.0007 | 0.0009 | 0.0011 | 0.0013 | 0.0016 | 0.0019 | 0.0043 | 0.0082 | 0.0143 |
| 12 | 0.0002 | 0.0003 | 0.0003 | 0.0004 | 0.0005 | 0.0006 | 0.0016 | 0.0034 | 0.0065 |
| 13 | 0.0001 | 0.0001 | 0.0001 | 0.0001 | 0.0002 | 0.0002 | 0.0006 | 0.0013 | 0.0028 |
| 14 | 0.0000 | 0.0000 | 0.0000 | 0.0000 | 0.0000 | 0.0001 | 0.0002 | 0.0005 | 0.0011 |
| 15 | 0.0000 | 0.0000 | 0.0000 | 0.0000 | 0.0000 | 0.0000 | 0.0001 | 0.0002 | 0.0004 |
| 16 | 0.0000 | 0.0000 | 0.0000 | 0.0000 | 0.0000 | 0.0000 | 0.0000 | 0.0000 | 0.0001 |
| 17 | 0.0000 | 0.0000 | 0.0000 | 0.0000 | 0.0000 | 0.0000 | 0.0000 | 0.0000 | 0.0000 |

| $x$ | $\mu$ | | | | | | | | |
|---|---|---|---|---|---|---|---|---|---|
| | 6.000 | 6.500 | 7.000 | 7.500 | 8.000 | 8.500 | 9.000 | 9.500 | 10.000 |
| 0 | 0.0025 | 0.0015 | 0.0009 | 0.0006 | 0.0003 | 0.0002 | 0.0001 | 0.0001 | 0.0000 |
| 1 | 0.0149 | 0.0098 | 0.0064 | 0.0041 | 0.0027 | 0.0017 | 0.0011 | 0.0007 | 0.0005 |
| 2 | 0.0446 | 0.0318 | 0.0223 | 0.0156 | 0.0107 | 0.0074 | 0.0050 | 0.0034 | 0.0023 |
| 3 | 0.0892 | 0.0688 | 0.0521 | 0.0389 | 0.0286 | 0.0208 | 0.0150 | 0.0107 | 0.0076 |
| 4 | 0.1339 | 0.1118 | 0.0912 | 0.0729 | 0.0573 | 0.0443 | 0.0337 | 0.0254 | 0.0189 |
| 5 | 0.1606 | 0.1454 | 0.1277 | 0.1094 | 0.0916 | 0.0752 | 0.0607 | 0.0483 | 0.0378 |
| 6 | 0.1606 | 0.1575 | 0.1490 | 0.1367 | 0.1221 | 0.1066 | 0.0911 | 0.0764 | 0.0631 |
| 7 | 0.1377 | 0.1462 | 0.1490 | 0.1465 | 0.1396 | 0.1294 | 0.1171 | 0.1037 | 0.0901 |
| 8 | 0.1033 | 0.1188 | 0.1304 | 0.1373 | 0.1396 | 0.1375 | 0.1318 | 0.1232 | 0.1126 |
| 9 | 0.0688 | 0.0858 | 0.1014 | 0.1144 | 0.1241 | 0.1299 | 0.1318 | 0.1300 | 0.1251 |
| 10 | 0.0413 | 0.0558 | 0.0710 | 0.0858 | 0.0993 | 0.1104 | 0.1186 | 0.1235 | 0.1251 |
| 11 | 0.0225 | 0.0330 | 0.0452 | 0.0585 | 0.0722 | 0.0853 | 0.0970 | 0.1067 | 0.1137 |
| 12 | 0.0113 | 0.0179 | 0.0263 | 0.0366 | 0.0481 | 0.0604 | 0.0728 | 0.0844 | 0.0948 |
| 13 | 0.0052 | 0.0089 | 0.0142 | 0.0211 | 0.0296 | 0.0395 | 0.0504 | 0.0617 | 0.0729 |
| 14 | 0.0022 | 0.0041 | 0.0071 | 0.0113 | 0.0169 | 0.0240 | 0.0324 | 0.0419 | 0.0521 |
| 15 | 0.0009 | 0.0018 | 0.0033 | 0.0057 | 0.0090 | 0.0136 | 0.0194 | 0.0265 | 0.0347 |
| 16 | 0.0003 | 0.0007 | 0.0014 | 0.0026 | 0.0045 | 0.0072 | 0.0109 | 0.0157 | 0.0217 |
| 17 | 0.0001 | 0.0003 | 0.0006 | 0.0012 | 0.0021 | 0.0036 | 0.0058 | 0.0088 | 0.0128 |
| 18 | 0.0000 | 0.0001 | 0.0002 | 0.0005 | 0.0009 | 0.0017 | 0.0029 | 0.0046 | 0.0071 |
| 19 | 0.0000 | 0.0000 | 0.0001 | 0.0002 | 0.0004 | 0.0008 | 0.0014 | 0.0023 | 0.0037 |
| 20 | 0.0000 | 0.0000 | 0.0000 | 0.0001 | 0.0002 | 0.0003 | 0.0006 | 0.0011 | 0.0019 |
| 21 | 0.0000 | 0.0000 | 0.0000 | 0.0000 | 0.0001 | 0.0001 | 0.0003 | 0.0005 | 0.0009 |
| 22 | 0.0000 | 0.0000 | 0.0000 | 0.0000 | 0.0000 | 0.0001 | 0.0001 | 0.0002 | 0.0004 |
| 23 | 0.0000 | 0.0000 | 0.0000 | 0.0000 | 0.0000 | 0.0000 | 0.0000 | 0.0001 | 0.0002 |
| 24 | 0.0000 | 0.0000 | 0.0000 | 0.0000 | 0.0000 | 0.0000 | 0.0000 | 0.0000 | 0.0001 |

# Poissonverteilung

## Verteilungsfunktion

$$F_P(x/\mu) = \sum_{\nu=0}^{x} \frac{\mu^\nu e^{-\mu}}{\nu!} \quad (e = 2.71828...)$$

| $x$ | $\mu$ | | | | | | | | |
|---|---|---|---|---|---|---|---|---|---|
| | 0.005 | 0.010 | 0.020 | 0.030 | 0.040 | 0.050 | 0.060 | 0.070 | 0.080 |
| 0 | 0.9950 | 0.9900 | 0.9802 | 0.9704 | 0.9608 | 0.9512 | 0.9418 | 0.9324 | 0.9231 |
| 1 | 1.0000 | 1.0000 | 0.9998 | 0.9996 | 0.9992 | 0.9988 | 0.9983 | 0.9977 | 0.9970 |
| 2 | 1.0000 | 1.0000 | 1.0000 | 1.0000 | 1.0000 | 1.0000 | 1.0000 | 0.9999 | 0.9999 |
| 3 | 1.0000 | 1.0000 | 1.0000 | 1.0000 | 1.0000 | 1.0000 | 1.0000 | 1.0000 | 1.0000 |

| $x$ | $\mu$ | | | | | | | | |
|---|---|---|---|---|---|---|---|---|---|
| | 0.090 | 0.100 | 0.150 | 0.200 | 0.300 | 0.400 | 0.500 | 0.600 | 0.700 |
| 0 | 0.9139 | 0.9048 | 0.8607 | 0.8187 | 0.7408 | 0.6703 | 0.6065 | 0.5488 | 0.4966 |
| 1 | 0.9962 | 0.9953 | 0.9898 | 0.9825 | 0.9631 | 0.9384 | 0.9098 | 0.8781 | 0.8442 |
| 2 | 0.9999 | 0.9998 | 0.9995 | 0.9989 | 0.9964 | 0.9921 | 0.9856 | 0.9769 | 0.9659 |
| 3 | 1.0000 | 1.0000 | 1.0000 | 0.9999 | 0.9997 | 0.9992 | 0.9982 | 0.9966 | 0.9942 |
| 4 | 1.0000 | 1.0000 | 1.0000 | 1.0000 | 1.0000 | 0.9999 | 0.9998 | 0.9996 | 0.9992 |
| 5 | 1.0000 | 1.0000 | 1.0000 | 1.0000 | 1.0000 | 1.0000 | 1.0000 | 1.0000 | 0.9999 |
| 6 | 1.0000 | 1.0000 | 1.0000 | 1.0000 | 1.0000 | 1.0000 | 1.0000 | 1.0000 | 1.0000 |

| $x$ | $\mu$ | | | | | | | | |
|---|---|---|---|---|---|---|---|---|---|
| | 0.800 | 0.900 | 1.000 | 1.100 | 1.200 | 1.300 | 1.400 | 1.500 | 1.600 |
| 0 | 0.4493 | 0.4066 | 0.3679 | 0.3329 | 0.3012 | 0.2725 | 0.2466 | 0.2231 | 0.2019 |
| 1 | 0.8088 | 0.7725 | 0.7358 | 0.6990 | 0.6626 | 0.6268 | 0.5918 | 0.5578 | 0.5249 |
| 2 | 0.9526 | 0.9371 | 0.9197 | 0.9004 | 0.8795 | 0.8571 | 0.8335 | 0.8088 | 0.7834 |
| 3 | 0.9909 | 0.9865 | 0.9810 | 0.9743 | 0.9662 | 0.9569 | 0.9463 | 0.9344 | 0.9212 |
| 4 | 0.9986 | 0.9977 | 0.9963 | 0.9946 | 0.9923 | 0.9893 | 0.9857 | 0.9814 | 0.9763 |
| 5 | 0.9998 | 0.9997 | 0.9994 | 0.9990 | 0.9985 | 0.9978 | 0.9968 | 0.9955 | 0.9940 |
| 6 | 1.0000 | 1.0000 | 0.9999 | 0.9999 | 0.9997 | 0.9996 | 0.9994 | 0.9991 | 0.9987 |
| 7 | 1.0000 | 1.0000 | 1.0000 | 1.0000 | 1.0000 | 0.9999 | 0.9999 | 0.9998 | 0.9997 |
| 8 | 1.0000 | 1.0000 | 1.0000 | 1.0000 | 1.0000 | 1.0000 | 1.0000 | 1.0000 | 1.0000 |

| $x$ | $\mu$ | | | | | | | | |
|---|---|---|---|---|---|---|---|---|---|
| | 1.700 | 1.800 | 1.900 | 2.000 | 2.100 | 2.200 | 2.300 | 2.400 | 2.500 |
| 0 | 0.1827 | 0.1653 | 0.1496 | 0.1353 | 0.1225 | 0.1108 | 0.1003 | 0.0907 | 0.0821 |
| 1 | 0.4932 | 0.4628 | 0.4337 | 0.4060 | 0.3796 | 0.3546 | 0.3309 | 0.3084 | 0.2873 |
| 2 | 0.7572 | 0.7306 | 0.7037 | 0.6767 | 0.6496 | 0.6227 | 0.5960 | 0.5697 | 0.5438 |
| 3 | 0.9068 | 0.8913 | 0.8747 | 0.8571 | 0.8386 | 0.8194 | 0.7993 | 0.7787 | 0.7576 |
| 4 | 0.9704 | 0.9636 | 0.9559 | 0.9473 | 0.9379 | 0.9275 | 0.9162 | 0.9041 | 0.8912 |
| 5 | 0.9920 | 0.9896 | 0.9868 | 0.9834 | 0.9796 | 0.9751 | 0.9700 | 0.9643 | 0.9580 |
| 6 | 0.9981 | 0.9974 | 0.9966 | 0.9955 | 0.9941 | 0.9925 | 0.9906 | 0.9884 | 0.9858 |
| 7 | 0.9996 | 0.9994 | 0.9992 | 0.9989 | 0.9985 | 0.9980 | 0.9974 | 0.9967 | 0.9958 |
| 8 | 0.9999 | 0.9999 | 0.9998 | 0.9998 | 0.9997 | 0.9995 | 0.9994 | 0.9991 | 0.9989 |
| 9 | 1.0000 | 1.0000 | 1.0000 | 1.0000 | 0.9999 | 0.9999 | 0.9999 | 0.9998 | 0.9997 |
| 10 | 1.0000 | 1.0000 | 1.0000 | 1.0000 | 1.0000 | 1.0000 | 1.0000 | 1.0000 | 0.9999 |
| 11 | 1.0000 | 1.0000 | 1.0000 | 1.0000 | 1.0000 | 1.0000 | 1.0000 | 1.0000 | 1.0000 |

| $x$ | $\mu$ | | | | | | | | |
|---|---|---|---|---|---|---|---|---|---|
| | 2.600 | 2.700 | 2.800 | 2.900 | 3.000 | 3.100 | 3.200 | 3.300 | 3.400 |
| 0 | 0.0743 | 0.0672 | 0.0608 | 0.0550 | 0.0498 | 0.0450 | 0.0408 | 0.0369 | 0.0334 |
| 1 | 0.2674 | 0.2487 | 0.2311 | 0.2146 | 0.1991 | 0.1847 | 0.1712 | 0.1586 | 0.1468 |
| 2 | 0.5184 | 0.4936 | 0.4695 | 0.4460 | 0.4232 | 0.4012 | 0.3799 | 0.3594 | 0.3397 |
| 3 | 0.7360 | 0.7141 | 0.6919 | 0.6696 | 0.6472 | 0.6248 | 0.6025 | 0.5803 | 0.5584 |
| 4 | 0.8774 | 0.8629 | 0.8477 | 0.8318 | 0.8153 | 0.7982 | 0.7806 | 0.7626 | 0.7442 |
| 5 | 0.9510 | 0.9433 | 0.9349 | 0.9258 | 0.9161 | 0.9057 | 0.8946 | 0.8829 | 0.8705 |
| 6 | 0.9828 | 0.9794 | 0.9756 | 0.9713 | 0.9665 | 0.9612 | 0.9554 | 0.9490 | 0.9421 |
| 7 | 0.9947 | 0.9934 | 0.9919 | 0.9901 | 0.9881 | 0.9858 | 0.9832 | 0.9802 | 0.9769 |
| 8 | 0.9985 | 0.9981 | 0.9976 | 0.9969 | 0.9962 | 0.9953 | 0.9943 | 0.9931 | 0.9917 |
| 9 | 0.9996 | 0.9995 | 0.9993 | 0.9991 | 0.9989 | 0.9986 | 0.9982 | 0.9978 | 0.9973 |
| 10 | 0.9999 | 0.9999 | 0.9998 | 0.9998 | 0.9997 | 0.9996 | 0.9995 | 0.9994 | 0.9992 |
| 11 | 1.0000 | 1.0000 | 1.0000 | 0.9999 | 0.9999 | 0.9999 | 0.9999 | 0.9998 | 0.9998 |
| 12 | 1.0000 | 1.0000 | 1.0000 | 1.0000 | 1.0000 | 1.0000 | 1.0000 | 1.0000 | 0.9999 |
| 13 | 1.0000 | 1.0000 | 1.0000 | 1.0000 | 1.0000 | 1.0000 | 1.0000 | 1.0000 | 1.0000 |

| $x$ | $\mu$ | | | | | | | | |
|---|---|---|---|---|---|---|---|---|---|
| | 3.500 | 3.600 | 3.700 | 3.800 | 3.900 | 4.000 | 4.500 | 5.000 | 5.500 |
| 0 | 0.0302 | 0.0273 | 0.0247 | 0.0224 | 0.0202 | 0.0183 | 0.0111 | 0.0067 | 0.0041 |
| 1 | 0.1359 | 0.1257 | 0.1162 | 0.1074 | 0.0992 | 0.0916 | 0.0611 | 0.0404 | 0.0266 |
| 2 | 0.3208 | 0.3027 | 0.2854 | 0.2689 | 0.2531 | 0.2381 | 0.1736 | 0.1247 | 0.0884 |
| 3 | 0.5366 | 0.5152 | 0.4942 | 0.4735 | 0.4532 | 0.4335 | 0.3423 | 0.2650 | 0.2017 |
| 4 | 0.7254 | 0.7064 | 0.6872 | 0.6678 | 0.6484 | 0.6288 | 0.5321 | 0.4405 | 0.3575 |
| 5 | 0.8576 | 0.8441 | 0.8301 | 0.8156 | 0.8006 | 0.7851 | 0.7029 | 0.6160 | 0.5289 |
| 6 | 0.9347 | 0.9267 | 0.9182 | 0.9091 | 0.8995 | 0.8893 | 0.8311 | 0.7622 | 0.6860 |
| 7 | 0.9733 | 0.9692 | 0.9648 | 0.9599 | 0.9546 | 0.9489 | 0.9134 | 0.8666 | 0.8095 |
| 8 | 0.9901 | 0.9883 | 0.9863 | 0.9840 | 0.9815 | 0.9786 | 0.9597 | 0.9319 | 0.8944 |
| 9 | 0.9967 | 0.9960 | 0.9952 | 0.9942 | 0.9931 | 0.9919 | 0.9829 | 0.9682 | 0.9462 |
| 10 | 0.9990 | 0.9987 | 0.9984 | 0.9981 | 0.9977 | 0.9972 | 0.9933 | 0.9863 | 0.9747 |
| 11 | 0.9997 | 0.9996 | 0.9995 | 0.9994 | 0.9993 | 0.9991 | 0.9976 | 0.9945 | 0.9890 |
| 12 | 0.9999 | 0.9999 | 0.9999 | 0.9998 | 0.9998 | 0.9997 | 0.9992 | 0.9980 | 0.9955 |
| 13 | 1.0000 | 1.0000 | 1.0000 | 1.0000 | 0.9999 | 0.9999 | 0.9997 | 0.9993 | 0.9983 |
| 14 | 1.0000 | 1.0000 | 1.0000 | 1.0000 | 1.0000 | 1.0000 | 0.9999 | 0.9998 | 0.9994 |
| 15 | 1.0000 | 1.0000 | 1.0000 | 1.0000 | 1.0000 | 1.0000 | 1.0000 | 0.9999 | 0.9998 |
| 16 | 1.0000 | 1.0000 | 1.0000 | 1.0000 | 1.0000 | 1.0000 | 1.0000 | 1.0000 | 0.9999 |
| 17 | 1.0000 | 1.0000 | 1.0000 | 1.0000 | 1.0000 | 1.0000 | 1.0000 | 1.0000 | 1.0000 |

# Poissonverteilung

## Verteilungsfunktion

| $x$ | $\mu$ | | | | | | | | |
|---|---|---|---|---|---|---|---|---|---|
| | 6.000 | 6.500 | 7.000 | 7.500 | 8.000 | 8.500 | 9.000 | 9.500 | 10.000 |
| 0 | 0.0025 | 0.0015 | 0.0009 | 0.0006 | 0.0003 | 0.0002 | 0.0001 | 0.0001 | 0.0000 |
| 1 | 0.0174 | 0.0113 | 0.0073 | 0.0047 | 0.0030 | 0.0019 | 0.0012 | 0.0008 | 0.0005 |
| 2 | 0.0620 | 0.0430 | 0.0296 | 0.0203 | 0.0138 | 0.0093 | 0.0062 | 0.0042 | 0.0028 |
| 3 | 0.1512 | 0.1118 | 0.0818 | 0.0591 | 0.0424 | 0.0301 | 0.0212 | 0.0149 | 0.0103 |
| 4 | 0.2851 | 0.2237 | 0.1730 | 0.1321 | 0.0996 | 0.0744 | 0.0550 | 0.0403 | 0.0293 |
| 5 | 0.4457 | 0.3690 | 0.3007 | 0.2414 | 0.1912 | 0.1496 | 0.1157 | 0.0885 | 0.0671 |
| 6 | 0.6063 | 0.5265 | 0.4497 | 0.3782 | 0.3134 | 0.2562 | 0.2068 | 0.1649 | 0.1301 |
| 7 | 0.7440 | 0.6728 | 0.5987 | 0.5246 | 0.4530 | 0.3856 | 0.3239 | 0.2687 | 0.2202 |
| 8 | 0.8472 | 0.7916 | 0.7291 | 0.6620 | 0.5925 | 0.5231 | 0.4557 | 0.3918 | 0.3328 |
| 9 | 0.9161 | 0.8774 | 0.8305 | 0.7764 | 0.7166 | 0.6530 | 0.5874 | 0.5218 | 0.4579 |
| 10 | 0.9574 | 0.9332 | 0.9015 | 0.8622 | 0.8159 | 0.7634 | 0.7060 | 0.6453 | 0.5830 |
| 11 | 0.9799 | 0.9661 | 0.9467 | 0.9208 | 0.8881 | 0.8487 | 0.8030 | 0.7520 | 0.6968 |
| 12 | 0.9912 | 0.9840 | 0.9730 | 0.9573 | 0.9362 | 0.9091 | 0.8758 | 0.8364 | 0.7916 |
| 13 | 0.9964 | 0.9929 | 0.9872 | 0.9784 | 0.9658 | 0.9486 | 0.9261 | 0.8981 | 0.8645 |
| 14 | 0.9986 | 0.9970 | 0.9943 | 0.9897 | 0.9827 | 0.9726 | 0.9585 | 0.9400 | 0.9165 |
| 15 | 0.9995 | 0.9988 | 0.9976 | 0.9954 | 0.9918 | 0.9862 | 0.9780 | 0.9665 | 0.9513 |
| 16 | 0.9998 | 0.9996 | 0.9990 | 0.9980 | 0.9963 | 0.9934 | 0.9889 | 0.9823 | 0.9730 |
| 17 | 0.9999 | 0.9998 | 0.9996 | 0.9992 | 0.9984 | 0.9970 | 0.9947 | 0.9911 | 0.9857 |
| 18 | 1.0000 | 0.9999 | 0.9999 | 0.9997 | 0.9993 | 0.9987 | 0.9976 | 0.9957 | 0.9928 |
| 19 | 1.0000 | 1.0000 | 1.0000 | 0.9999 | 0.9997 | 0.9995 | 0.9989 | 0.9980 | 0.9965 |
| 20 | 1.0000 | 1.0000 | 1.0000 | 1.0000 | 0.9999 | 0.9998 | 0.9996 | 0.9991 | 0.9984 |
| 21 | 1.0000 | 1.0000 | 1.0000 | 1.0000 | 1.0000 | 0.9999 | 0.9998 | 0.9996 | 0.9993 |
| 22 | 1.0000 | 1.0000 | 1.0000 | 1.0000 | 1.0000 | 1.0000 | 0.9999 | 0.9999 | 0.9997 |
| 23 | 1.0000 | 1.0000 | 1.0000 | 1.0000 | 1.0000 | 1.0000 | 1.0000 | 0.9999 | 0.9999 |
| 24 | 1.0000 | 1.0000 | 1.0000 | 1.0000 | 1.0000 | 1.0000 | 1.0000 | 1.0000 | 1.0000 |

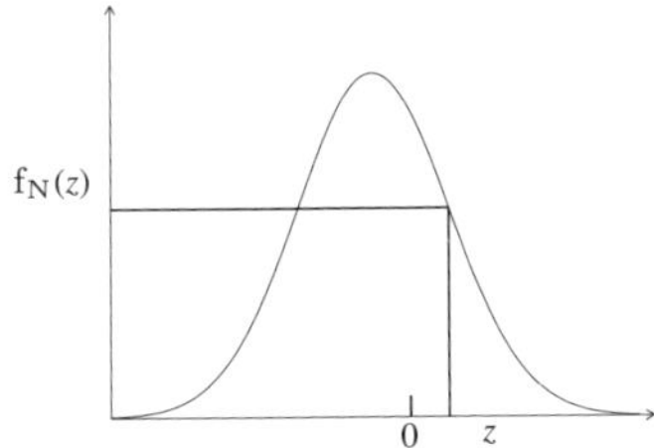


$$f_N(z) = \frac{1}{\sqrt{2\pi}} e^{-z^2/2} \quad (-\infty < z < +\infty)$$

($\pi = 3.14159...$ und $e = 2.71828...$)

Es gilt: $f_N(-z) = f_N(z)$.

| z | 0 | 1 | 2 | 3 | 4 | 5 | 6 | 7 | 8 | 9 |
|---|---|---|---|---|---|---|---|---|---|---|
| 0.0 | 0.3989 | 0.3989 | 0.3989 | 0.3988 | 0.3986 | 0.3984 | 0.3982 | 0.3980 | 0.3977 | 0.3973 |
| 0.1 | 0.3970 | 0.3965 | 0.3961 | 0.3956 | 0.3951 | 0.3945 | 0.3939 | 0.3932 | 0.3925 | 0.3918 |
| 0.2 | 0.3910 | 0.3902 | 0.3894 | 0.3885 | 0.3876 | 0.3867 | 0.3857 | 0.3847 | 0.3836 | 0.3825 |
| 0.3 | 0.3814 | 0.3802 | 0.3790 | 0.3778 | 0.3765 | 0.3752 | 0.3739 | 0.3725 | 0.3712 | 0.3697 |
| 0.4 | 0.3683 | 0.3668 | 0.3653 | 0.3637 | 0.3621 | 0.3605 | 0.3589 | 0.3572 | 0.3555 | 0.3538 |
| 0.5 | 0.3521 | 0.3503 | 0.3485 | 0.3467 | 0.3448 | 0.3429 | 0.3410 | 0.3391 | 0.3372 | 0.3352 |
| 0.6 | 0.3332 | 0.3312 | 0.3292 | 0.3271 | 0.3251 | 0.3230 | 0.3209 | 0.3187 | 0.3166 | 0.3144 |
| 0.7 | 0.3123 | 0.3101 | 0.3079 | 0.3056 | 0.3034 | 0.3011 | 0.2989 | 0.2966 | 0.2943 | 0.2920 |
| 0.8 | 0.2897 | 0.2874 | 0.2850 | 0.2827 | 0.2803 | 0.2780 | 0.2756 | 0.2732 | 0.2709 | 0.2685 |
| 0.9 | 0.2661 | 0.2637 | 0.2613 | 0.2589 | 0.2565 | 0.2541 | 0.2516 | 0.2492 | 0.2468 | 0.2444 |
| 1.0 | 0.2420 | 0.2396 | 0.2371 | 0.2347 | 0.2323 | 0.2299 | 0.2275 | 0.2251 | 0.2227 | 0.2203 |
| 1.1 | 0.2179 | 0.2155 | 0.2131 | 0.2107 | 0.2083 | 0.2059 | 0.2036 | 0.2012 | 0.1989 | 0.1965 |
| 1.2 | 0.1942 | 0.1919 | 0.1895 | 0.1872 | 0.1849 | 0.1826 | 0.1804 | 0.1781 | 0.1758 | 0.1736 |
| 1.3 | 0.1714 | 0.1691 | 0.1669 | 0.1647 | 0.1626 | 0.1604 | 0.1582 | 0.1561 | 0.1539 | 0.1518 |
| 1.4 | 0.1497 | 0.1476 | 0.1456 | 0.1435 | 0.1415 | 0.1394 | 0.1374 | 0.1354 | 0.1334 | 0.1315 |
| 1.5 | 0.1295 | 0.1276 | 0.1257 | 0.1238 | 0.1219 | 0.1200 | 0.1182 | 0.1163 | 0.1145 | 0.1127 |
| 1.6 | 0.1109 | 0.1092 | 0.1074 | 0.1057 | 0.1040 | 0.1023 | 0.1006 | 0.0989 | 0.0973 | 0.0957 |
| 1.7 | 0.0940 | 0.0925 | 0.0909 | 0.0893 | 0.0878 | 0.0863 | 0.0848 | 0.0833 | 0.0818 | 0.0804 |
| 1.8 | 0.0790 | 0.0775 | 0.0761 | 0.0748 | 0.0734 | 0.0721 | 0.0707 | 0.0694 | 0.0681 | 0.0669 |
| 1.9 | 0.0656 | 0.0644 | 0.0632 | 0.0620 | 0.0608 | 0.0596 | 0.0584 | 0.0573 | 0.0562 | 0.0551 |
| 2.0 | 0.0540 | 0.0529 | 0.0519 | 0.0508 | 0.0498 | 0.0488 | 0.0478 | 0.0468 | 0.0459 | 0.0449 |
| 2.1 | 0.0440 | 0.0431 | 0.0422 | 0.0413 | 0.0404 | 0.0396 | 0.0387 | 0.0379 | 0.0371 | 0.0363 |
| 2.2 | 0.0355 | 0.0347 | 0.0339 | 0.0332 | 0.0325 | 0.0317 | 0.0310 | 0.0303 | 0.0297 | 0.0290 |
| 2.3 | 0.0283 | 0.0277 | 0.0270 | 0.0264 | 0.0258 | 0.0252 | 0.0246 | 0.0241 | 0.0235 | 0.0229 |
| 2.4 | 0.0224 | 0.0219 | 0.0213 | 0.0208 | 0.0203 | 0.0198 | 0.0194 | 0.0189 | 0.0184 | 0.0180 |
| 2.5 | 0.0175 | 0.0171 | 0.0167 | 0.0163 | 0.0158 | 0.0154 | 0.0151 | 0.0147 | 0.0143 | 0.0139 |
| 2.6 | 0.0136 | 0.0132 | 0.0129 | 0.0126 | 0.0122 | 0.0119 | 0.0116 | 0.0113 | 0.0110 | 0.0107 |
| 2.7 | 0.0104 | 0.0101 | 0.0099 | 0.0096 | 0.0093 | 0.0091 | 0.0088 | 0.0086 | 0.0084 | 0.0081 |
| 2.8 | 0.0079 | 0.0077 | 0.0075 | 0.0073 | 0.0071 | 0.0069 | 0.0067 | 0.0065 | 0.0063 | 0.0061 |
| 2.9 | 0.0060 | 0.0058 | 0.0056 | 0.0055 | 0.0053 | 0.0051 | 0.0050 | 0.0048 | 0.0047 | 0.0046 |
| 3.0 | 0.0044 | 0.0043 | 0.0042 | 0.0040 | 0.0039 | 0.0038 | 0.0037 | 0.0036 | 0.0035 | 0.0034 |
| 3.1 | 0.0033 | 0.0032 | 0.0031 | 0.0030 | 0.0029 | 0.0028 | 0.0027 | 0.0026 | 0.0025 | 0.0025 |
| 3.2 | 0.0024 | 0.0023 | 0.0022 | 0.0022 | 0.0021 | 0.0020 | 0.0020 | 0.0019 | 0.0018 | 0.0018 |
| 3.3 | 0.0017 | 0.0017 | 0.0016 | 0.0016 | 0.0015 | 0.0015 | 0.0014 | 0.0014 | 0.0013 | 0.0013 |
| 3.4 | 0.0012 | 0.0012 | 0.0012 | 0.0011 | 0.0011 | 0.0010 | 0.0010 | 0.0010 | 0.0009 | 0.0009 |
| 3.5 | 0.0009 | 0.0008 | 0.0008 | 0.0008 | 0.0008 | 0.0007 | 0.0007 | 0.0007 | 0.0007 | 0.0006 |
| 3.6 | 0.0006 | 0.0006 | 0.0006 | 0.0005 | 0.0005 | 0.0005 | 0.0005 | 0.0005 | 0.0005 | 0.0004 |
| 3.7 | 0.0004 | 0.0004 | 0.0004 | 0.0004 | 0.0004 | 0.0004 | 0.0003 | 0.0003 | 0.0003 | 0.0003 |
| 3.8 | 0.0003 | 0.0003 | 0.0003 | 0.0003 | 0.0003 | 0.0002 | 0.0002 | 0.0002 | 0.0002 | 0.0002 |
| 3.9 | 0.0002 | 0.0002 | 0.0002 | 0.0002 | 0.0002 | 0.0002 | 0.0002 | 0.0002 | 0.0001 | 0.0001 |

# Standardnormalverteilung

## Verteilungsfunktion

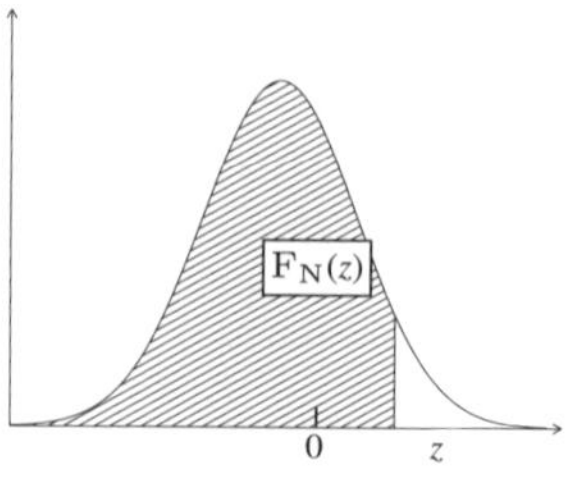


$$F_N(z) = \int_{-\infty}^{z} \frac{1}{\sqrt{2\pi}} e^{-v^2/2} dv$$

($\pi = 3.14159...$ und $e = 2.71828...$)

Es gilt: $F_N(-z) = 1 - F_N(z)$.

| z | 0 | 1 | 2 | 3 | 4 | 5 | 6 | 7 | 8 | 9 |
|---|---|---|---|---|---|---|---|---|---|---|
| 0.00 | 0.5000 | 0.5004 | 0.5008 | 0.5012 | 0.5016 | 0.5020 | 0.5024 | 0.5028 | 0.5032 | 0.5036 |
| 0.01 | 0.5040 | 0.5044 | 0.5048 | 0.5052 | 0.5056 | 0.5060 | 0.5064 | 0.5068 | 0.5072 | 0.5076 |
| 0.02 | 0.5080 | 0.5084 | 0.5088 | 0.5092 | 0.5096 | 0.5100 | 0.5104 | 0.5108 | 0.5112 | 0.5116 |
| 0.03 | 0.5120 | 0.5124 | 0.5128 | 0.5132 | 0.5136 | 0.5140 | 0.5144 | 0.5148 | 0.5152 | 0.5156 |
| 0.04 | 0.5160 | 0.5164 | 0.5168 | 0.5171 | 0.5175 | 0.5179 | 0.5183 | 0.5187 | 0.5191 | 0.5195 |
| 0.05 | 0.5199 | 0.5203 | 0.5207 | 0.5211 | 0.5215 | 0.5219 | 0.5223 | 0.5227 | 0.5231 | 0.5235 |
| 0.06 | 0.5239 | 0.5243 | 0.5247 | 0.5251 | 0.5255 | 0.5259 | 0.5263 | 0.5267 | 0.5271 | 0.5275 |
| 0.07 | 0.5279 | 0.5283 | 0.5287 | 0.5291 | 0.5295 | 0.5299 | 0.5303 | 0.5307 | 0.5311 | 0.5315 |
| 0.08 | 0.5319 | 0.5323 | 0.5327 | 0.5331 | 0.5335 | 0.5339 | 0.5343 | 0.5347 | 0.5351 | 0.5355 |
| 0.09 | 0.5359 | 0.5363 | 0.5367 | 0.5370 | 0.5374 | 0.5378 | 0.5382 | 0.5386 | 0.5390 | 0.5394 |
| 0.10 | 0.5398 | 0.5402 | 0.5406 | 0.5410 | 0.5414 | 0.5418 | 0.5422 | 0.5426 | 0.5430 | 0.5434 |
| 0.11 | 0.5438 | 0.5442 | 0.5446 | 0.5450 | 0.5454 | 0.5458 | 0.5462 | 0.5466 | 0.5470 | 0.5474 |
| 0.12 | 0.5478 | 0.5482 | 0.5486 | 0.5489 | 0.5493 | 0.5497 | 0.5501 | 0.5505 | 0.5509 | 0.5513 |
| 0.13 | 0.5517 | 0.5521 | 0.5525 | 0.5529 | 0.5533 | 0.5537 | 0.5541 | 0.5545 | 0.5549 | 0.5553 |
| 0.14 | 0.5557 | 0.5561 | 0.5565 | 0.5569 | 0.5572 | 0.5576 | 0.5580 | 0.5584 | 0.5588 | 0.5592 |
| 0.15 | 0.5596 | 0.5600 | 0.5604 | 0.5608 | 0.5612 | 0.5616 | 0.5620 | 0.5624 | 0.5628 | 0.5632 |
| 0.16 | 0.5636 | 0.5640 | 0.5643 | 0.5647 | 0.5651 | 0.5655 | 0.5659 | 0.5663 | 0.5667 | 0.5671 |
| 0.17 | 0.5675 | 0.5679 | 0.5683 | 0.5687 | 0.5691 | 0.5695 | 0.5699 | 0.5702 | 0.5706 | 0.5710 |
| 0.18 | 0.5714 | 0.5718 | 0.5722 | 0.5726 | 0.5730 | 0.5734 | 0.5738 | 0.5742 | 0.5746 | 0.5750 |
| 0.19 | 0.5753 | 0.5757 | 0.5761 | 0.5765 | 0.5769 | 0.5773 | 0.5777 | 0.5781 | 0.5785 | 0.5789 |
| 0.20 | 0.5793 | 0.5797 | 0.5800 | 0.5804 | 0.5808 | 0.5812 | 0.5816 | 0.5820 | 0.5824 | 0.5828 |
| 0.21 | 0.5832 | 0.5836 | 0.5839 | 0.5843 | 0.5847 | 0.5851 | 0.5855 | 0.5859 | 0.5863 | 0.5867 |
| 0.22 | 0.5871 | 0.5875 | 0.5878 | 0.5882 | 0.5886 | 0.5890 | 0.5894 | 0.5898 | 0.5902 | 0.5906 |
| 0.23 | 0.5910 | 0.5913 | 0.5917 | 0.5921 | 0.5925 | 0.5929 | 0.5933 | 0.5937 | 0.5941 | 0.5944 |
| 0.24 | 0.5948 | 0.5952 | 0.5956 | 0.5960 | 0.5964 | 0.5968 | 0.5972 | 0.5975 | 0.5979 | 0.5983 |
| 0.25 | 0.5987 | 0.5991 | 0.5995 | 0.5999 | 0.6003 | 0.6006 | 0.6010 | 0.6014 | 0.6018 | 0.6022 |
| 0.26 | 0.6026 | 0.6030 | 0.6033 | 0.6037 | 0.6041 | 0.6045 | 0.6049 | 0.6053 | 0.6057 | 0.6060 |
| 0.27 | 0.6064 | 0.6068 | 0.6072 | 0.6076 | 0.6080 | 0.6083 | 0.6087 | 0.6091 | 0.6095 | 0.6099 |
| 0.28 | 0.6103 | 0.6106 | 0.6110 | 0.6114 | 0.6118 | 0.6122 | 0.6126 | 0.6129 | 0.6133 | 0.6137 |
| 0.29 | 0.6141 | 0.6145 | 0.6149 | 0.6152 | 0.6156 | 0.6160 | 0.6164 | 0.6168 | 0.6171 | 0.6175 |
| 0.30 | 0.6179 | 0.6183 | 0.6187 | 0.6191 | 0.6194 | 0.6198 | 0.6202 | 0.6206 | 0.6210 | 0.6213 |
| 0.31 | 0.6217 | 0.6221 | 0.6225 | 0.6229 | 0.6232 | 0.6236 | 0.6240 | 0.6244 | 0.6248 | 0.6251 |
| 0.32 | 0.6255 | 0.6259 | 0.6263 | 0.6267 | 0.6270 | 0.6274 | 0.6278 | 0.6282 | 0.6285 | 0.6289 |
| 0.33 | 0.6293 | 0.6297 | 0.6301 | 0.6304 | 0.6308 | 0.6312 | 0.6316 | 0.6319 | 0.6323 | 0.6327 |
| 0.34 | 0.6331 | 0.6334 | 0.6338 | 0.6342 | 0.6346 | 0.6350 | 0.6353 | 0.6357 | 0.6361 | 0.6365 |

| $z$ | 0 | 1 | 2 | 3 | 4 | 5 | 6 | 7 | 8 | 9 |
|---|---|---|---|---|---|---|---|---|---|---|
| 0.35 | 0.6368 | 0.6372 | 0.6376 | 0.6380 | 0.6383 | 0.6387 | 0.6391 | 0.6395 | 0.6398 | 0.6402 |
| 0.36 | 0.6406 | 0.6410 | 0.6413 | 0.6417 | 0.6421 | 0.6424 | 0.6428 | 0.6432 | 0.6436 | 0.6439 |
| 0.37 | 0.6443 | 0.6447 | 0.6451 | 0.6454 | 0.6458 | 0.6462 | 0.6465 | 0.6469 | 0.6473 | 0.6477 |
| 0.38 | 0.6480 | 0.6484 | 0.6488 | 0.6491 | 0.6495 | 0.6499 | 0.6503 | 0.6506 | 0.6510 | 0.6514 |
| 0.39 | 0.6517 | 0.6521 | 0.6525 | 0.6528 | 0.6532 | 0.6536 | 0.6539 | 0.6543 | 0.6547 | 0.6551 |
| 0.40 | 0.6554 | 0.6558 | 0.6562 | 0.6565 | 0.6569 | 0.6573 | 0.6576 | 0.6580 | 0.6584 | 0.6587 |
| 0.41 | 0.6591 | 0.6595 | 0.6598 | 0.6602 | 0.6606 | 0.6609 | 0.6613 | 0.6617 | 0.6620 | 0.6624 |
| 0.42 | 0.6628 | 0.6631 | 0.6635 | 0.6639 | 0.6642 | 0.6646 | 0.6649 | 0.6653 | 0.6657 | 0.6660 |
| 0.43 | 0.6664 | 0.6668 | 0.6671 | 0.6675 | 0.6679 | 0.6682 | 0.6686 | 0.6689 | 0.6693 | 0.6697 |
| 0.44 | 0.6700 | 0.6704 | 0.6708 | 0.6711 | 0.6715 | 0.6718 | 0.6722 | 0.6726 | 0.6729 | 0.6733 |
| 0.45 | 0.6736 | 0.6740 | 0.6744 | 0.6747 | 0.6751 | 0.6754 | 0.6758 | 0.6762 | 0.6765 | 0.6769 |
| 0.46 | 0.6772 | 0.6776 | 0.6780 | 0.6783 | 0.6787 | 0.6790 | 0.6794 | 0.6798 | 0.6801 | 0.6805 |
| 0.47 | 0.6808 | 0.6812 | 0.6815 | 0.6819 | 0.6823 | 0.6826 | 0.6830 | 0.6833 | 0.6837 | 0.6840 |
| 0.48 | 0.6844 | 0.6847 | 0.6851 | 0.6855 | 0.6858 | 0.6862 | 0.6865 | 0.6869 | 0.6872 | 0.6876 |
| 0.49 | 0.6879 | 0.6883 | 0.6886 | 0.6890 | 0.6893 | 0.6897 | 0.6901 | 0.6904 | 0.6908 | 0.6911 |
| 0.50 | 0.6915 | 0.6918 | 0.6922 | 0.6925 | 0.6929 | 0.6932 | 0.6936 | 0.6939 | 0.6943 | 0.6946 |
| 0.51 | 0.6950 | 0.6953 | 0.6957 | 0.6960 | 0.6964 | 0.6967 | 0.6971 | 0.6974 | 0.6978 | 0.6981 |
| 0.52 | 0.6985 | 0.6988 | 0.6992 | 0.6995 | 0.6999 | 0.7002 | 0.7006 | 0.7009 | 0.7013 | 0.7016 |
| 0.53 | 0.7019 | 0.7023 | 0.7026 | 0.7030 | 0.7033 | 0.7037 | 0.7040 | 0.7044 | 0.7047 | 0.7051 |
| 0.54 | 0.7054 | 0.7057 | 0.7061 | 0.7064 | 0.7068 | 0.7071 | 0.7075 | 0.7078 | 0.7082 | 0.7085 |
| 0.55 | 0.7088 | 0.7092 | 0.7095 | 0.7099 | 0.7102 | 0.7106 | 0.7109 | 0.7112 | 0.7116 | 0.7119 |
| 0.56 | 0.7123 | 0.7126 | 0.7129 | 0.7133 | 0.7136 | 0.7140 | 0.7143 | 0.7146 | 0.7150 | 0.7153 |
| 0.57 | 0.7157 | 0.7160 | 0.7163 | 0.7167 | 0.7170 | 0.7174 | 0.7177 | 0.7180 | 0.7184 | 0.7187 |
| 0.58 | 0.7190 | 0.7194 | 0.7197 | 0.7201 | 0.7204 | 0.7207 | 0.7211 | 0.7214 | 0.7217 | 0.7221 |
| 0.59 | 0.7224 | 0.7227 | 0.7231 | 0.7234 | 0.7237 | 0.7241 | 0.7244 | 0.7247 | 0.7251 | 0.7254 |
| 0.60 | 0.7257 | 0.7261 | 0.7264 | 0.7267 | 0.7271 | 0.7274 | 0.7277 | 0.7281 | 0.7284 | 0.7287 |
| 0.61 | 0.7291 | 0.7294 | 0.7297 | 0.7301 | 0.7304 | 0.7307 | 0.7311 | 0.7314 | 0.7317 | 0.7320 |
| 0.62 | 0.7324 | 0.7327 | 0.7330 | 0.7334 | 0.7337 | 0.7340 | 0.7343 | 0.7347 | 0.7350 | 0.7353 |
| 0.63 | 0.7357 | 0.7360 | 0.7363 | 0.7366 | 0.7370 | 0.7373 | 0.7376 | 0.7379 | 0.7383 | 0.7386 |
| 0.64 | 0.7389 | 0.7392 | 0.7396 | 0.7399 | 0.7402 | 0.7405 | 0.7409 | 0.7412 | 0.7415 | 0.7418 |
| 0.65 | 0.7422 | 0.7425 | 0.7428 | 0.7431 | 0.7434 | 0.7438 | 0.7441 | 0.7444 | 0.7447 | 0.7451 |
| 0.66 | 0.7454 | 0.7457 | 0.7460 | 0.7463 | 0.7467 | 0.7470 | 0.7473 | 0.7476 | 0.7479 | 0.7483 |
| 0.67 | 0.7486 | 0.7489 | 0.7492 | 0.7495 | 0.7498 | 0.7502 | 0.7505 | 0.7508 | 0.7511 | 0.7514 |
| 0.68 | 0.7517 | 0.7521 | 0.7524 | 0.7527 | 0.7530 | 0.7533 | 0.7536 | 0.7540 | 0.7543 | 0.7546 |
| 0.69 | 0.7549 | 0.7552 | 0.7555 | 0.7558 | 0.7562 | 0.7565 | 0.7568 | 0.7571 | 0.7574 | 0.7577 |
| 0.70 | 0.7580 | 0.7583 | 0.7587 | 0.7590 | 0.7593 | 0.7596 | 0.7599 | 0.7602 | 0.7605 | 0.7608 |
| 0.71 | 0.7611 | 0.7615 | 0.7618 | 0.7621 | 0.7624 | 0.7627 | 0.7630 | 0.7633 | 0.7636 | 0.7639 |
| 0.72 | 0.7642 | 0.7645 | 0.7649 | 0.7652 | 0.7655 | 0.7658 | 0.7661 | 0.7664 | 0.7667 | 0.7670 |
| 0.73 | 0.7673 | 0.7676 | 0.7679 | 0.7682 | 0.7685 | 0.7688 | 0.7691 | 0.7694 | 0.7697 | 0.7700 |
| 0.74 | 0.7704 | 0.7707 | 0.7710 | 0.7713 | 0.7716 | 0.7719 | 0.7722 | 0.7725 | 0.7728 | 0.7731 |
| 0.75 | 0.7734 | 0.7737 | 0.7740 | 0.7743 | 0.7746 | 0.7749 | 0.7752 | 0.7755 | 0.7758 | 0.7761 |
| 0.76 | 0.7764 | 0.7767 | 0.7770 | 0.7773 | 0.7776 | 0.7779 | 0.7782 | 0.7785 | 0.7788 | 0.7791 |
| 0.77 | 0.7794 | 0.7796 | 0.7799 | 0.7802 | 0.7805 | 0.7808 | 0.7811 | 0.7814 | 0.7817 | 0.7820 |
| 0.78 | 0.7823 | 0.7826 | 0.7829 | 0.7832 | 0.7835 | 0.7838 | 0.7841 | 0.7844 | 0.7847 | 0.7849 |
| 0.79 | 0.7852 | 0.7855 | 0.7858 | 0.7861 | 0.7864 | 0.7867 | 0.7870 | 0.7873 | 0.7876 | 0.7879 |
| 0.80 | 0.7881 | 0.7884 | 0.7887 | 0.7890 | 0.7893 | 0.7896 | 0.7899 | 0.7902 | 0.7905 | 0.7907 |
| 0.81 | 0.7910 | 0.7913 | 0.7916 | 0.7919 | 0.7922 | 0.7925 | 0.7927 | 0.7930 | 0.7933 | 0.7936 |
| 0.82 | 0.7939 | 0.7942 | 0.7945 | 0.7947 | 0.7950 | 0.7953 | 0.7956 | 0.7959 | 0.7962 | 0.7964 |
| 0.83 | 0.7967 | 0.7970 | 0.7973 | 0.7976 | 0.7979 | 0.7981 | 0.7984 | 0.7987 | 0.7990 | 0.7993 |
| 0.84 | 0.7995 | 0.7998 | 0.8001 | 0.8004 | 0.8007 | 0.8009 | 0.8012 | 0.8015 | 0.8018 | 0.8021 |

# Standardnormalverteilung

## Verteilungsfunktion

| z | 0 | 1 | 2 | 3 | 4 | 5 | 6 | 7 | 8 | 9 |
|---|---|---|---|---|---|---|---|---|---|---|
| 0.85 | 0.8023 | 0.8026 | 0.8029 | 0.8032 | 0.8034 | 0.8037 | 0.8040 | 0.8043 | 0.8046 | 0.8048 |
| 0.86 | 0.8051 | 0.8054 | 0.8057 | 0.8059 | 0.8062 | 0.8065 | 0.8068 | 0.8070 | 0.8073 | 0.8076 |
| 0.87 | 0.8078 | 0.8081 | 0.8084 | 0.8087 | 0.8089 | 0.8092 | 0.8095 | 0.8098 | 0.8100 | 0.8103 |
| 0.88 | 0.8106 | 0.8108 | 0.8111 | 0.8114 | 0.8117 | 0.8119 | 0.8122 | 0.8125 | 0.8127 | 0.8130 |
| 0.89 | 0.8133 | 0.8135 | 0.8138 | 0.8141 | 0.8143 | 0.8146 | 0.8149 | 0.8151 | 0.8154 | 0.8157 |
| 0.90 | 0.8159 | 0.8162 | 0.8165 | 0.8167 | 0.8170 | 0.8173 | 0.8175 | 0.8178 | 0.8181 | 0.8183 |
| 0.91 | 0.8186 | 0.8189 | 0.8191 | 0.8194 | 0.8196 | 0.8199 | 0.8202 | 0.8204 | 0.8207 | 0.8210 |
| 0.92 | 0.8212 | 0.8215 | 0.8217 | 0.8220 | 0.8223 | 0.8225 | 0.8228 | 0.8230 | 0.8233 | 0.8236 |
| 0.93 | 0.8238 | 0.8241 | 0.8243 | 0.8246 | 0.8248 | 0.8251 | 0.8254 | 0.8256 | 0.8259 | 0.8261 |
| 0.94 | 0.8264 | 0.8266 | 0.8269 | 0.8272 | 0.8274 | 0.8277 | 0.8279 | 0.8282 | 0.8284 | 0.8287 |
| 0.95 | 0.8289 | 0.8292 | 0.8295 | 0.8297 | 0.8300 | 0.8302 | 0.8305 | 0.8307 | 0.8310 | 0.8312 |
| 0.96 | 0.8315 | 0.8317 | 0.8320 | 0.8322 | 0.8325 | 0.8327 | 0.8330 | 0.8332 | 0.8335 | 0.8337 |
| 0.97 | 0.8340 | 0.8342 | 0.8345 | 0.8347 | 0.8350 | 0.8352 | 0.8355 | 0.8357 | 0.8360 | 0.8362 |
| 0.98 | 0.8365 | 0.8367 | 0.8370 | 0.8372 | 0.8374 | 0.8377 | 0.8379 | 0.8382 | 0.8384 | 0.8387 |
| 0.99 | 0.8389 | 0.8392 | 0.8394 | 0.8396 | 0.8399 | 0.8401 | 0.8404 | 0.8406 | 0.8409 | 0.8411 |
| 1.00 | 0.8413 | 0.8416 | 0.8418 | 0.8421 | 0.8423 | 0.8426 | 0.8428 | 0.8430 | 0.8433 | 0.8435 |
| 1.01 | 0.8438 | 0.8440 | 0.8442 | 0.8445 | 0.8447 | 0.8449 | 0.8452 | 0.8454 | 0.8457 | 0.8459 |
| 1.02 | 0.8461 | 0.8464 | 0.8466 | 0.8468 | 0.8471 | 0.8473 | 0.8476 | 0.8478 | 0.8480 | 0.8483 |
| 1.03 | 0.8485 | 0.8487 | 0.8490 | 0.8492 | 0.8494 | 0.8497 | 0.8499 | 0.8501 | 0.8504 | 0.8506 |
| 1.04 | 0.8508 | 0.8511 | 0.8513 | 0.8515 | 0.8518 | 0.8520 | 0.8522 | 0.8525 | 0.8527 | 0.8529 |
| 1.05 | 0.8531 | 0.8534 | 0.8536 | 0.8538 | 0.8541 | 0.8543 | 0.8545 | 0.8547 | 0.8550 | 0.8552 |
| 1.06 | 0.8554 | 0.8557 | 0.8559 | 0.8561 | 0.8563 | 0.8566 | 0.8568 | 0.8570 | 0.8572 | 0.8575 |
| 1.07 | 0.8577 | 0.8579 | 0.8581 | 0.8584 | 0.8586 | 0.8588 | 0.8590 | 0.8593 | 0.8595 | 0.8597 |
| 1.08 | 0.8599 | 0.8602 | 0.8604 | 0.8606 | 0.8608 | 0.8610 | 0.8613 | 0.8615 | 0.8617 | 0.8619 |
| 1.09 | 0.8621 | 0.8624 | 0.8626 | 0.8628 | 0.8630 | 0.8632 | 0.8635 | 0.8637 | 0.8639 | 0.8641 |
| 1.10 | 0.8643 | 0.8646 | 0.8648 | 0.8650 | 0.8652 | 0.8654 | 0.8656 | 0.8659 | 0.8661 | 0.8663 |
| 1.11 | 0.8665 | 0.8667 | 0.8669 | 0.8671 | 0.8674 | 0.8676 | 0.8678 | 0.8680 | 0.8682 | 0.8684 |
| 1.12 | 0.8686 | 0.8689 | 0.8691 | 0.8693 | 0.8695 | 0.8697 | 0.8699 | 0.8701 | 0.8703 | 0.8706 |
| 1.13 | 0.8708 | 0.8710 | 0.8712 | 0.8714 | 0.8716 | 0.8718 | 0.8720 | 0.8722 | 0.8724 | 0.8726 |
| 1.14 | 0.8729 | 0.8731 | 0.8733 | 0.8735 | 0.8737 | 0.8739 | 0.8741 | 0.8743 | 0.8745 | 0.8747 |
| 1.15 | 0.8749 | 0.8751 | 0.8753 | 0.8755 | 0.8757 | 0.8760 | 0.8762 | 0.8764 | 0.8766 | 0.8768 |
| 1.16 | 0.8770 | 0.8772 | 0.8774 | 0.8776 | 0.8778 | 0.8780 | 0.8782 | 0.8784 | 0.8786 | 0.8788 |
| 1.17 | 0.8790 | 0.8792 | 0.8794 | 0.8796 | 0.8798 | 0.8800 | 0.8802 | 0.8804 | 0.8806 | 0.8808 |
| 1.18 | 0.8810 | 0.8812 | 0.8814 | 0.8816 | 0.8818 | 0.8820 | 0.8822 | 0.8824 | 0.8826 | 0.8828 |
| 1.19 | 0.8830 | 0.8832 | 0.8834 | 0.8836 | 0.8838 | 0.8840 | 0.8842 | 0.8843 | 0.8845 | 0.8847 |
| 1.20 | 0.8849 | 0.8851 | 0.8853 | 0.8855 | 0.8857 | 0.8859 | 0.8861 | 0.8863 | 0.8865 | 0.8867 |
| 1.21 | 0.8869 | 0.8871 | 0.8872 | 0.8874 | 0.8876 | 0.8878 | 0.8880 | 0.8882 | 0.8884 | 0.8886 |
| 1.22 | 0.8888 | 0.8890 | 0.8891 | 0.8893 | 0.8895 | 0.8897 | 0.8899 | 0.8901 | 0.8903 | 0.8905 |
| 1.23 | 0.8907 | 0.8908 | 0.8910 | 0.8912 | 0.8914 | 0.8916 | 0.8918 | 0.8920 | 0.8921 | 0.8923 |
| 1.24 | 0.8925 | 0.8927 | 0.8929 | 0.8931 | 0.8933 | 0.8934 | 0.8936 | 0.8938 | 0.8940 | 0.8942 |
| 1.25 | 0.8944 | 0.8945 | 0.8947 | 0.8949 | 0.8951 | 0.8953 | 0.8954 | 0.8956 | 0.8958 | 0.8960 |
| 1.26 | 0.8962 | 0.8963 | 0.8965 | 0.8967 | 0.8969 | 0.8971 | 0.8972 | 0.8974 | 0.8976 | 0.8978 |
| 1.27 | 0.8980 | 0.8981 | 0.8983 | 0.8985 | 0.8987 | 0.8988 | 0.8990 | 0.8992 | 0.8994 | 0.8996 |
| 1.28 | 0.8997 | 0.8999 | 0.9001 | 0.9003 | 0.9004 | 0.9006 | 0.9008 | 0.9010 | 0.9011 | 0.9013 |
| 1.29 | 0.9015 | 0.9016 | 0.9018 | 0.9020 | 0.9022 | 0.9023 | 0.9025 | 0.9027 | 0.9029 | 0.9030 |
| 1.30 | 0.9032 | 0.9034 | 0.9035 | 0.9037 | 0.9039 | 0.9041 | 0.9042 | 0.9044 | 0.9046 | 0.9047 |
| 1.31 | 0.9049 | 0.9051 | 0.9052 | 0.9054 | 0.9056 | 0.9057 | 0.9059 | 0.9061 | 0.9062 | 0.9064 |
| 1.32 | 0.9066 | 0.9067 | 0.9069 | 0.9071 | 0.9072 | 0.9074 | 0.9076 | 0.9077 | 0.9079 | 0.9081 |
| 1.33 | 0.9082 | 0.9084 | 0.9086 | 0.9087 | 0.9089 | 0.9091 | 0.9092 | 0.9094 | 0.9096 | 0.9097 |
| 1.34 | 0.9099 | 0.9100 | 0.9102 | 0.9104 | 0.9105 | 0.9107 | 0.9108 | 0.9110 | 0.9112 | 0.9113 |

| z | 0 | 1 | 2 | 3 | 4 | 5 | 6 | 7 | 8 | 9 |
|---|---|---|---|---|---|---|---|---|---|---|
| 1.35 | 0.9115 | 0.9117 | 0.9118 | 0.9120 | 0.9121 | 0.9123 | 0.9125 | 0.9126 | 0.9128 | 0.9129 |
| 1.36 | 0.9131 | 0.9132 | 0.9134 | 0.9136 | 0.9137 | 0.9139 | 0.9140 | 0.9142 | 0.9143 | 0.9145 |
| 1.37 | 0.9147 | 0.9148 | 0.9150 | 0.9151 | 0.9153 | 0.9154 | 0.9156 | 0.9157 | 0.9159 | 0.9161 |
| 1.38 | 0.9162 | 0.9164 | 0.9165 | 0.9167 | 0.9168 | 0.9170 | 0.9171 | 0.9173 | 0.9174 | 0.9176 |
| 1.39 | 0.9177 | 0.9179 | 0.9180 | 0.9182 | 0.9183 | 0.9185 | 0.9186 | 0.9188 | 0.9189 | 0.9191 |
| 1.40 | 0.9192 | 0.9194 | 0.9195 | 0.9197 | 0.9198 | 0.9200 | 0.9201 | 0.9203 | 0.9204 | 0.9206 |
| 1.41 | 0.9207 | 0.9209 | 0.9210 | 0.9212 | 0.9213 | 0.9215 | 0.9216 | 0.9218 | 0.9219 | 0.9221 |
| 1.42 | 0.9222 | 0.9223 | 0.9225 | 0.9226 | 0.9228 | 0.9229 | 0.9231 | 0.9232 | 0.9234 | 0.9235 |
| 1.43 | 0.9236 | 0.9238 | 0.9239 | 0.9241 | 0.9242 | 0.9244 | 0.9245 | 0.9246 | 0.9248 | 0.9249 |
| 1.44 | 0.9251 | 0.9252 | 0.9253 | 0.9255 | 0.9256 | 0.9258 | 0.9259 | 0.9261 | 0.9262 | 0.9263 |
| 1.45 | 0.9265 | 0.9266 | 0.9267 | 0.9269 | 0.9270 | 0.9272 | 0.9273 | 0.9274 | 0.9276 | 0.9277 |
| 1.46 | 0.9279 | 0.9280 | 0.9281 | 0.9283 | 0.9284 | 0.9285 | 0.9287 | 0.9288 | 0.9289 | 0.9291 |
| 1.47 | 0.9292 | 0.9294 | 0.9295 | 0.9296 | 0.9298 | 0.9299 | 0.9300 | 0.9302 | 0.9303 | 0.9304 |
| 1.48 | 0.9306 | 0.9307 | 0.9308 | 0.9310 | 0.9311 | 0.9312 | 0.9314 | 0.9315 | 0.9316 | 0.9318 |
| 1.49 | 0.9319 | 0.9320 | 0.9322 | 0.9323 | 0.9324 | 0.9325 | 0.9327 | 0.9328 | 0.9329 | 0.9331 |
| 1.50 | 0.9332 | 0.9333 | 0.9335 | 0.9336 | 0.9337 | 0.9338 | 0.9340 | 0.9341 | 0.9342 | 0.9344 |
| 1.51 | 0.9345 | 0.9346 | 0.9347 | 0.9349 | 0.9350 | 0.9351 | 0.9352 | 0.9354 | 0.9355 | 0.9356 |
| 1.52 | 0.9357 | 0.9359 | 0.9360 | 0.9361 | 0.9362 | 0.9364 | 0.9365 | 0.9366 | 0.9367 | 0.9369 |
| 1.53 | 0.9370 | 0.9371 | 0.9372 | 0.9374 | 0.9375 | 0.9376 | 0.9377 | 0.9379 | 0.9380 | 0.9381 |
| 1.54 | 0.9382 | 0.9383 | 0.9385 | 0.9386 | 0.9387 | 0.9388 | 0.9389 | 0.9391 | 0.9392 | 0.9393 |
| 1.55 | 0.9394 | 0.9395 | 0.9397 | 0.9398 | 0.9399 | 0.9400 | 0.9401 | 0.9403 | 0.9404 | 0.9405 |
| 1.56 | 0.9406 | 0.9407 | 0.9409 | 0.9410 | 0.9411 | 0.9412 | 0.9413 | 0.9414 | 0.9416 | 0.9417 |
| 1.57 | 0.9418 | 0.9419 | 0.9420 | 0.9421 | 0.9423 | 0.9424 | 0.9425 | 0.9426 | 0.9427 | 0.9428 |
| 1.58 | 0.9429 | 0.9431 | 0.9432 | 0.9433 | 0.9434 | 0.9435 | 0.9436 | 0.9437 | 0.9439 | 0.9440 |
| 1.59 | 0.9441 | 0.9442 | 0.9443 | 0.9444 | 0.9445 | 0.9446 | 0.9448 | 0.9449 | 0.9450 | 0.9451 |
| 1.60 | 0.9452 | 0.9453 | 0.9454 | 0.9455 | 0.9456 | 0.9458 | 0.9459 | 0.9460 | 0.9461 | 0.9462 |
| 1.61 | 0.9463 | 0.9464 | 0.9465 | 0.9466 | 0.9467 | 0.9468 | 0.9470 | 0.9471 | 0.9472 | 0.9473 |
| 1.62 | 0.9474 | 0.9475 | 0.9476 | 0.9477 | 0.9478 | 0.9479 | 0.9480 | 0.9481 | 0.9482 | 0.9483 |
| 1.63 | 0.9484 | 0.9486 | 0.9487 | 0.9488 | 0.9489 | 0.9490 | 0.9491 | 0.9492 | 0.9493 | 0.9494 |
| 1.64 | 0.9495 | 0.9496 | 0.9497 | 0.9498 | 0.9499 | 0.9500 | 0.9501 | 0.9502 | 0.9503 | 0.9504 |
| 1.65 | 0.9505 | 0.9506 | 0.9507 | 0.9508 | 0.9509 | 0.9510 | 0.9511 | 0.9512 | 0.9513 | 0.9514 |
| 1.66 | 0.9515 | 0.9516 | 0.9517 | 0.9518 | 0.9519 | 0.9520 | 0.9521 | 0.9522 | 0.9523 | 0.9524 |
| 1.67 | 0.9525 | 0.9526 | 0.9527 | 0.9528 | 0.9529 | 0.9530 | 0.9531 | 0.9532 | 0.9533 | 0.9534 |
| 1.68 | 0.9535 | 0.9536 | 0.9537 | 0.9538 | 0.9539 | 0.9540 | 0.9541 | 0.9542 | 0.9543 | 0.9544 |
| 1.69 | 0.9545 | 0.9546 | 0.9547 | 0.9548 | 0.9549 | 0.9550 | 0.9551 | 0.9552 | 0.9552 | 0.9553 |
| 1.70 | 0.9554 | 0.9555 | 0.9556 | 0.9557 | 0.9558 | 0.9559 | 0.9560 | 0.9561 | 0.9562 | 0.9563 |
| 1.71 | 0.9564 | 0.9565 | 0.9566 | 0.9566 | 0.9567 | 0.9568 | 0.9569 | 0.9570 | 0.9571 | 0.9572 |
| 1.72 | 0.9573 | 0.9574 | 0.9575 | 0.9576 | 0.9576 | 0.9577 | 0.9578 | 0.9579 | 0.9580 | 0.9581 |
| 1.73 | 0.9582 | 0.9583 | 0.9584 | 0.9585 | 0.9585 | 0.9586 | 0.9587 | 0.9588 | 0.9589 | 0.9590 |
| 1.74 | 0.9591 | 0.9592 | 0.9592 | 0.9593 | 0.9594 | 0.9595 | 0.9596 | 0.9597 | 0.9598 | 0.9599 |
| 1.75 | 0.9599 | 0.9600 | 0.9601 | 0.9602 | 0.9603 | 0.9604 | 0.9605 | 0.9605 | 0.9606 | 0.9607 |
| 1.76 | 0.9608 | 0.9609 | 0.9610 | 0.9610 | 0.9611 | 0.9612 | 0.9613 | 0.9614 | 0.9615 | 0.9616 |
| 1.77 | 0.9616 | 0.9617 | 0.9618 | 0.9619 | 0.9620 | 0.9621 | 0.9621 | 0.9622 | 0.9623 | 0.9624 |
| 1.78 | 0.9625 | 0.9625 | 0.9626 | 0.9627 | 0.9628 | 0.9629 | 0.9630 | 0.9630 | 0.9631 | 0.9632 |
| 1.79 | 0.9633 | 0.9634 | 0.9634 | 0.9635 | 0.9636 | 0.9637 | 0.9638 | 0.9638 | 0.9639 | 0.9640 |
| 1.80 | 0.9641 | 0.9641 | 0.9642 | 0.9643 | 0.9644 | 0.9645 | 0.9645 | 0.9646 | 0.9647 | 0.9648 |
| 1.81 | 0.9649 | 0.9649 | 0.9650 | 0.9651 | 0.9652 | 0.9652 | 0.9653 | 0.9654 | 0.9655 | 0.9655 |
| 1.82 | 0.9656 | 0.9657 | 0.9658 | 0.9658 | 0.9659 | 0.9660 | 0.9661 | 0.9662 | 0.9662 | 0.9663 |
| 1.83 | 0.9664 | 0.9664 | 0.9665 | 0.9666 | 0.9667 | 0.9667 | 0.9668 | 0.9669 | 0.9670 | 0.9670 |
| 1.84 | 0.9671 | 0.9672 | 0.9673 | 0.9673 | 0.9674 | 0.9675 | 0.9676 | 0.9676 | 0.9677 | 0.9678 |

| z | 0 | 1 | 2 | 3 | 4 | 5 | 6 | 7 | 8 | 9 |
|---|---|---|---|---|---|---|---|---|---|---|
| 1.85 | 0.9678 | 0.9679 | 0.9680 | 0.9681 | 0.9681 | 0.9682 | 0.9683 | 0.9683 | 0.9684 | 0.9685 |
| 1.86 | 0.9686 | 0.9686 | 0.9687 | 0.9688 | 0.9688 | 0.9689 | 0.9690 | 0.9690 | 0.9691 | 0.9692 |
| 1.87 | 0.9693 | 0.9693 | 0.9694 | 0.9695 | 0.9695 | 0.9696 | 0.9697 | 0.9697 | 0.9698 | 0.9699 |
| 1.88 | 0.9699 | 0.9700 | 0.9701 | 0.9701 | 0.9702 | 0.9703 | 0.9704 | 0.9704 | 0.9705 | 0.9706 |
| 1.89 | 0.9706 | 0.9707 | 0.9708 | 0.9708 | 0.9709 | 0.9710 | 0.9710 | 0.9711 | 0.9712 | 0.9712 |
| 1.90 | 0.9713 | 0.9713 | 0.9714 | 0.9715 | 0.9715 | 0.9716 | 0.9717 | 0.9717 | 0.9718 | 0.9719 |
| 1.91 | 0.9719 | 0.9720 | 0.9721 | 0.9721 | 0.9722 | 0.9723 | 0.9723 | 0.9724 | 0.9724 | 0.9725 |
| 1.92 | 0.9726 | 0.9726 | 0.9727 | 0.9728 | 0.9728 | 0.9729 | 0.9729 | 0.9730 | 0.9731 | 0.9731 |
| 1.93 | 0.9732 | 0.9733 | 0.9733 | 0.9734 | 0.9734 | 0.9735 | 0.9736 | 0.9736 | 0.9737 | 0.9737 |
| 1.94 | 0.9738 | 0.9739 | 0.9739 | 0.9740 | 0.9741 | 0.9741 | 0.9742 | 0.9742 | 0.9743 | 0.9744 |
| 1.95 | 0.9744 | 0.9745 | 0.9745 | 0.9746 | 0.9746 | 0.9747 | 0.9748 | 0.9748 | 0.9749 | 0.9749 |
| 1.96 | 0.9750 | 0.9751 | 0.9751 | 0.9752 | 0.9752 | 0.9753 | 0.9754 | 0.9754 | 0.9755 | 0.9755 |
| 1.97 | 0.9756 | 0.9756 | 0.9757 | 0.9758 | 0.9758 | 0.9759 | 0.9759 | 0.9760 | 0.9760 | 0.9761 |
| 1.98 | 0.9761 | 0.9762 | 0.9763 | 0.9763 | 0.9764 | 0.9764 | 0.9765 | 0.9765 | 0.9766 | 0.9766 |
| 1.99 | 0.9767 | 0.9768 | 0.9768 | 0.9769 | 0.9769 | 0.9770 | 0.9770 | 0.9771 | 0.9771 | 0.9772 |
| 2.00 | 0.9772 | 0.9773 | 0.9774 | 0.9774 | 0.9775 | 0.9775 | 0.9776 | 0.9776 | 0.9777 | 0.9777 |
| 2.01 | 0.9778 | 0.9778 | 0.9779 | 0.9779 | 0.9780 | 0.9780 | 0.9781 | 0.9782 | 0.9782 | 0.9783 |
| 2.02 | 0.9783 | 0.9784 | 0.9784 | 0.9785 | 0.9785 | 0.9786 | 0.9786 | 0.9787 | 0.9787 | 0.9788 |
| 2.03 | 0.9788 | 0.9789 | 0.9789 | 0.9790 | 0.9790 | 0.9791 | 0.9791 | 0.9792 | 0.9792 | 0.9793 |
| 2.04 | 0.9793 | 0.9794 | 0.9794 | 0.9795 | 0.9795 | 0.9796 | 0.9796 | 0.9797 | 0.9797 | 0.9798 |
| 2.05 | 0.9798 | 0.9799 | 0.9799 | 0.9800 | 0.9800 | 0.9801 | 0.9801 | 0.9802 | 0.9802 | 0.9803 |
| 2.06 | 0.9803 | 0.9803 | 0.9804 | 0.9804 | 0.9805 | 0.9805 | 0.9806 | 0.9806 | 0.9807 | 0.9807 |
| 2.07 | 0.9808 | 0.9808 | 0.9809 | 0.9809 | 0.9810 | 0.9810 | 0.9811 | 0.9811 | 0.9811 | 0.9812 |
| 2.08 | 0.9812 | 0.9813 | 0.9813 | 0.9814 | 0.9814 | 0.9815 | 0.9815 | 0.9816 | 0.9816 | 0.9816 |
| 2.09 | 0.9817 | 0.9817 | 0.9818 | 0.9818 | 0.9819 | 0.9819 | 0.9820 | 0.9820 | 0.9820 | 0.9821 |
| 2.10 | 0.9821 | 0.9822 | 0.9822 | 0.9823 | 0.9823 | 0.9824 | 0.9824 | 0.9824 | 0.9825 | 0.9825 |
| 2.11 | 0.9826 | 0.9826 | 0.9827 | 0.9827 | 0.9827 | 0.9828 | 0.9828 | 0.9829 | 0.9829 | 0.9830 |
| 2.12 | 0.9830 | 0.9830 | 0.9831 | 0.9831 | 0.9832 | 0.9832 | 0.9832 | 0.9833 | 0.9833 | 0.9834 |
| 2.13 | 0.9834 | 0.9835 | 0.9835 | 0.9835 | 0.9836 | 0.9836 | 0.9837 | 0.9837 | 0.9837 | 0.9838 |
| 2.14 | 0.9838 | 0.9839 | 0.9839 | 0.9839 | 0.9840 | 0.9840 | 0.9841 | 0.9841 | 0.9841 | 0.9842 |
| 2.15 | 0.9842 | 0.9843 | 0.9843 | 0.9843 | 0.9844 | 0.9844 | 0.9845 | 0.9845 | 0.9845 | 0.9846 |
| 2.16 | 0.9846 | 0.9847 | 0.9847 | 0.9847 | 0.9848 | 0.9848 | 0.9848 | 0.9849 | 0.9849 | 0.9850 |
| 2.17 | 0.9850 | 0.9850 | 0.9851 | 0.9851 | 0.9851 | 0.9852 | 0.9852 | 0.9853 | 0.9853 | 0.9853 |
| 2.18 | 0.9854 | 0.9854 | 0.9854 | 0.9855 | 0.9855 | 0.9856 | 0.9856 | 0.9856 | 0.9857 | 0.9857 |
| 2.19 | 0.9857 | 0.9858 | 0.9858 | 0.9858 | 0.9859 | 0.9859 | 0.9860 | 0.9860 | 0.9860 | 0.9861 |
| 2.20 | 0.9861 | 0.9861 | 0.9862 | 0.9862 | 0.9862 | 0.9863 | 0.9863 | 0.9863 | 0.9864 | 0.9864 |
| 2.21 | 0.9864 | 0.9865 | 0.9865 | 0.9866 | 0.9866 | 0.9866 | 0.9867 | 0.9867 | 0.9867 | 0.9868 |
| 2.22 | 0.9868 | 0.9868 | 0.9869 | 0.9869 | 0.9869 | 0.9870 | 0.9870 | 0.9870 | 0.9871 | 0.9871 |
| 2.23 | 0.9871 | 0.9872 | 0.9872 | 0.9872 | 0.9873 | 0.9873 | 0.9873 | 0.9874 | 0.9874 | 0.9874 |
| 2.24 | 0.9875 | 0.9875 | 0.9875 | 0.9876 | 0.9876 | 0.9876 | 0.9876 | 0.9877 | 0.9877 | 0.9877 |
| 2.25 | 0.9878 | 0.9878 | 0.9878 | 0.9879 | 0.9879 | 0.9879 | 0.9880 | 0.9880 | 0.9880 | 0.9881 |
| 2.26 | 0.9881 | 0.9881 | 0.9882 | 0.9882 | 0.9882 | 0.9882 | 0.9883 | 0.9883 | 0.9883 | 0.9884 |
| 2.27 | 0.9884 | 0.9884 | 0.9885 | 0.9885 | 0.9885 | 0.9885 | 0.9886 | 0.9886 | 0.9886 | 0.9887 |
| 2.28 | 0.9887 | 0.9887 | 0.9888 | 0.9888 | 0.9888 | 0.9888 | 0.9889 | 0.9889 | 0.9889 | 0.9890 |
| 2.29 | 0.9890 | 0.9890 | 0.9890 | 0.9891 | 0.9891 | 0.9891 | 0.9892 | 0.9892 | 0.9892 | 0.9892 |
| 2.30 | 0.9893 | 0.9893 | 0.9893 | 0.9894 | 0.9894 | 0.9894 | 0.9894 | 0.9895 | 0.9895 | 0.9895 |
| 2.31 | 0.9896 | 0.9896 | 0.9896 | 0.9896 | 0.9897 | 0.9897 | 0.9897 | 0.9897 | 0.9898 | 0.9898 |
| 2.32 | 0.9898 | 0.9899 | 0.9899 | 0.9899 | 0.9899 | 0.9900 | 0.9900 | 0.9900 | 0.9900 | 0.9901 |
| 2.33 | 0.9901 | 0.9901 | 0.9901 | 0.9902 | 0.9902 | 0.9902 | 0.9903 | 0.9903 | 0.9903 | 0.9903 |
| 2.34 | 0.9904 | 0.9904 | 0.9904 | 0.9904 | 0.9905 | 0.9905 | 0.9905 | 0.9905 | 0.9906 | 0.9906 |

| $z$ | 0 | 1 | 2 | 3 | 4 | 5 | 6 | 7 | 8 | 9 |
|---|---|---|---|---|---|---|---|---|---|---|
| 2.35 | 0.9906 | 0.9906 | 0.9907 | 0.9907 | 0.9907 | 0.9907 | 0.9908 | 0.9908 | 0.9908 | 0.9908 |
| 2.36 | 0.9909 | 0.9909 | 0.9909 | 0.9909 | 0.9910 | 0.9910 | 0.9910 | 0.9910 | 0.9911 | 0.9911 |
| 2.37 | 0.9911 | 0.9911 | 0.9912 | 0.9912 | 0.9912 | 0.9912 | 0.9912 | 0.9913 | 0.9913 | 0.9913 |
| 2.38 | 0.9913 | 0.9914 | 0.9914 | 0.9914 | 0.9914 | 0.9915 | 0.9915 | 0.9915 | 0.9915 | 0.9916 |
| 2.39 | 0.9916 | 0.9916 | 0.9916 | 0.9916 | 0.9917 | 0.9917 | 0.9917 | 0.9917 | 0.9918 | 0.9918 |
| 2.40 | 0.9918 | 0.9918 | 0.9918 | 0.9919 | 0.9919 | 0.9919 | 0.9919 | 0.9920 | 0.9920 | 0.9920 |
| 2.41 | 0.9920 | 0.9920 | 0.9921 | 0.9921 | 0.9921 | 0.9921 | 0.9922 | 0.9922 | 0.9922 | 0.9922 |
| 2.42 | 0.9922 | 0.9923 | 0.9923 | 0.9923 | 0.9923 | 0.9923 | 0.9924 | 0.9924 | 0.9924 | 0.9924 |
| 2.43 | 0.9925 | 0.9925 | 0.9925 | 0.9925 | 0.9925 | 0.9926 | 0.9926 | 0.9926 | 0.9926 | 0.9926 |
| 2.44 | 0.9927 | 0.9927 | 0.9927 | 0.9927 | 0.9927 | 0.9928 | 0.9928 | 0.9928 | 0.9928 | 0.9928 |
| 2.45 | 0.9929 | 0.9929 | 0.9929 | 0.9929 | 0.9929 | 0.9930 | 0.9930 | 0.9930 | 0.9930 | 0.9930 |
| 2.46 | 0.9931 | 0.9931 | 0.9931 | 0.9931 | 0.9931 | 0.9931 | 0.9932 | 0.9932 | 0.9932 | 0.9932 |
| 2.47 | 0.9932 | 0.9933 | 0.9933 | 0.9933 | 0.9933 | 0.9933 | 0.9934 | 0.9934 | 0.9934 | 0.9934 |
| 2.48 | 0.9934 | 0.9934 | 0.9935 | 0.9935 | 0.9935 | 0.9935 | 0.9935 | 0.9936 | 0.9936 | 0.9936 |
| 2.49 | 0.9936 | 0.9936 | 0.9936 | 0.9937 | 0.9937 | 0.9937 | 0.9937 | 0.9937 | 0.9938 | 0.9938 |
| 2.50 | 0.9938 | 0.9938 | 0.9938 | 0.9938 | 0.9939 | 0.9939 | 0.9939 | 0.9939 | 0.9939 | 0.9939 |
| 2.51 | 0.9940 | 0.9940 | 0.9940 | 0.9940 | 0.9940 | 0.9940 | 0.9941 | 0.9941 | 0.9941 | 0.9941 |
| 2.52 | 0.9941 | 0.9941 | 0.9942 | 0.9942 | 0.9942 | 0.9942 | 0.9942 | 0.9942 | 0.9943 | 0.9943 |
| 2.53 | 0.9943 | 0.9943 | 0.9943 | 0.9943 | 0.9944 | 0.9944 | 0.9944 | 0.9944 | 0.9944 | 0.9944 |
| 2.54 | 0.9945 | 0.9945 | 0.9945 | 0.9945 | 0.9945 | 0.9945 | 0.9946 | 0.9946 | 0.9946 | 0.9946 |
| 2.55 | 0.9946 | 0.9946 | 0.9946 | 0.9947 | 0.9947 | 0.9947 | 0.9947 | 0.9947 | 0.9947 | 0.9948 |
| 2.56 | 0.9948 | 0.9948 | 0.9948 | 0.9948 | 0.9948 | 0.9948 | 0.9949 | 0.9949 | 0.9949 | 0.9949 |
| 2.57 | 0.9949 | 0.9949 | 0.9949 | 0.9950 | 0.9950 | 0.9950 | 0.9950 | 0.9950 | 0.9950 | 0.9950 |
| 2.58 | 0.9951 | 0.9951 | 0.9951 | 0.9951 | 0.9951 | 0.9951 | 0.9951 | 0.9952 | 0.9952 | 0.9952 |
| 2.59 | 0.9952 | 0.9952 | 0.9952 | 0.9952 | 0.9953 | 0.9953 | 0.9953 | 0.9953 | 0.9953 | 0.9953 |
| 2.60 | 0.9953 | 0.9954 | 0.9954 | 0.9954 | 0.9954 | 0.9954 | 0.9954 | 0.9954 | 0.9954 | 0.9955 |
| 2.61 | 0.9955 | 0.9955 | 0.9955 | 0.9955 | 0.9955 | 0.9955 | 0.9956 | 0.9956 | 0.9956 | 0.9956 |
| 2.62 | 0.9956 | 0.9956 | 0.9956 | 0.9956 | 0.9957 | 0.9957 | 0.9957 | 0.9957 | 0.9957 | 0.9957 |
| 2.63 | 0.9957 | 0.9957 | 0.9958 | 0.9958 | 0.9958 | 0.9958 | 0.9958 | 0.9958 | 0.9958 | 0.9958 |
| 2.64 | 0.9959 | 0.9959 | 0.9959 | 0.9959 | 0.9959 | 0.9959 | 0.9959 | 0.9959 | 0.9960 | 0.9960 |
| 2.65 | 0.9960 | 0.9960 | 0.9960 | 0.9960 | 0.9960 | 0.9960 | 0.9960 | 0.9961 | 0.9961 | 0.9961 |
| 2.66 | 0.9961 | 0.9961 | 0.9961 | 0.9961 | 0.9961 | 0.9962 | 0.9962 | 0.9962 | 0.9962 | 0.9962 |
| 2.67 | 0.9962 | 0.9962 | 0.9962 | 0.9962 | 0.9963 | 0.9963 | 0.9963 | 0.9963 | 0.9963 | 0.9963 |
| 2.68 | 0.9963 | 0.9963 | 0.9963 | 0.9964 | 0.9964 | 0.9964 | 0.9964 | 0.9964 | 0.9964 | 0.9964 |
| 2.69 | 0.9964 | 0.9964 | 0.9964 | 0.9965 | 0.9965 | 0.9965 | 0.9965 | 0.9965 | 0.9965 | 0.9965 |
| 2.70 | 0.9965 | 0.9965 | 0.9966 | 0.9966 | 0.9966 | 0.9966 | 0.9966 | 0.9966 | 0.9966 | 0.9966 |
| 2.71 | 0.9966 | 0.9966 | 0.9967 | 0.9967 | 0.9967 | 0.9967 | 0.9967 | 0.9967 | 0.9967 | 0.9967 |
| 2.72 | 0.9967 | 0.9967 | 0.9968 | 0.9968 | 0.9968 | 0.9968 | 0.9968 | 0.9968 | 0.9968 | 0.9968 |
| 2.73 | 0.9968 | 0.9968 | 0.9969 | 0.9969 | 0.9969 | 0.9969 | 0.9969 | 0.9969 | 0.9969 | 0.9969 |
| 2.74 | 0.9969 | 0.9969 | 0.9969 | 0.9970 | 0.9970 | 0.9970 | 0.9970 | 0.9970 | 0.9970 | 0.9970 |
| 2.75 | 0.9970 | 0.9970 | 0.9970 | 0.9970 | 0.9971 | 0.9971 | 0.9971 | 0.9971 | 0.9971 | 0.9971 |
| 2.76 | 0.9971 | 0.9971 | 0.9971 | 0.9971 | 0.9971 | 0.9972 | 0.9972 | 0.9972 | 0.9972 | 0.9972 |
| 2.77 | 0.9972 | 0.9972 | 0.9972 | 0.9972 | 0.9972 | 0.9972 | 0.9972 | 0.9973 | 0.9973 | 0.9973 |
| 2.78 | 0.9973 | 0.9973 | 0.9973 | 0.9973 | 0.9973 | 0.9973 | 0.9973 | 0.9973 | 0.9973 | 0.9974 |
| 2.79 | 0.9974 | 0.9974 | 0.9974 | 0.9974 | 0.9974 | 0.9974 | 0.9974 | 0.9974 | 0.9974 | 0.9974 |
| 2.80 | 0.9974 | 0.9975 | 0.9975 | 0.9975 | 0.9975 | 0.9975 | 0.9975 | 0.9975 | 0.9975 | 0.9975 |
| 2.81 | 0.9975 | 0.9975 | 0.9975 | 0.9975 | 0.9976 | 0.9976 | 0.9976 | 0.9976 | 0.9976 | 0.9976 |
| 2.82 | 0.9976 | 0.9976 | 0.9976 | 0.9976 | 0.9976 | 0.9976 | 0.9976 | 0.9977 | 0.9977 | 0.9977 |
| 2.83 | 0.9977 | 0.9977 | 0.9977 | 0.9977 | 0.9977 | 0.9977 | 0.9977 | 0.9977 | 0.9977 | 0.9977 |
| 2.84 | 0.9977 | 0.9978 | 0.9978 | 0.9978 | 0.9978 | 0.9978 | 0.9978 | 0.9978 | 0.9978 | 0.9978 |

# Standardnormalverteilung

## Verteilungsfunktion

| $z$ | 0 | 1 | 2 | 3 | 4 | 5 | 6 | 7 | 8 | 9 |
|---|---|---|---|---|---|---|---|---|---|---|
| 2.85 | 0.9978 | 0.9978 | 0.9978 | 0.9978 | 0.9978 | 0.9978 | 0.9979 | 0.9979 | 0.9979 | 0.9979 |
| 2.86 | 0.9979 | 0.9979 | 0.9979 | 0.9979 | 0.9979 | 0.9979 | 0.9979 | 0.9979 | 0.9979 | 0.9979 |
| 2.87 | 0.9979 | 0.9980 | 0.9980 | 0.9980 | 0.9980 | 0.9980 | 0.9980 | 0.9980 | 0.9980 | 0.9980 |
| 2.88 | 0.9980 | 0.9980 | 0.9980 | 0.9980 | 0.9980 | 0.9980 | 0.9980 | 0.9981 | 0.9981 | 0.9981 |
| 2.89 | 0.9981 | 0.9981 | 0.9981 | 0.9981 | 0.9981 | 0.9981 | 0.9981 | 0.9981 | 0.9981 | 0.9981 |
| 2.90 | 0.9981 | 0.9981 | 0.9981 | 0.9982 | 0.9982 | 0.9982 | 0.9982 | 0.9982 | 0.9982 | 0.9982 |
| 2.91 | 0.9982 | 0.9982 | 0.9982 | 0.9982 | 0.9982 | 0.9982 | 0.9982 | 0.9982 | 0.9982 | 0.9982 |
| 2.92 | 0.9982 | 0.9983 | 0.9983 | 0.9983 | 0.9983 | 0.9983 | 0.9983 | 0.9983 | 0.9983 | 0.9983 |
| 2.93 | 0.9983 | 0.9983 | 0.9983 | 0.9983 | 0.9983 | 0.9983 | 0.9983 | 0.9983 | 0.9983 | 0.9984 |
| 2.94 | 0.9984 | 0.9984 | 0.9984 | 0.9984 | 0.9984 | 0.9984 | 0.9984 | 0.9984 | 0.9984 | 0.9984 |
| 2.95 | 0.9984 | 0.9984 | 0.9984 | 0.9984 | 0.9984 | 0.9984 | 0.9984 | 0.9984 | 0.9985 | 0.9985 |
| 2.96 | 0.9985 | 0.9985 | 0.9985 | 0.9985 | 0.9985 | 0.9985 | 0.9985 | 0.9985 | 0.9985 | 0.9985 |
| 2.97 | 0.9985 | 0.9985 | 0.9985 | 0.9985 | 0.9985 | 0.9985 | 0.9985 | 0.9985 | 0.9985 | 0.9986 |
| 2.98 | 0.9986 | 0.9986 | 0.9986 | 0.9986 | 0.9986 | 0.9986 | 0.9986 | 0.9986 | 0.9986 | 0.9986 |
| 2.99 | 0.9986 | 0.9986 | 0.9986 | 0.9986 | 0.9986 | 0.9986 | 0.9986 | 0.9986 | 0.9986 | 0.9986 |
| 3.00 | 0.9987 | 0.9987 | 0.9987 | 0.9987 | 0.9987 | 0.9987 | 0.9987 | 0.9987 | 0.9987 | 0.9987 |
| 3.01 | 0.9987 | 0.9987 | 0.9987 | 0.9987 | 0.9987 | 0.9987 | 0.9987 | 0.9987 | 0.9987 | 0.9987 |
| 3.02 | 0.9987 | 0.9987 | 0.9987 | 0.9987 | 0.9988 | 0.9988 | 0.9988 | 0.9988 | 0.9988 | 0.9988 |
| 3.03 | 0.9988 | 0.9988 | 0.9988 | 0.9988 | 0.9988 | 0.9988 | 0.9988 | 0.9988 | 0.9988 | 0.9988 |
| 3.04 | 0.9988 | 0.9988 | 0.9988 | 0.9988 | 0.9988 | 0.9988 | 0.9988 | 0.9988 | 0.9988 | 0.9989 |
| 3.05 | 0.9989 | 0.9989 | 0.9989 | 0.9989 | 0.9989 | 0.9989 | 0.9989 | 0.9989 | 0.9989 | 0.9989 |
| 3.06 | 0.9989 | 0.9989 | 0.9989 | 0.9989 | 0.9989 | 0.9989 | 0.9989 | 0.9989 | 0.9989 | 0.9989 |
| 3.07 | 0.9989 | 0.9989 | 0.9989 | 0.9989 | 0.9989 | 0.9989 | 0.9990 | 0.9990 | 0.9990 | 0.9990 |
| 3.08 | 0.9990 | 0.9990 | 0.9990 | 0.9990 | 0.9990 | 0.9990 | 0.9990 | 0.9990 | 0.9990 | 0.9990 |
| 3.09 | 0.9990 | 0.9990 | 0.9990 | 0.9990 | 0.9990 | 0.9990 | 0.9990 | 0.9990 | 0.9990 | 0.9990 |
| 3.10 | 0.9990 | 0.9990 | 0.9990 | 0.9990 | 0.9990 | 0.9990 | 0.9991 | 0.9991 | 0.9991 | 0.9991 |
| 3.11 | 0.9991 | 0.9991 | 0.9991 | 0.9991 | 0.9991 | 0.9991 | 0.9991 | 0.9991 | 0.9991 | 0.9991 |
| 3.12 | 0.9991 | 0.9991 | 0.9991 | 0.9991 | 0.9991 | 0.9991 | 0.9991 | 0.9991 | 0.9991 | 0.9991 |
| 3.13 | 0.9991 | 0.9991 | 0.9991 | 0.9991 | 0.9991 | 0.9991 | 0.9991 | 0.9991 | 0.9991 | 0.9992 |
| 3.14 | 0.9992 | 0.9992 | 0.9992 | 0.9992 | 0.9992 | 0.9992 | 0.9992 | 0.9992 | 0.9992 | 0.9992 |
| 3.15 | 0.9992 | 0.9992 | 0.9992 | 0.9992 | 0.9992 | 0.9992 | 0.9992 | 0.9992 | 0.9992 | 0.9992 |
| 3.16 | 0.9992 | 0.9992 | 0.9992 | 0.9992 | 0.9992 | 0.9992 | 0.9992 | 0.9992 | 0.9992 | 0.9992 |
| 3.17 | 0.9992 | 0.9992 | 0.9992 | 0.9992 | 0.9992 | 0.9993 | 0.9993 | 0.9993 | 0.9993 | 0.9993 |
| 3.18 | 0.9993 | 0.9993 | 0.9993 | 0.9993 | 0.9993 | 0.9993 | 0.9993 | 0.9993 | 0.9993 | 0.9993 |
| 3.19 | 0.9993 | 0.9993 | 0.9993 | 0.9993 | 0.9993 | 0.9993 | 0.9993 | 0.9993 | 0.9993 | 0.9993 |
| 3.20 | 0.9993 | 0.9993 | 0.9993 | 0.9993 | 0.9993 | 0.9993 | 0.9993 | 0.9993 | 0.9993 | 0.9993 |
| 3.21 | 0.9993 | 0.9993 | 0.9993 | 0.9993 | 0.9993 | 0.9993 | 0.9994 | 0.9994 | 0.9994 | 0.9994 |
| 3.22 | 0.9994 | 0.9994 | 0.9994 | 0.9994 | 0.9994 | 0.9994 | 0.9994 | 0.9994 | 0.9994 | 0.9994 |
| 3.23 | 0.9994 | 0.9994 | 0.9994 | 0.9994 | 0.9994 | 0.9994 | 0.9994 | 0.9994 | 0.9994 | 0.9994 |
| 3.24 | 0.9994 | 0.9994 | 0.9994 | 0.9994 | 0.9994 | 0.9994 | 0.9994 | 0.9994 | 0.9994 | 0.9994 |
| 3.25 | 0.9994 | 0.9994 | 0.9994 | 0.9994 | 0.9994 | 0.9994 | 0.9994 | 0.9994 | 0.9994 | 0.9994 |
| 3.26 | 0.9994 | 0.9994 | 0.9994 | 0.9994 | 0.9995 | 0.9995 | 0.9995 | 0.9995 | 0.9995 | 0.9995 |
| 3.27 | 0.9995 | 0.9995 | 0.9995 | 0.9995 | 0.9995 | 0.9995 | 0.9995 | 0.9995 | 0.9995 | 0.9995 |
| 3.28 | 0.9995 | 0.9995 | 0.9995 | 0.9995 | 0.9995 | 0.9995 | 0.9995 | 0.9995 | 0.9995 | 0.9995 |
| 3.29 | 0.9995 | 0.9995 | 0.9995 | 0.9995 | 0.9995 | 0.9995 | 0.9995 | 0.9995 | 0.9995 | 0.9995 |
| 3.30 | 0.9995 | 0.9995 | 0.9995 | 0.9995 | 0.9995 | 0.9995 | 0.9995 | 0.9995 | 0.9995 | 0.9995 |
| 3.31 | 0.9995 | 0.9995 | 0.9995 | 0.9995 | 0.9995 | 0.9995 | 0.9995 | 0.9995 | 0.9995 | 0.9995 |
| 3.32 | 0.9995 | 0.9996 | 0.9996 | 0.9996 | 0.9996 | 0.9996 | 0.9996 | 0.9996 | 0.9996 | 0.9996 |
| 3.33 | 0.9996 | 0.9996 | 0.9996 | 0.9996 | 0.9996 | 0.9996 | 0.9996 | 0.9996 | 0.9996 | 0.9996 |
| 3.34 | 0.9996 | 0.9996 | 0.9996 | 0.9996 | 0.9996 | 0.9996 | 0.9996 | 0.9996 | 0.9996 | 0.9996 |

| z | 0 | 1 | 2 | 3 | 4 | 5 | 6 | 7 | 8 | 9 |
|---|---|---|---|---|---|---|---|---|---|---|
| 3.35 | 0.9996 | 0.9996 | 0.9996 | 0.9996 | 0.9996 | 0.9996 | 0.9996 | 0.9996 | 0.9996 | 0.9996 |
| 3.36 | 0.9996 | 0.9996 | 0.9996 | 0.9996 | 0.9996 | 0.9996 | 0.9996 | 0.9996 | 0.9996 | 0.9996 |
| 3.37 | 0.9996 | 0.9996 | 0.9996 | 0.9996 | 0.9996 | 0.9996 | 0.9996 | 0.9996 | 0.9996 | 0.9996 |
| 3.38 | 0.9996 | 0.9996 | 0.9996 | 0.9996 | 0.9996 | 0.9996 | 0.9996 | 0.9996 | 0.9996 | 0.9996 |
| 3.39 | 0.9997 | 0.9997 | 0.9997 | 0.9997 | 0.9997 | 0.9997 | 0.9997 | 0.9997 | 0.9997 | 0.9997 |
| 3.40 | 0.9997 | 0.9997 | 0.9997 | 0.9997 | 0.9997 | 0.9997 | 0.9997 | 0.9997 | 0.9997 | 0.9997 |
| 3.41 | 0.9997 | 0.9997 | 0.9997 | 0.9997 | 0.9997 | 0.9997 | 0.9997 | 0.9997 | 0.9997 | 0.9997 |
| 3.42 | 0.9997 | 0.9997 | 0.9997 | 0.9997 | 0.9997 | 0.9997 | 0.9997 | 0.9997 | 0.9997 | 0.9997 |
| 3.43 | 0.9997 | 0.9997 | 0.9997 | 0.9997 | 0.9997 | 0.9997 | 0.9997 | 0.9997 | 0.9997 | 0.9997 |
| 3.44 | 0.9997 | 0.9997 | 0.9997 | 0.9997 | 0.9997 | 0.9997 | 0.9997 | 0.9997 | 0.9997 | 0.9997 |
| 3.45 | 0.9997 | 0.9997 | 0.9997 | 0.9997 | 0.9997 | 0.9997 | 0.9997 | 0.9997 | 0.9997 | 0.9997 |
| 3.46 | 0.9997 | 0.9997 | 0.9997 | 0.9997 | 0.9997 | 0.9997 | 0.9997 | 0.9997 | 0.9997 | 0.9997 |
| 3.47 | 0.9997 | 0.9997 | 0.9997 | 0.9997 | 0.9997 | 0.9997 | 0.9997 | 0.9997 | 0.9997 | 0.9997 |
| 3.48 | 0.9997 | 0.9998 | 0.9998 | 0.9998 | 0.9998 | 0.9998 | 0.9998 | 0.9998 | 0.9998 | 0.9998 |
| 3.49 | 0.9998 | 0.9998 | 0.9998 | 0.9998 | 0.9998 | 0.9998 | 0.9998 | 0.9998 | 0.9998 | 0.9998 |
| 3.50 | 0.9998 | 0.9998 | 0.9998 | 0.9998 | 0.9998 | 0.9998 | 0.9998 | 0.9998 | 0.9998 | 0.9998 |
| 3.51 | 0.9998 | 0.9998 | 0.9998 | 0.9998 | 0.9998 | 0.9998 | 0.9998 | 0.9998 | 0.9998 | 0.9998 |
| 3.52 | 0.9998 | 0.9998 | 0.9998 | 0.9998 | 0.9998 | 0.9998 | 0.9998 | 0.9998 | 0.9998 | 0.9998 |
| 3.53 | 0.9998 | 0.9998 | 0.9998 | 0.9998 | 0.9998 | 0.9998 | 0.9998 | 0.9998 | 0.9998 | 0.9998 |
| 3.54 | 0.9998 | 0.9998 | 0.9998 | 0.9998 | 0.9998 | 0.9998 | 0.9998 | 0.9998 | 0.9998 | 0.9998 |
| 3.55 | 0.9998 | 0.9998 | 0.9998 | 0.9998 | 0.9998 | 0.9998 | 0.9998 | 0.9998 | 0.9998 | 0.9998 |
| 3.56 | 0.9998 | 0.9998 | 0.9998 | 0.9998 | 0.9998 | 0.9998 | 0.9998 | 0.9998 | 0.9998 | 0.9998 |
| 3.57 | 0.9998 | 0.9998 | 0.9998 | 0.9998 | 0.9998 | 0.9998 | 0.9998 | 0.9998 | 0.9998 | 0.9998 |
| 3.58 | 0.9998 | 0.9998 | 0.9998 | 0.9998 | 0.9998 | 0.9998 | 0.9998 | 0.9998 | 0.9998 | 0.9998 |
| 3.59 | 0.9998 | 0.9998 | 0.9998 | 0.9998 | 0.9998 | 0.9998 | 0.9998 | 0.9998 | 0.9998 | 0.9998 |
| 3.60 | 0.9998 | 0.9998 | 0.9998 | 0.9998 | 0.9998 | 0.9998 | 0.9998 | 0.9998 | 0.9998 | 0.9998 |
| 3.61 | 0.9998 | 0.9998 | 0.9998 | 0.9998 | 0.9998 | 0.9998 | 0.9999 | 0.9999 | 0.9999 | 0.9999 |
| 3.62 | 0.9999 | 0.9999 | 0.9999 | 0.9999 | 0.9999 | 0.9999 | 0.9999 | 0.9999 | 0.9999 | 0.9999 |
| 3.63 | 0.9999 | 0.9999 | 0.9999 | 0.9999 | 0.9999 | 0.9999 | 0.9999 | 0.9999 | 0.9999 | 0.9999 |
| 3.64 | 0.9999 | 0.9999 | 0.9999 | 0.9999 | 0.9999 | 0.9999 | 0.9999 | 0.9999 | 0.9999 | 0.9999 |
| 3.65 | 0.9999 | 0.9999 | 0.9999 | 0.9999 | 0.9999 | 0.9999 | 0.9999 | 0.9999 | 0.9999 | 0.9999 |
| 3.66 | 0.9999 | 0.9999 | 0.9999 | 0.9999 | 0.9999 | 0.9999 | 0.9999 | 0.9999 | 0.9999 | 0.9999 |
| 3.67 | 0.9999 | 0.9999 | 0.9999 | 0.9999 | 0.9999 | 0.9999 | 0.9999 | 0.9999 | 0.9999 | 0.9999 |
| 3.68 | 0.9999 | 0.9999 | 0.9999 | 0.9999 | 0.9999 | 0.9999 | 0.9999 | 0.9999 | 0.9999 | 0.9999 |
| 3.69 | 0.9999 | 0.9999 | 0.9999 | 0.9999 | 0.9999 | 0.9999 | 0.9999 | 0.9999 | 0.9999 | 0.9999 |
| 3.70 | 0.9999 | 0.9999 | 0.9999 | 0.9999 | 0.9999 | 0.9999 | 0.9999 | 0.9999 | 0.9999 | 0.9999 |
| 3.71 | 0.9999 | 0.9999 | 0.9999 | 0.9999 | 0.9999 | 0.9999 | 0.9999 | 0.9999 | 0.9999 | 0.9999 |
| 3.72 | 0.9999 | 0.9999 | 0.9999 | 0.9999 | 0.9999 | 0.9999 | 0.9999 | 0.9999 | 0.9999 | 0.9999 |
| 3.73 | 0.9999 | 0.9999 | 0.9999 | 0.9999 | 0.9999 | 0.9999 | 0.9999 | 0.9999 | 0.9999 | 0.9999 |
| 3.74 | 0.9999 | 0.9999 | 0.9999 | 0.9999 | 0.9999 | 0.9999 | 0.9999 | 0.9999 | 0.9999 | 0.9999 |
| 3.75 | 0.9999 | 0.9999 | 0.9999 | 0.9999 | 0.9999 | 0.9999 | 0.9999 | 0.9999 | 0.9999 | 0.9999 |
| 3.76 | 0.9999 | 0.9999 | 0.9999 | 0.9999 | 0.9999 | 0.9999 | 0.9999 | 0.9999 | 0.9999 | 0.9999 |
| 3.77 | 0.9999 | 0.9999 | 0.9999 | 0.9999 | 0.9999 | 0.9999 | 0.9999 | 0.9999 | 0.9999 | 0.9999 |
| 3.78 | 0.9999 | 0.9999 | 0.9999 | 0.9999 | 0.9999 | 0.9999 | 0.9999 | 0.9999 | 0.9999 | 0.9999 |
| 3.79 | 0.9999 | 0.9999 | 0.9999 | 0.9999 | 0.9999 | 0.9999 | 0.9999 | 0.9999 | 0.9999 | 0.9999 |
| 3.80 | 0.9999 | 0.9999 | 0.9999 | 0.9999 | 0.9999 | 0.9999 | 0.9999 | 0.9999 | 0.9999 | 0.9999 |

# Standardnormalverteilung

## Einseitige Flächenanteile

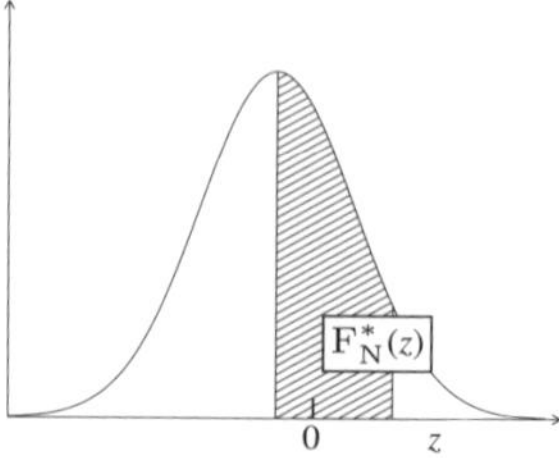


Es gilt: $F_N^*(z) = F_N(z) - 0.5 = F_N^*(-z)$

und

$F_N^*(z) = 0.$

| z | 0 | 1 | 2 | 3 | 4 | 5 | 6 | 7 | 8 | 9 |
|---|---|---|---|---|---|---|---|---|---|---|
| 0.0 | 0.0000 | 0.0040 | 0.0080 | 0.0120 | 0.0160 | 0.0199 | 0.0239 | 0.0279 | 0.0319 | 0.0359 |
| 0.1 | 0.0398 | 0.0438 | 0.0478 | 0.0517 | 0.0557 | 0.0596 | 0.0636 | 0.0675 | 0.0714 | 0.0753 |
| 0.2 | 0.0793 | 0.0832 | 0.0871 | 0.0910 | 0.0948 | 0.0987 | 0.1026 | 0.1064 | 0.1103 | 0.1141 |
| 0.3 | 0.1179 | 0.1217 | 0.1255 | 0.1293 | 0.1331 | 0.1368 | 0.1406 | 0.1443 | 0.1480 | 0.1517 |
| 0.4 | 0.1554 | 0.1591 | 0.1628 | 0.1664 | 0.1700 | 0.1736 | 0.1772 | 0.1808 | 0.1844 | 0.1879 |
| 0.5 | 0.1915 | 0.1950 | 0.1985 | 0.2019 | 0.2054 | 0.2088 | 0.2123 | 0.2157 | 0.2190 | 0.2224 |
| 0.6 | 0.2257 | 0.2291 | 0.2324 | 0.2357 | 0.2389 | 0.2422 | 0.2454 | 0.2486 | 0.2517 | 0.2549 |
| 0.7 | 0.2580 | 0.2611 | 0.2642 | 0.2673 | 0.2704 | 0.2734 | 0.2764 | 0.2794 | 0.2823 | 0.2852 |
| 0.8 | 0.2881 | 0.2910 | 0.2939 | 0.2967 | 0.2995 | 0.3023 | 0.3051 | 0.3078 | 0.3106 | 0.3133 |
| 0.9 | 0.3159 | 0.3186 | 0.3212 | 0.3238 | 0.3264 | 0.3289 | 0.3315 | 0.3340 | 0.3365 | 0.3389 |
| 1.0 | 0.3413 | 0.3438 | 0.3461 | 0.3485 | 0.3508 | 0.3531 | 0.3554 | 0.3577 | 0.3599 | 0.3621 |
| 1.1 | 0.3643 | 0.3665 | 0.3686 | 0.3708 | 0.3729 | 0.3749 | 0.3770 | 0.3790 | 0.3810 | 0.3830 |
| 1.2 | 0.3849 | 0.3869 | 0.3888 | 0.3907 | 0.3925 | 0.3944 | 0.3962 | 0.3980 | 0.3997 | 0.4015 |
| 1.3 | 0.4032 | 0.4049 | 0.4066 | 0.4082 | 0.4099 | 0.4115 | 0.4131 | 0.4147 | 0.4162 | 0.4177 |
| 1.4 | 0.4192 | 0.4207 | 0.4222 | 0.4236 | 0.4251 | 0.4265 | 0.4279 | 0.4292 | 0.4306 | 0.4319 |
| 1.5 | 0.4332 | 0.4345 | 0.4357 | 0.4370 | 0.4382 | 0.4394 | 0.4406 | 0.4418 | 0.4429 | 0.4441 |
| 1.6 | 0.4452 | 0.4463 | 0.4474 | 0.4484 | 0.4495 | 0.4505 | 0.4515 | 0.4525 | 0.4535 | 0.4545 |
| 1.7 | 0.4554 | 0.4564 | 0.4573 | 0.4582 | 0.4591 | 0.4599 | 0.4608 | 0.4616 | 0.4625 | 0.4633 |
| 1.8 | 0.4641 | 0.4649 | 0.4656 | 0.4664 | 0.4671 | 0.4678 | 0.4686 | 0.4693 | 0.4699 | 0.4706 |
| 1.9 | 0.4713 | 0.4719 | 0.4726 | 0.4732 | 0.4738 | 0.4744 | 0.4750 | 0.4756 | 0.4761 | 0.4767 |
| 2.0 | 0.4772 | 0.4778 | 0.4783 | 0.4788 | 0.4793 | 0.4798 | 0.4803 | 0.4808 | 0.4812 | 0.4817 |
| 2.1 | 0.4821 | 0.4826 | 0.4830 | 0.4834 | 0.4838 | 0.4842 | 0.4846 | 0.4850 | 0.4854 | 0.4857 |
| 2.2 | 0.4861 | 0.4864 | 0.4868 | 0.4871 | 0.4875 | 0.4878 | 0.4881 | 0.4884 | 0.4887 | 0.4890 |
| 2.3 | 0.4893 | 0.4896 | 0.4898 | 0.4901 | 0.4904 | 0.4906 | 0.4909 | 0.4911 | 0.4913 | 0.4916 |
| 2.4 | 0.4918 | 0.4920 | 0.4922 | 0.4925 | 0.4927 | 0.4929 | 0.4931 | 0.4932 | 0.4934 | 0.4936 |
| 2.5 | 0.4938 | 0.4940 | 0.4941 | 0.4943 | 0.4945 | 0.4946 | 0.4948 | 0.4949 | 0.4951 | 0.4952 |
| 2.6 | 0.4953 | 0.4955 | 0.4956 | 0.4957 | 0.4959 | 0.4960 | 0.4961 | 0.4962 | 0.4963 | 0.4964 |
| 2.7 | 0.4965 | 0.4966 | 0.4967 | 0.4968 | 0.4969 | 0.4970 | 0.4971 | 0.4972 | 0.4973 | 0.4974 |
| 2.8 | 0.4974 | 0.4975 | 0.4976 | 0.4977 | 0.4977 | 0.4978 | 0.4979 | 0.4979 | 0.4980 | 0.4981 |
| 2.9 | 0.4981 | 0.4982 | 0.4982 | 0.4983 | 0.4984 | 0.4984 | 0.4985 | 0.4985 | 0.4986 | 0.4986 |
| 3.0 | 0.4987 | 0.4987 | 0.4987 | 0.4988 | 0.4988 | 0.4989 | 0.4989 | 0.4989 | 0.4990 | 0.4990 |
| 3.1 | 0.4990 | 0.4991 | 0.4991 | 0.4991 | 0.4992 | 0.4992 | 0.4992 | 0.4992 | 0.4993 | 0.4993 |
| 3.2 | 0.4993 | 0.4993 | 0.4994 | 0.4994 | 0.4994 | 0.4994 | 0.4994 | 0.4995 | 0.4995 | 0.4995 |
| 3.3 | 0.4995 | 0.4995 | 0.4995 | 0.4996 | 0.4996 | 0.4996 | 0.4996 | 0.4996 | 0.4996 | 0.4997 |
| 3.4 | 0.4997 | 0.4997 | 0.4997 | 0.4997 | 0.4997 | 0.4997 | 0.4997 | 0.4997 | 0.4997 | 0.4998 |
| 3.5 | 0.4998 | 0.4998 | 0.4998 | 0.4998 | 0.4998 | 0.4998 | 0.4998 | 0.4998 | 0.4998 | 0.4998 |
| 3.6 | 0.4998 | 0.4998 | 0.4999 | 0.4999 | 0.4999 | 0.4999 | 0.4999 | 0.4999 | 0.4999 | 0.4999 |
| 3.7 | 0.4999 | 0.4999 | 0.4999 | 0.4999 | 0.4999 | 0.4999 | 0.4999 | 0.4999 | 0.4999 | 0.4999 |
| 3.8 | 0.4999 | 0.4999 | 0.4999 | 0.4999 | 0.4999 | 0.4999 | 0.4999 | 0.4999 | 0.4999 | 0.4999 |
| 3.9 | 0.5000 | 0.5000 | 0.5000 | 0.5000 | 0.5000 | 0.5000 | 0.5000 | 0.5000 | 0.5000 | 0.5000 |

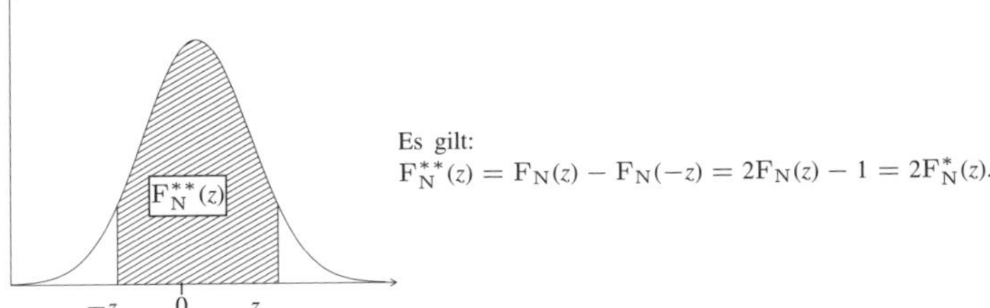


Es gilt:
$F_N^{**}(z) = F_N(z) - F_N(-z) = 2F_N(z) - 1 = 2F_N^{*}(z).$

| $z$ | 0 | 1 | 2 | 3 | 4 | 5 | 6 | 7 | 8 | 9 |
|---|---|---|---|---|---|---|---|---|---|---|
| 0.0 | 0.0000 | 0.0080 | 0.0160 | 0.0239 | 0.0319 | 0.0399 | 0.0478 | 0.0558 | 0.0638 | 0.0717 |
| 0.1 | 0.0797 | 0.0876 | 0.0955 | 0.1034 | 0.1113 | 0.1192 | 0.1271 | 0.1350 | 0.1428 | 0.1507 |
| 0.2 | 0.1585 | 0.1663 | 0.1741 | 0.1819 | 0.1897 | 0.1974 | 0.2051 | 0.2128 | 0.2205 | 0.2282 |
| 0.3 | 0.2358 | 0.2434 | 0.2510 | 0.2586 | 0.2661 | 0.2737 | 0.2812 | 0.2886 | 0.2961 | 0.3035 |
| 0.4 | 0.3108 | 0.3182 | 0.3255 | 0.3328 | 0.3401 | 0.3473 | 0.3545 | 0.3616 | 0.3688 | 0.3759 |
| 0.5 | 0.3829 | 0.3899 | 0.3969 | 0.4039 | 0.4108 | 0.4177 | 0.4245 | 0.4313 | 0.4381 | 0.4448 |
| 0.6 | 0.4515 | 0.4581 | 0.4647 | 0.4713 | 0.4778 | 0.4843 | 0.4907 | 0.4971 | 0.5035 | 0.5098 |
| 0.7 | 0.5161 | 0.5223 | 0.5285 | 0.5346 | 0.5407 | 0.5467 | 0.5527 | 0.5587 | 0.5646 | 0.5705 |
| 0.8 | 0.5763 | 0.5821 | 0.5878 | 0.5935 | 0.5991 | 0.6047 | 0.6102 | 0.6157 | 0.6211 | 0.6265 |
| 0.9 | 0.6319 | 0.6372 | 0.6424 | 0.6476 | 0.6528 | 0.6579 | 0.6629 | 0.6680 | 0.6729 | 0.6778 |
| 1.0 | 0.6827 | 0.6875 | 0.6923 | 0.6970 | 0.7017 | 0.7063 | 0.7109 | 0.7154 | 0.7199 | 0.7243 |
| 1.1 | 0.7287 | 0.7330 | 0.7373 | 0.7415 | 0.7457 | 0.7499 | 0.7540 | 0.7580 | 0.7620 | 0.7660 |
| 1.2 | 0.7699 | 0.7737 | 0.7775 | 0.7813 | 0.7850 | 0.7887 | 0.7923 | 0.7959 | 0.7995 | 0.8029 |
| 1.3 | 0.8064 | 0.8098 | 0.8132 | 0.8165 | 0.8198 | 0.8230 | 0.8262 | 0.8293 | 0.8324 | 0.8355 |
| 1.4 | 0.8385 | 0.8415 | 0.8444 | 0.8473 | 0.8501 | 0.8529 | 0.8557 | 0.8584 | 0.8611 | 0.8638 |
| 1.5 | 0.8664 | 0.8690 | 0.8715 | 0.8740 | 0.8764 | 0.8789 | 0.8812 | 0.8836 | 0.8859 | 0.8882 |
| 1.6 | 0.8904 | 0.8926 | 0.8948 | 0.8969 | 0.8990 | 0.9011 | 0.9031 | 0.9051 | 0.9070 | 0.9090 |
| 1.7 | 0.9109 | 0.9127 | 0.9146 | 0.9164 | 0.9181 | 0.9199 | 0.9216 | 0.9233 | 0.9249 | 0.9265 |
| 1.8 | 0.9281 | 0.9297 | 0.9312 | 0.9328 | 0.9342 | 0.9357 | 0.9371 | 0.9385 | 0.9399 | 0.9412 |
| 1.9 | 0.9426 | 0.9439 | 0.9451 | 0.9464 | 0.9476 | 0.9488 | 0.9500 | 0.9512 | 0.9523 | 0.9534 |
| 2.0 | 0.9545 | 0.9556 | 0.9566 | 0.9576 | 0.9586 | 0.9596 | 0.9606 | 0.9615 | 0.9625 | 0.9634 |
| 2.1 | 0.9643 | 0.9651 | 0.9660 | 0.9668 | 0.9676 | 0.9684 | 0.9692 | 0.9700 | 0.9707 | 0.9715 |
| 2.2 | 0.9722 | 0.9729 | 0.9736 | 0.9743 | 0.9749 | 0.9756 | 0.9762 | 0.9768 | 0.9774 | 0.9780 |
| 2.3 | 0.9786 | 0.9791 | 0.9797 | 0.9802 | 0.9807 | 0.9812 | 0.9817 | 0.9822 | 0.9827 | 0.9832 |
| 2.4 | 0.9836 | 0.9840 | 0.9845 | 0.9849 | 0.9853 | 0.9857 | 0.9861 | 0.9865 | 0.9869 | 0.9872 |
| 2.5 | 0.9876 | 0.9879 | 0.9883 | 0.9886 | 0.9889 | 0.9892 | 0.9895 | 0.9898 | 0.9901 | 0.9904 |
| 2.6 | 0.9907 | 0.9909 | 0.9912 | 0.9915 | 0.9917 | 0.9920 | 0.9922 | 0.9924 | 0.9926 | 0.9929 |
| 2.7 | 0.9931 | 0.9933 | 0.9935 | 0.9937 | 0.9939 | 0.9940 | 0.9942 | 0.9944 | 0.9946 | 0.9947 |
| 2.8 | 0.9949 | 0.9950 | 0.9952 | 0.9953 | 0.9955 | 0.9956 | 0.9958 | 0.9959 | 0.9960 | 0.9961 |
| 2.9 | 0.9963 | 0.9964 | 0.9965 | 0.9966 | 0.9967 | 0.9968 | 0.9969 | 0.9970 | 0.9971 | 0.9972 |
| 3.0 | 0.9973 | 0.9974 | 0.9975 | 0.9976 | 0.9976 | 0.9977 | 0.9978 | 0.9979 | 0.9979 | 0.9980 |
| 3.1 | 0.9981 | 0.9981 | 0.9982 | 0.9983 | 0.9983 | 0.9984 | 0.9984 | 0.9985 | 0.9985 | 0.9986 |
| 3.2 | 0.9986 | 0.9987 | 0.9987 | 0.9988 | 0.9988 | 0.9988 | 0.9989 | 0.9989 | 0.9990 | 0.9990 |
| 3.3 | 0.9990 | 0.9991 | 0.9991 | 0.9991 | 0.9992 | 0.9992 | 0.9992 | 0.9992 | 0.9993 | 0.9993 |
| 3.4 | 0.9993 | 0.9994 | 0.9994 | 0.9994 | 0.9994 | 0.9994 | 0.9995 | 0.9995 | 0.9995 | 0.9995 |
| 3.5 | 0.9995 | 0.9996 | 0.9996 | 0.9996 | 0.9996 | 0.9996 | 0.9996 | 0.9996 | 0.9997 | 0.9997 |
| 3.6 | 0.9997 | 0.9997 | 0.9997 | 0.9997 | 0.9997 | 0.9997 | 0.9997 | 0.9998 | 0.9998 | 0.9998 |
| 3.7 | 0.9998 | 0.9998 | 0.9998 | 0.9998 | 0.9998 | 0.9998 | 0.9998 | 0.9998 | 0.9998 | 0.9998 |
| 3.8 | 0.9999 | 0.9999 | 0.9999 | 0.9999 | 0.9999 | 0.9999 | 0.9999 | 0.9999 | 0.9999 | 0.9999 |
| 3.9 | 0.9999 | 0.9999 | 0.9999 | 0.9999 | 0.9999 | 0.9999 | 0.9999 | 0.9999 | 0.9999 | 0.9999 |

# Chi-Quadrat-Verteilung

## Werte von $\chi^2$ zu gegebenen Werten der Verteilungsfunktion

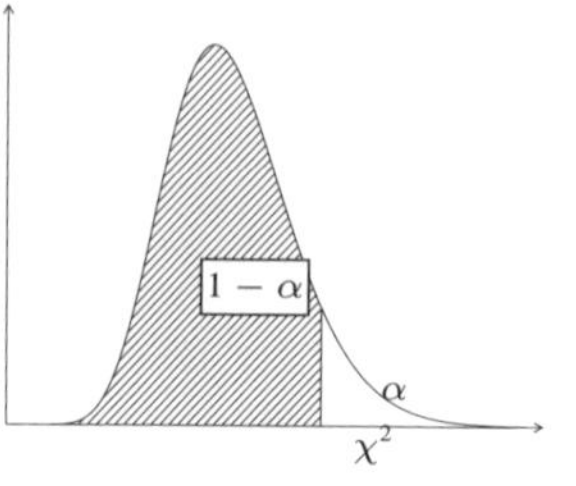


Tabelliert sind die Werte $\chi^2$,
für die $W(0 < X^2 \leq \chi^2) = F_{Ch}(\chi^2/\nu) = 1 - \alpha$

| $\nu$ | $1-\alpha$ | | | | | | | | |
|---|---|---|---|---|---|---|---|---|---|
| | 0.001 | 0.005 | 0.01 | 0.025 | 0.05 | 0.1 | 0.25 | 0.4 | 0.5 |
| 1 | 0.000 | 0.000 | 0.000 | 0.001 | 0.004 | 0.016 | 0.102 | 0.275 | 0.455 |
| 2 | 0.002 | 0.010 | 0.020 | 0.051 | 0.103 | 0.211 | 0.575 | 1.022 | 1.386 |
| 3 | 0.024 | 0.072 | 0.115 | 0.216 | 0.352 | 0.584 | 1.213 | 1.869 | 2.366 |
| 4 | 0.091 | 0.207 | 0.297 | 0.484 | 0.711 | 1.064 | 1.923 | 2.753 | 3.357 |
| 5 | 0.210 | 0.412 | 0.554 | 0.831 | 1.145 | 1.610 | 2.675 | 3.655 | 4.351 |
| 6 | 0.381 | 0.676 | 0.872 | 1.237 | 1.635 | 2.204 | 3.455 | 4.570 | 5.348 |
| 7 | 0.598 | 0.989 | 1.239 | 1.690 | 2.167 | 2.833 | 4.255 | 5.493 | 6.346 |
| 8 | 0.857 | 1.344 | 1.646 | 2.180 | 2.733 | 3.490 | 5.071 | 6.423 | 7.344 |
| 9 | 1.152 | 1.735 | 2.088 | 2.700 | 3.325 | 4.168 | 5.899 | 7.357 | 8.343 |
| 10 | 1.479 | 2.156 | 2.558 | 3.247 | 3.940 | 4.865 | 6.737 | 8.295 | 9.342 |
| 11 | 1.834 | 2.603 | 3.053 | 3.816 | 4.575 | 5.578 | 7.584 | 9.237 | 10.341 |
| 12 | 2.214 | 3.074 | 3.571 | 4.404 | 5.226 | 6.304 | 8.438 | 10.182 | 11.340 |
| 13 | 2.617 | 3.565 | 4.107 | 5.009 | 5.892 | 7.042 | 9.299 | 11.129 | 12.340 |
| 14 | 3.041 | 4.075 | 4.660 | 5.629 | 6.571 | 7.790 | 10.165 | 12.078 | 13.339 |
| 15 | 3.483 | 4.601 | 5.229 | 6.262 | 7.261 | 8.547 | 11.037 | 13.030 | 14.339 |
| 16 | 3.942 | 5.142 | 5.812 | 6.908 | 7.962 | 9.312 | 11.912 | 13.983 | 15.338 |
| 17 | 4.416 | 5.697 | 6.408 | 7.564 | 8.672 | 10.085 | 12.792 | 14.937 | 16.338 |
| 18 | 4.905 | 6.265 | 7.015 | 8.231 | 9.390 | 10.865 | 13.675 | 15.893 | 17.338 |
| 19 | 5.407 | 6.844 | 7.633 | 8.907 | 10.117 | 11.651 | 14.562 | 16.850 | 18.338 |
| 20 | 5.921 | 7.434 | 8.260 | 9.591 | 10.851 | 12.443 | 15.452 | 17.809 | 19.337 |
| 21 | 6.447 | 8.034 | 8.897 | 10.283 | 11.591 | 13.240 | 16.344 | 18.768 | 20.337 |
| 22 | 6.983 | 8.643 | 9.542 | 10.982 | 12.338 | 14.041 | 17.240 | 19.729 | 21.337 |
| 23 | 7.529 | 9.260 | 10.196 | 11.689 | 13.091 | 14.848 | 18.137 | 20.690 | 22.337 |
| 24 | 8.085 | 9.886 | 10.856 | 12.401 | 13.848 | 15.659 | 19.037 | 21.652 | 23.337 |
| 25 | 8.649 | 10.520 | 11.524 | 13.120 | 14.611 | 16.473 | 19.939 | 22.616 | 24.337 |
| 26 | 9.222 | 11.160 | 12.198 | 13.844 | 15.379 | 17.292 | 20.843 | 23.579 | 25.336 |
| 27 | 9.803 | 11.808 | 12.879 | 14.573 | 16.151 | 18.114 | 21.749 | 24.544 | 26.336 |
| 28 | 10.391 | 12.461 | 13.565 | 15.308 | 16.928 | 18.939 | 22.657 | 25.509 | 27.336 |
| 29 | 10.986 | 13.121 | 14.256 | 16.047 | 17.708 | 19.768 | 23.567 | 26.475 | 28.336 |
| 30 | 11.588 | 13.787 | 14.953 | 16.791 | 18.493 | 20.599 | 24.478 | 27.442 | 29.336 |
| 31 | 12.196 | 14.458 | 15.655 | 17.539 | 19.281 | 21.434 | 25.390 | 28.409 | 30.336 |
| 32 | 12.811 | 15.134 | 16.362 | 18.291 | 20.072 | 22.271 | 26.304 | 29.376 | 31.336 |
| 33 | 13.431 | 15.815 | 17.074 | 19.047 | 20.867 | 23.110 | 27.219 | 30.344 | 32.336 |
| 34 | 14.057 | 16.501 | 17.789 | 19.806 | 21.664 | 23.952 | 28.136 | 31.313 | 33.336 |
| 35 | 14.688 | 17.192 | 18.509 | 20.569 | 22.465 | 24.797 | 29.054 | 32.282 | 34.336 |
| 36 | 15.324 | 17.887 | 19.233 | 21.336 | 23.269 | 25.643 | 29.973 | 33.252 | 35.336 |
| 37 | 15.965 | 18.586 | 19.960 | 22.106 | 24.075 | 26.492 | 30.893 | 34.222 | 36.336 |
| 38 | 16.611 | 19.289 | 20.691 | 22.878 | 24.884 | 27.343 | 31.815 | 35.192 | 37.335 |
| 39 | 17.262 | 19.996 | 21.426 | 23.654 | 25.695 | 28.196 | 32.737 | 36.163 | 38.335 |
| 40 | 17.916 | 20.707 | 22.164 | 24.433 | 26.509 | 29.051 | 33.660 | 37.134 | 39.335 |

| $\nu$ | $1-\alpha$ | | | | | | | | |
|---|---|---|---|---|---|---|---|---|---|
| | 0.6 | 0.75 | 0.9 | 0.95 | 0.975 | 0.98 | 0.99 | 0.995 | 0.999 |
| 1 | 0.708 | 1.323 | 2.706 | 3.841 | 5.024 | 5.412 | 6.635 | 7.879 | 10.828 |
| 2 | 1.833 | 2.773 | 4.605 | 5.991 | 7.378 | 7.824 | 9.210 | 10.597 | 13.816 |
| 3 | 2.946 | 4.108 | 6.251 | 7.815 | 9.348 | 9.837 | 11.345 | 12.838 | 16.266 |
| 4 | 4.045 | 5.385 | 7.779 | 9.488 | 11.143 | 11.668 | 13.277 | 14.860 | 18.467 |
| 5 | 5.132 | 6.626 | 9.236 | 11.070 | 12.833 | 13.388 | 15.086 | 16.750 | 20.515 |
| 6 | 6.211 | 7.841 | 10.645 | 12.592 | 14.449 | 15.033 | 16.812 | 18.548 | 22.458 |
| 7 | 7.283 | 9.037 | 12.017 | 14.067 | 16.013 | 16.622 | 18.475 | 20.278 | 24.322 |
| 8 | 8.351 | 10.219 | 13.362 | 15.507 | 17.535 | 18.168 | 20.090 | 21.955 | 26.124 |
| 9 | 9.414 | 11.389 | 14.684 | 16.919 | 19.023 | 19.679 | 21.666 | 23.589 | 27.877 |
| 10 | 10.473 | 12.549 | 15.987 | 18.307 | 20.483 | 21.161 | 23.209 | 25.188 | 29.588 |
| 11 | 11.530 | 13.701 | 17.275 | 19.675 | 21.920 | 22.618 | 24.725 | 26.757 | 31.264 |
| 12 | 12.584 | 14.845 | 18.549 | 21.026 | 23.337 | 24.054 | 26.217 | 28.300 | 32.909 |
| 13 | 13.636 | 15.984 | 19.812 | 22.362 | 24.736 | 25.472 | 27.688 | 29.819 | 34.528 |
| 14 | 14.685 | 17.117 | 21.064 | 23.685 | 26.119 | 26.873 | 29.141 | 31.319 | 36.123 |
| 15 | 15.733 | 18.245 | 22.307 | 24.996 | 27.488 | 28.259 | 30.578 | 32.801 | 37.697 |
| 16 | 16.780 | 19.369 | 23.542 | 26.296 | 28.845 | 29.633 | 32.000 | 34.267 | 39.252 |
| 17 | 17.824 | 20.489 | 24.769 | 27.587 | 30.191 | 30.995 | 33.409 | 35.718 | 40.790 |
| 18 | 18.868 | 21.605 | 25.989 | 28.869 | 31.526 | 32.346 | 34.805 | 37.156 | 42.312 |
| 19 | 19.910 | 22.718 | 27.204 | 30.144 | 32.852 | 33.687 | 36.191 | 38.582 | 43.820 |
| 20 | 20.951 | 23.828 | 28.412 | 31.410 | 34.170 | 35.020 | 37.566 | 39.997 | 45.315 |
| 21 | 21.991 | 24.935 | 29.615 | 32.671 | 35.479 | 36.343 | 38.932 | 41.401 | 46.797 |
| 22 | 23.031 | 26.039 | 30.813 | 33.924 | 36.781 | 37.659 | 40.289 | 42.796 | 48.268 |
| 23 | 24.069 | 27.141 | 32.007 | 35.172 | 38.076 | 38.968 | 41.638 | 44.181 | 49.728 |
| 24 | 25.106 | 28.241 | 33.196 | 36.415 | 39.364 | 40.270 | 42.980 | 45.559 | 51.179 |
| 25 | 26.143 | 29.339 | 34.382 | 37.652 | 40.646 | 41.566 | 44.314 | 46.928 | 52.620 |
| 26 | 27.179 | 30.435 | 35.563 | 38.885 | 41.923 | 42.856 | 45.642 | 48.290 | 54.052 |
| 27 | 28.214 | 31.528 | 36.741 | 40.113 | 43.195 | 44.140 | 46.963 | 49.645 | 55.476 |
| 28 | 29.249 | 32.620 | 37.916 | 41.337 | 44.461 | 45.419 | 48.278 | 50.993 | 56.892 |
| 29 | 30.283 | 33.711 | 39.087 | 42.557 | 45.722 | 46.693 | 49.588 | 52.336 | 58.301 |
| 30 | 31.316 | 34.800 | 40.256 | 43.773 | 46.979 | 47.962 | 50.892 | 53.672 | 59.703 |
| 31 | 32.349 | 35.887 | 41.422 | 44.985 | 48.232 | 49.226 | 52.191 | 55.003 | 61.098 |
| 32 | 33.381 | 36.973 | 42.585 | 46.194 | 49.480 | 50.487 | 53.486 | 56.328 | 62.487 |
| 33 | 34.413 | 38.058 | 43.745 | 47.400 | 50.725 | 51.743 | 54.776 | 57.648 | 63.870 |
| 34 | 35.444 | 39.141 | 44.903 | 48.602 | 51.966 | 52.995 | 56.061 | 58.964 | 65.247 |
| 35 | 36.475 | 40.223 | 46.059 | 49.802 | 53.203 | 54.244 | 57.342 | 60.275 | 66.619 |
| 36 | 37.505 | 41.304 | 47.212 | 50.998 | 54.437 | 55.489 | 58.619 | 61.581 | 67.985 |
| 37 | 38.535 | 42.383 | 48.363 | 52.192 | 55.668 | 56.730 | 59.893 | 62.883 | 69.346 |
| 38 | 39.564 | 43.462 | 49.513 | 53.384 | 56.896 | 57.969 | 61.162 | 64.181 | 70.703 |
| 39 | 40.593 | 44.539 | 50.660 | 54.572 | 58.120 | 59.204 | 62.428 | 65.476 | 72.055 |
| 40 | 41.622 | 45.616 | 51.805 | 55.758 | 59.342 | 60.436 | 63.691 | 66.766 | 73.402 |

# Studentverteilung

## Werte von $t$ zu gegebenen Werten der Verteilungsfunktion

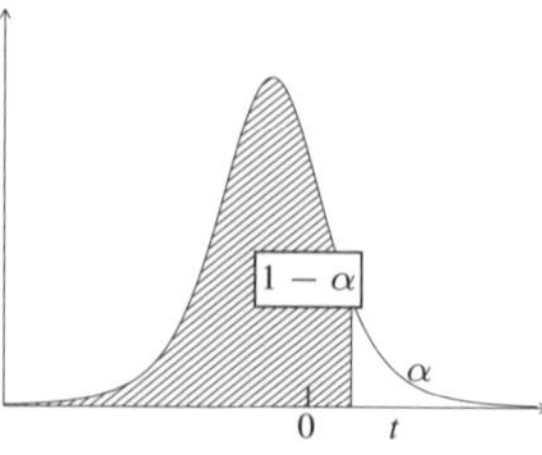


Tabelliert sind die Werte $t$,
für die $W(-\infty < T \leq t) = F_S(t/\nu) = 1 - \alpha$ gilt.

Es gilt: $F_S(-t/\nu) = 1 - F_S(t/\nu)$.

| $\nu$ | $1-\alpha$ | | | | | | | | | |
|---|---|---|---|---|---|---|---|---|---|---|
| | 0.6 | 0.7 | 0.75 | 0.8 | 0.9 | 0.95 | 0.975 | 0.99 | 0.995 | 0.999 |
| 1 | 0.325 | 0.727 | 1.000 | 1.376 | 3.078 | 6.314 | 12.706 | 31.821 | 63.657 | 318.309 |
| 2 | 0.289 | 0.617 | 0.816 | 1.061 | 1.886 | 2.920 | 4.303 | 6.965 | 9.925 | 22.327 |
| 3 | 0.277 | 0.584 | 0.765 | 0.978 | 1.638 | 2.353 | 3.182 | 4.541 | 5.841 | 10.215 |
| 4 | 0.271 | 0.569 | 0.741 | 0.941 | 1.533 | 2.132 | 2.776 | 3.747 | 4.604 | 7.173 |
| 5 | 0.267 | 0.559 | 0.727 | 0.920 | 1.476 | 2.015 | 2.571 | 3.365 | 4.032 | 5.893 |
| 6 | 0.265 | 0.553 | 0.718 | 0.906 | 1.440 | 1.943 | 2.447 | 3.143 | 3.707 | 5.208 |
| 7 | 0.263 | 0.549 | 0.711 | 0.896 | 1.415 | 1.895 | 2.365 | 2.998 | 3.499 | 4.785 |
| 8 | 0.262 | 0.546 | 0.706 | 0.889 | 1.397 | 1.860 | 2.306 | 2.896 | 3.355 | 4.501 |
| 9 | 0.261 | 0.543 | 0.703 | 0.883 | 1.383 | 1.833 | 2.262 | 2.821 | 3.250 | 4.297 |
| 10 | 0.260 | 0.542 | 0.700 | 0.879 | 1.372 | 1.812 | 2.228 | 2.764 | 3.169 | 4.144 |
| 11 | 0.260 | 0.540 | 0.697 | 0.876 | 1.363 | 1.796 | 2.201 | 2.718 | 3.106 | 4.025 |
| 12 | 0.259 | 0.539 | 0.695 | 0.873 | 1.356 | 1.782 | 2.179 | 2.681 | 3.055 | 3.930 |
| 13 | 0.259 | 0.538 | 0.694 | 0.870 | 1.350 | 1.771 | 2.160 | 2.650 | 3.012 | 3.852 |
| 14 | 0.258 | 0.537 | 0.692 | 0.868 | 1.345 | 1.761 | 2.145 | 2.624 | 2.977 | 3.787 |
| 15 | 0.258 | 0.536 | 0.691 | 0.866 | 1.341 | 1.753 | 2.131 | 2.602 | 2.947 | 3.733 |
| 16 | 0.258 | 0.535 | 0.690 | 0.865 | 1.337 | 1.746 | 2.120 | 2.583 | 2.921 | 3.686 |
| 17 | 0.257 | 0.534 | 0.689 | 0.863 | 1.333 | 1.740 | 2.110 | 2.567 | 2.898 | 3.646 |
| 18 | 0.257 | 0.534 | 0.688 | 0.862 | 1.330 | 1.734 | 2.101 | 2.552 | 2.878 | 3.610 |
| 19 | 0.257 | 0.533 | 0.688 | 0.861 | 1.328 | 1.729 | 2.093 | 2.539 | 2.861 | 3.579 |
| 20 | 0.257 | 0.533 | 0.687 | 0.860 | 1.325 | 1.725 | 2.086 | 2.528 | 2.845 | 3.552 |
| 21 | 0.257 | 0.532 | 0.686 | 0.859 | 1.323 | 1.721 | 2.080 | 2.518 | 2.831 | 3.527 |
| 22 | 0.256 | 0.532 | 0.686 | 0.858 | 1.321 | 1.717 | 2.074 | 2.508 | 2.819 | 3.505 |
| 23 | 0.256 | 0.532 | 0.685 | 0.858 | 1.319 | 1.714 | 2.069 | 2.500 | 2.807 | 3.485 |
| 24 | 0.256 | 0.531 | 0.685 | 0.857 | 1.318 | 1.711 | 2.064 | 2.492 | 2.797 | 3.467 |
| 25 | 0.256 | 0.531 | 0.684 | 0.856 | 1.316 | 1.708 | 2.060 | 2.485 | 2.787 | 3.450 |
| 26 | 0.256 | 0.531 | 0.684 | 0.856 | 1.315 | 1.706 | 2.056 | 2.479 | 2.779 | 3.435 |
| 27 | 0.256 | 0.531 | 0.684 | 0.855 | 1.314 | 1.703 | 2.052 | 2.473 | 2.771 | 3.421 |
| 28 | 0.256 | 0.530 | 0.683 | 0.855 | 1.313 | 1.701 | 2.048 | 2.467 | 2.763 | 3.408 |
| 29 | 0.256 | 0.530 | 0.683 | 0.854 | 1.311 | 1.699 | 2.045 | 2.462 | 2.756 | 3.396 |
| 30 | 0.256 | 0.530 | 0.683 | 0.854 | 1.310 | 1.697 | 2.042 | 2.457 | 2.750 | 3.385 |
| 40 | 0.255 | 0.529 | 0.681 | 0.851 | 1.303 | 1.684 | 2.021 | 2.423 | 2.704 | 3.307 |
| 50 | 0.255 | 0.528 | 0.679 | 0.849 | 1.299 | 1.676 | 2.009 | 2.403 | 2.678 | 3.261 |
| 100 | 0.254 | 0.526 | 0.677 | 0.845 | 1.290 | 1.660 | 1.984 | 2.364 | 2.626 | 3.174 |
| 150 | 0.254 | 0.526 | 0.676 | 0.844 | 1.287 | 1.655 | 1.976 | 2.351 | 2.609 | 3.145 |
| Inf | 0.253 | 0.524 | 0.674 | 0.842 | 1.282 | 1.645 | 1.960 | 2.326 | 2.576 | 3.090 |

# Studentverteilung

Werte von $t$ zu gegebenen zweiseitigen symmetrischen Flächenanteilen



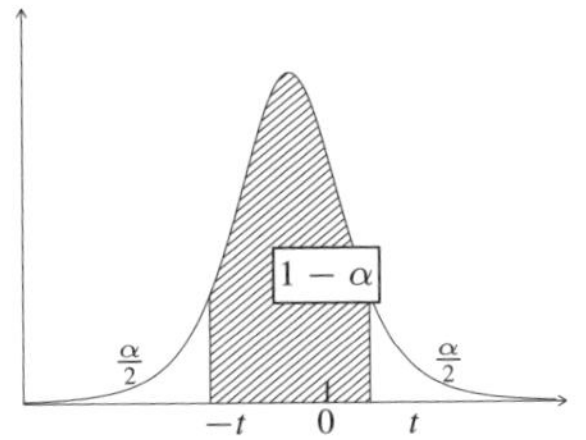


Tabelliert sind die Werte $t$,
für die $W(-t < T \leq t) = 1 - \alpha$ gilt.

| $\nu$ | $1-\alpha$ | | | | | | | | | |
|---|---|---|---|---|---|---|---|---|---|---|
| | 0.5 | 0.75 | 0.8 | 0.9 | 0.95 | 0.975 | 0.99 | 0.995 | 0.998 | 0.999 |
| 1 | 1.000 | 2.414 | 3.078 | 6.314 | 12.706 | 25.452 | 63.657 | 127.321 | 318.309 | 636.619 |
| 2 | 0.816 | 1.604 | 1.886 | 2.920 | 4.303 | 6.205 | 9.925 | 14.089 | 22.327 | 31.599 |
| 3 | 0.765 | 1.423 | 1.638 | 2.353 | 3.182 | 4.177 | 5.841 | 7.453 | 10.215 | 12.924 |
| 4 | 0.741 | 1.344 | 1.533 | 2.132 | 2.776 | 3.495 | 4.604 | 5.598 | 7.173 | 8.610 |
| 5 | 0.727 | 1.301 | 1.476 | 2.015 | 2.571 | 3.163 | 4.032 | 4.773 | 5.893 | 6.869 |
| 6 | 0.718 | 1.273 | 1.440 | 1.943 | 2.447 | 2.969 | 3.707 | 4.317 | 5.208 | 5.959 |
| 7 | 0.711 | 1.254 | 1.415 | 1.895 | 2.365 | 2.841 | 3.499 | 4.029 | 4.785 | 5.408 |
| 8 | 0.706 | 1.240 | 1.397 | 1.860 | 2.306 | 2.752 | 3.355 | 3.833 | 4.501 | 5.041 |
| 9 | 0.703 | 1.230 | 1.383 | 1.833 | 2.262 | 2.685 | 3.250 | 3.690 | 4.297 | 4.781 |
| 10 | 0.700 | 1.221 | 1.372 | 1.812 | 2.228 | 2.634 | 3.169 | 3.581 | 4.144 | 4.587 |
| 11 | 0.697 | 1.214 | 1.363 | 1.796 | 2.201 | 2.593 | 3.106 | 3.497 | 4.025 | 4.437 |
| 12 | 0.695 | 1.209 | 1.356 | 1.782 | 2.179 | 2.560 | 3.055 | 3.428 | 3.930 | 4.318 |
| 13 | 0.694 | 1.204 | 1.350 | 1.771 | 2.160 | 2.533 | 3.012 | 3.372 | 3.852 | 4.221 |
| 14 | 0.692 | 1.200 | 1.345 | 1.761 | 2.145 | 2.510 | 2.977 | 3.326 | 3.787 | 4.140 |
| 15 | 0.691 | 1.197 | 1.341 | 1.753 | 2.131 | 2.490 | 2.947 | 3.286 | 3.733 | 4.073 |
| 16 | 0.690 | 1.194 | 1.337 | 1.746 | 2.120 | 2.473 | 2.921 | 3.252 | 3.686 | 4.015 |
| 17 | 0.689 | 1.191 | 1.333 | 1.740 | 2.110 | 2.458 | 2.898 | 3.222 | 3.646 | 3.965 |
| 18 | 0.688 | 1.189 | 1.330 | 1.734 | 2.101 | 2.445 | 2.878 | 3.197 | 3.610 | 3.922 |
| 19 | 0.688 | 1.187 | 1.328 | 1.729 | 2.093 | 2.433 | 2.861 | 3.174 | 3.579 | 3.883 |
| 20 | 0.687 | 1.185 | 1.325 | 1.725 | 2.086 | 2.423 | 2.845 | 3.153 | 3.552 | 3.850 |
| 21 | 0.686 | 1.183 | 1.323 | 1.721 | 2.080 | 2.414 | 2.831 | 3.135 | 3.527 | 3.819 |
| 22 | 0.686 | 1.182 | 1.321 | 1.717 | 2.074 | 2.405 | 2.819 | 3.119 | 3.505 | 3.792 |
| 23 | 0.685 | 1.180 | 1.319 | 1.714 | 2.069 | 2.398 | 2.807 | 3.104 | 3.485 | 3.768 |
| 24 | 0.685 | 1.179 | 1.318 | 1.711 | 2.064 | 2.391 | 2.797 | 3.091 | 3.467 | 3.745 |
| 25 | 0.684 | 1.178 | 1.316 | 1.708 | 2.060 | 2.385 | 2.787 | 3.078 | 3.450 | 3.725 |
| 26 | 0.684 | 1.177 | 1.315 | 1.706 | 2.056 | 2.379 | 2.779 | 3.067 | 3.435 | 3.707 |
| 27 | 0.684 | 1.176 | 1.314 | 1.703 | 2.052 | 2.373 | 2.771 | 3.057 | 3.421 | 3.690 |
| 28 | 0.683 | 1.175 | 1.313 | 1.701 | 2.048 | 2.368 | 2.763 | 3.047 | 3.408 | 3.674 |
| 29 | 0.683 | 1.174 | 1.311 | 1.699 | 2.045 | 2.364 | 2.756 | 3.038 | 3.396 | 3.659 |
| 30 | 0.683 | 1.173 | 1.310 | 1.697 | 2.042 | 2.360 | 2.750 | 3.030 | 3.385 | 3.646 |
| 40 | 0.681 | 1.167 | 1.303 | 1.684 | 2.021 | 2.329 | 2.704 | 2.971 | 3.307 | 3.551 |
| 50 | 0.679 | 1.164 | 1.299 | 1.676 | 2.009 | 2.311 | 2.678 | 2.937 | 3.261 | 3.496 |
| 100 | 0.677 | 1.157 | 1.290 | 1.660 | 1.984 | 2.276 | 2.626 | 2.871 | 3.174 | 3.390 |
| 150 | 0.676 | 1.155 | 1.287 | 1.655 | 1.976 | 2.264 | 2.609 | 2.849 | 3.145 | 3.357 |
| Inf | 0.674 | 1.150 | 1.282 | 1.645 | 1.960 | 2.241 | 2.576 | 2.807 | 3.090 | 3.291 |

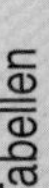

# F-Verteilung

## Werte von $F_c$, für die die Verteilungsfunktion den Wert 0.95 annimmt

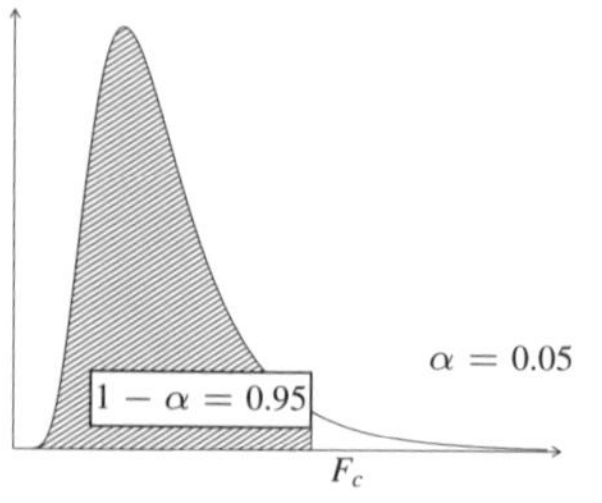


Tabelliert sind die Werte $F_c$, für die

$$W(0 < F \leq F_c) = \mathrm{F_F}(F_c/\nu_1;\nu_2) = F_{1-\alpha;\nu_1,\nu_2} = 1-\alpha = 0.95$$

gilt.

| $\nu_2$ | $\nu_1$ | | | | | | | | | | |
|---|---|---|---|---|---|---|---|---|---|---|---|
| | 1 | 2 | 3 | 4 | 5 | 6 | 7 | 8 | 9 | 10 | 11 |
| 1 | 161.4 | 199.5 | 215.7 | 224.6 | 230.2 | 234.0 | 236.8 | 238.9 | 240.5 | 241.9 | 243.0 |
| 2 | 18.51 | 19.00 | 19.16 | 19.25 | 19.30 | 19.33 | 19.35 | 19.37 | 19.38 | 19.40 | 19.40 |
| 3 | 10.13 | 9.55 | 9.28 | 9.12 | 9.01 | 8.94 | 8.89 | 8.85 | 8.81 | 8.79 | 8.76 |
| 4 | 7.71 | 6.94 | 6.59 | 6.39 | 6.26 | 6.16 | 6.09 | 6.04 | 6.00 | 5.96 | 5.94 |
| 5 | 6.61 | 5.79 | 5.41 | 5.19 | 5.05 | 4.95 | 4.88 | 4.82 | 4.77 | 4.74 | 4.70 |
| 6 | 5.99 | 5.14 | 4.76 | 4.53 | 4.39 | 4.28 | 4.21 | 4.15 | 4.10 | 4.06 | 4.03 |
| 7 | 5.59 | 4.74 | 4.35 | 4.12 | 3.97 | 3.87 | 3.79 | 3.73 | 3.68 | 3.64 | 3.60 |
| 8 | 5.32 | 4.46 | 4.07 | 3.84 | 3.69 | 3.58 | 3.50 | 3.44 | 3.39 | 3.35 | 3.31 |
| 9 | 5.12 | 4.26 | 3.86 | 3.63 | 3.48 | 3.37 | 3.29 | 3.23 | 3.18 | 3.14 | 3.10 |
| 10 | 4.96 | 4.10 | 3.71 | 3.48 | 3.33 | 3.22 | 3.14 | 3.07 | 3.02 | 2.98 | 2.94 |
| 11 | 4.84 | 3.98 | 3.59 | 3.36 | 3.20 | 3.09 | 3.01 | 2.95 | 2.90 | 2.85 | 2.82 |
| 12 | 4.75 | 3.89 | 3.49 | 3.26 | 3.11 | 3.00 | 2.91 | 2.85 | 2.80 | 2.75 | 2.72 |
| 13 | 4.67 | 3.81 | 3.41 | 3.18 | 3.03 | 2.92 | 2.83 | 2.77 | 2.71 | 2.67 | 2.63 |
| 14 | 4.60 | 3.74 | 3.34 | 3.11 | 2.96 | 2.85 | 2.76 | 2.70 | 2.65 | 2.60 | 2.57 |
| 15 | 4.54 | 3.68 | 3.29 | 3.06 | 2.90 | 2.79 | 2.71 | 2.64 | 2.59 | 2.54 | 2.51 |
| 16 | 4.49 | 3.63 | 3.24 | 3.01 | 2.85 | 2.74 | 2.66 | 2.59 | 2.54 | 2.49 | 2.46 |
| 17 | 4.45 | 3.59 | 3.20 | 2.96 | 2.81 | 2.70 | 2.61 | 2.55 | 2.49 | 2.45 | 2.41 |
| 18 | 4.41 | 3.55 | 3.16 | 2.93 | 2.77 | 2.66 | 2.58 | 2.51 | 2.46 | 2.41 | 2.37 |
| 19 | 4.38 | 3.52 | 3.13 | 2.90 | 2.74 | 2.63 | 2.54 | 2.48 | 2.42 | 2.38 | 2.34 |
| 20 | 4.35 | 3.49 | 3.10 | 2.87 | 2.71 | 2.60 | 2.51 | 2.45 | 2.39 | 2.35 | 2.31 |
| 21 | 4.32 | 3.47 | 3.07 | 2.84 | 2.68 | 2.57 | 2.49 | 2.42 | 2.37 | 2.32 | 2.28 |
| 22 | 4.30 | 3.44 | 3.05 | 2.82 | 2.66 | 2.55 | 2.46 | 2.40 | 2.34 | 2.30 | 2.26 |
| 23 | 4.28 | 3.42 | 3.03 | 2.80 | 2.64 | 2.53 | 2.44 | 2.37 | 2.32 | 2.27 | 2.24 |
| 24 | 4.26 | 3.40 | 3.01 | 2.78 | 2.62 | 2.51 | 2.42 | 2.36 | 2.30 | 2.25 | 2.22 |
| 25 | 4.24 | 3.39 | 2.99 | 2.76 | 2.60 | 2.49 | 2.40 | 2.34 | 2.28 | 2.24 | 2.20 |
| 26 | 4.23 | 3.37 | 2.98 | 2.74 | 2.59 | 2.47 | 2.39 | 2.32 | 2.27 | 2.22 | 2.18 |
| 27 | 4.21 | 3.35 | 2.96 | 2.73 | 2.57 | 2.46 | 2.37 | 2.31 | 2.25 | 2.20 | 2.17 |
| 28 | 4.20 | 3.34 | 2.95 | 2.71 | 2.56 | 2.45 | 2.36 | 2.29 | 2.24 | 2.19 | 2.15 |
| 29 | 4.18 | 3.33 | 2.93 | 2.70 | 2.55 | 2.43 | 2.35 | 2.28 | 2.22 | 2.18 | 2.14 |
| 30 | 4.17 | 3.32 | 2.92 | 2.69 | 2.53 | 2.42 | 2.33 | 2.27 | 2.21 | 2.16 | 2.13 |
| 40 | 4.08 | 3.23 | 2.84 | 2.61 | 2.45 | 2.34 | 2.25 | 2.18 | 2.12 | 2.08 | 2.04 |
| 50 | 4.03 | 3.18 | 2.79 | 2.56 | 2.40 | 2.29 | 2.20 | 2.13 | 2.07 | 2.03 | 1.99 |
| 60 | 4.00 | 3.15 | 2.76 | 2.53 | 2.37 | 2.25 | 2.17 | 2.10 | 2.04 | 1.99 | 1.95 |
| 70 | 3.98 | 3.13 | 2.74 | 2.50 | 2.35 | 2.23 | 2.14 | 2.07 | 2.02 | 1.97 | 1.93 |
| 80 | 3.96 | 3.11 | 2.72 | 2.49 | 2.33 | 2.21 | 2.13 | 2.06 | 2.00 | 1.95 | 1.91 |
| 90 | 3.95 | 3.10 | 2.71 | 2.47 | 2.32 | 2.20 | 2.11 | 2.04 | 1.99 | 1.94 | 1.90 |
| 100 | 3.94 | 3.09 | 2.70 | 2.46 | 2.31 | 2.19 | 2.10 | 2.03 | 1.97 | 1.93 | 1.89 |
| 150 | 3.90 | 3.06 | 2.66 | 2.43 | 2.27 | 2.16 | 2.07 | 2.00 | 1.94 | 1.89 | 1.85 |
| 200 | 3.89 | 3.04 | 2.65 | 2.42 | 2.26 | 2.14 | 2.06 | 1.98 | 1.93 | 1.88 | 1.84 |
| $\infty$ | 3.84 | 3.00 | 2.60 | 2.37 | 2.21 | 2.10 | 2.01 | 1.94 | 1.88 | 1.83 | 1.79 |

# F-Verteilung

Werte von $F_c$, für die die Verteilungsfunktion den Wert 0.95 annimmt



(In der Prüfgröße des F-Tests $F = \frac{U_1/\nu_1}{U_2/\nu_2}$ bedeuten $\nu_1$ die Freiheitsgrade des Zählers und $\nu_2$ die Freiheitsgrade des Nenners.)

Es gilt $F_{\alpha;\nu_1,\nu_2} = \dfrac{1}{F_{1-\alpha;\nu_2,\nu_1}}$.

| $\nu_2$ | $\nu_1$ | | | | | | | | | | |
|---|---|---|---|---|---|---|---|---|---|---|---|
| | 12 | 13 | 14 | 15 | 20 | 30 | 40 | 50 | 100 | 200 | $\infty$ |
| 1 | 243.9 | 244.7 | 245.4 | 245.9 | 248.0 | 250.1 | 251.1 | 251.8 | 253.0 | 253.7 | 254.3 |
| 2 | 19.41 | 19.42 | 19.42 | 19.43 | 19.45 | 19.46 | 19.47 | 19.48 | 19.49 | 19.49 | 19.50 |
| 3 | 8.74 | 8.73 | 8.71 | 8.70 | 8.66 | 8.62 | 8.59 | 8.58 | 8.55 | 8.54 | 8.53 |
| 4 | 5.91 | 5.89 | 5.87 | 5.86 | 5.80 | 5.75 | 5.72 | 5.70 | 5.66 | 5.65 | 5.63 |
| 5 | 4.68 | 4.66 | 4.64 | 4.62 | 4.56 | 4.50 | 4.46 | 4.44 | 4.41 | 4.39 | 4.36 |
| 6 | 4.00 | 3.98 | 3.96 | 3.94 | 3.87 | 3.81 | 3.77 | 3.75 | 3.71 | 3.69 | 3.67 |
| 7 | 3.57 | 3.55 | 3.53 | 3.51 | 3.44 | 3.38 | 3.34 | 3.32 | 3.27 | 3.25 | 3.23 |
| 8 | 3.28 | 3.26 | 3.24 | 3.22 | 3.15 | 3.08 | 3.04 | 3.02 | 2.97 | 2.95 | 2.93 |
| 9 | 3.07 | 3.05 | 3.03 | 3.01 | 2.94 | 2.86 | 2.83 | 2.80 | 2.76 | 2.73 | 2.71 |
| 10 | 2.91 | 2.89 | 2.86 | 2.85 | 2.77 | 2.70 | 2.66 | 2.64 | 2.59 | 2.56 | 2.54 |
| 11 | 2.79 | 2.76 | 2.74 | 2.72 | 2.65 | 2.57 | 2.53 | 2.51 | 2.46 | 2.43 | 2.40 |
| 12 | 2.69 | 2.66 | 2.64 | 2.62 | 2.54 | 2.47 | 2.43 | 2.40 | 2.35 | 2.32 | 2.30 |
| 13 | 2.60 | 2.58 | 2.55 | 2.53 | 2.46 | 2.38 | 2.34 | 2.31 | 2.26 | 2.23 | 2.21 |
| 14 | 2.53 | 2.51 | 2.48 | 2.46 | 2.39 | 2.31 | 2.27 | 2.24 | 2.19 | 2.16 | 2.13 |
| 15 | 2.48 | 2.45 | 2.42 | 2.40 | 2.33 | 2.25 | 2.20 | 2.18 | 2.12 | 2.10 | 2.07 |
| 16 | 2.42 | 2.40 | 2.37 | 2.35 | 2.28 | 2.19 | 2.15 | 2.12 | 2.07 | 2.04 | 2.01 |
| 17 | 2.38 | 2.35 | 2.33 | 2.31 | 2.23 | 2.15 | 2.10 | 2.08 | 2.02 | 1.99 | 1.96 |
| 18 | 2.34 | 2.31 | 2.29 | 2.27 | 2.19 | 2.11 | 2.06 | 2.04 | 1.98 | 1.95 | 1.92 |
| 19 | 2.31 | 2.28 | 2.26 | 2.23 | 2.16 | 2.07 | 2.03 | 2.00 | 1.94 | 1.91 | 1.88 |
| 20 | 2.28 | 2.25 | 2.22 | 2.20 | 2.12 | 2.04 | 1.99 | 1.97 | 1.91 | 1.88 | 1.84 |
| 21 | 2.25 | 2.22 | 2.20 | 2.18 | 2.10 | 2.01 | 1.96 | 1.94 | 1.88 | 1.84 | 1.81 |
| 22 | 2.23 | 2.20 | 2.17 | 2.15 | 2.07 | 1.98 | 1.94 | 1.91 | 1.85 | 1.82 | 1.78 |
| 23 | 2.20 | 2.18 | 2.15 | 2.13 | 2.05 | 1.96 | 1.91 | 1.88 | 1.82 | 1.79 | 1.76 |
| 24 | 2.18 | 2.15 | 2.13 | 2.11 | 2.03 | 1.94 | 1.89 | 1.86 | 1.80 | 1.77 | 1.73 |
| 25 | 2.16 | 2.14 | 2.11 | 2.09 | 2.01 | 1.92 | 1.87 | 1.84 | 1.78 | 1.75 | 1.71 |
| 26 | 2.15 | 2.12 | 2.09 | 2.07 | 1.99 | 1.90 | 1.85 | 1.82 | 1.76 | 1.73 | 1.69 |
| 27 | 2.13 | 2.10 | 2.08 | 2.06 | 1.97 | 1.88 | 1.84 | 1.81 | 1.74 | 1.71 | 1.67 |
| 28 | 2.12 | 2.09 | 2.06 | 2.04 | 1.96 | 1.87 | 1.82 | 1.79 | 1.73 | 1.69 | 1.65 |
| 29 | 2.10 | 2.08 | 2.05 | 2.03 | 1.94 | 1.85 | 1.81 | 1.77 | 1.71 | 1.67 | 1.64 |
| 30 | 2.09 | 2.06 | 2.04 | 2.01 | 1.93 | 1.84 | 1.79 | 1.76 | 1.70 | 1.66 | 1.62 |
| 40 | 2.00 | 1.97 | 1.95 | 1.92 | 1.84 | 1.74 | 1.69 | 1.66 | 1.59 | 1.55 | 1.51 |
| 50 | 1.95 | 1.92 | 1.89 | 1.87 | 1.78 | 1.69 | 1.63 | 1.60 | 1.52 | 1.48 | 1.44 |
| 60 | 1.92 | 1.89 | 1.86 | 1.84 | 1.75 | 1.65 | 1.59 | 1.56 | 1.48 | 1.44 | 1.39 |
| 70 | 1.89 | 1.86 | 1.84 | 1.81 | 1.72 | 1.62 | 1.57 | 1.53 | 1.45 | 1.40 | 1.35 |
| 80 | 1.88 | 1.84 | 1.82 | 1.79 | 1.70 | 1.60 | 1.54 | 1.51 | 1.43 | 1.38 | 1.32 |
| 90 | 1.86 | 1.83 | 1.80 | 1.78 | 1.69 | 1.59 | 1.53 | 1.49 | 1.41 | 1.36 | 1.30 |
| 100 | 1.85 | 1.82 | 1.79 | 1.77 | 1.68 | 1.57 | 1.52 | 1.48 | 1.39 | 1.34 | 1.28 |
| 150 | 1.82 | 1.79 | 1.76 | 1.73 | 1.64 | 1.54 | 1.48 | 1.44 | 1.34 | 1.29 | 1.22 |
| 200 | 1.80 | 1.77 | 1.74 | 1.72 | 1.62 | 1.52 | 1.46 | 1.41 | 1.32 | 1.26 | 1.19 |
| $\infty$ | 1.75 | 1.72 | 1.69 | 1.67 | 1.57 | 1.46 | 1.39 | 1.35 | 1.24 | 1.17 | 1.00 |

# F-Verteilung

## Werte von $F_c$, für die die Verteilungsfunktion den Wert 0.99 annimmt

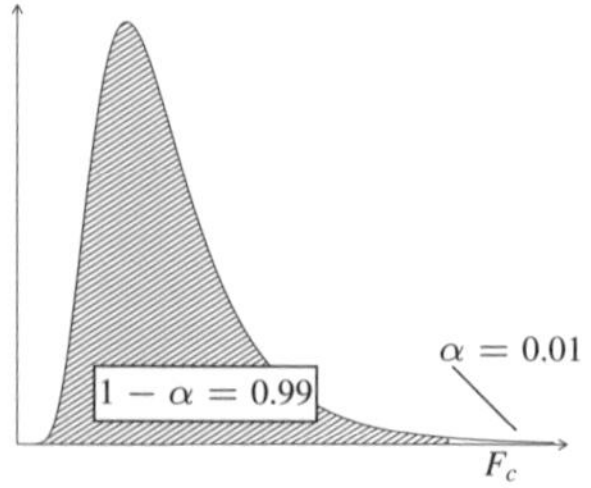


Tabelliert sind die Werte $F_c$, für die

$$
\begin{aligned}
W(0 < F \leq F_c) &= \mathrm{F_F}(F_c/\nu_1;\nu_2)\\
&= F_{1-\alpha;\nu_1;\nu_2}\\
&= 1-\alpha\\
&= 0.99
\end{aligned}
$$

gilt.

| $\nu_2$ | $\nu_1$ | | | | | | | | | | |
|---|---|---|---|---|---|---|---|---|---|---|---|
| | 1 | 2 | 3 | 4 | 5 | 6 | 7 | 8 | 9 | 10 | 11 |
| 1 | 4052 | 4999 | 5403 | 5625 | 5764 | 5859 | 5928 | 5981 | 6022 | 6056 | 6083 |
| 2 | 98.50 | 99.00 | 99.17 | 99.25 | 99.30 | 99.33 | 99.36 | 99.37 | 99.39 | 99.40 | 99.41 |
| 3 | 34.12 | 30.82 | 29.46 | 28.71 | 28.24 | 27.91 | 27.67 | 27.49 | 27.35 | 27.23 | 27.13 |
| 4 | 21.20 | 18.00 | 16.69 | 15.98 | 15.52 | 15.21 | 14.98 | 14.80 | 14.66 | 14.55 | 14.45 |
| 5 | 16.26 | 13.27 | 12.06 | 11.39 | 10.97 | 10.67 | 10.46 | 10.29 | 10.16 | 10.05 | 9.96 |
| 6 | 13.75 | 10.92 | 9.78 | 9.15 | 8.75 | 8.47 | 8.26 | 8.10 | 7.98 | 7.87 | 7.79 |
| 7 | 12.25 | 9.55 | 8.45 | 7.85 | 7.46 | 7.19 | 6.99 | 6.84 | 6.72 | 6.62 | 6.54 |
| 8 | 11.26 | 8.65 | 7.59 | 7.01 | 6.63 | 6.37 | 6.18 | 6.03 | 5.91 | 5.81 | 5.73 |
| 9 | 10.56 | 8.02 | 6.99 | 6.42 | 6.06 | 5.80 | 5.61 | 5.47 | 5.35 | 5.26 | 5.18 |
| 10 | 10.04 | 7.56 | 6.55 | 5.99 | 5.64 | 5.39 | 5.20 | 5.06 | 4.94 | 4.85 | 4.77 |
| 11 | 9.65 | 7.21 | 6.22 | 5.67 | 5.32 | 5.07 | 4.89 | 4.74 | 4.63 | 4.54 | 4.46 |
| 12 | 9.33 | 6.93 | 5.95 | 5.41 | 5.06 | 4.82 | 4.64 | 4.50 | 4.39 | 4.30 | 4.22 |
| 13 | 9.07 | 6.70 | 5.74 | 5.21 | 4.86 | 4.62 | 4.44 | 4.30 | 4.19 | 4.10 | 4.02 |
| 14 | 8.86 | 6.51 | 5.56 | 5.04 | 4.69 | 4.46 | 4.28 | 4.14 | 4.03 | 3.94 | 3.86 |
| 15 | 8.68 | 6.36 | 5.42 | 4.89 | 4.56 | 4.32 | 4.14 | 4.00 | 3.89 | 3.80 | 3.73 |
| 16 | 8.53 | 6.23 | 5.29 | 4.77 | 4.44 | 4.20 | 4.03 | 3.89 | 3.78 | 3.69 | 3.62 |
| 17 | 8.40 | 6.11 | 5.18 | 4.67 | 4.34 | 4.10 | 3.93 | 3.79 | 3.68 | 3.59 | 3.52 |
| 18 | 8.29 | 6.01 | 5.09 | 4.58 | 4.25 | 4.01 | 3.84 | 3.71 | 3.60 | 3.51 | 3.43 |
| 19 | 8.18 | 5.93 | 5.01 | 4.50 | 4.17 | 3.94 | 3.77 | 3.63 | 3.52 | 3.43 | 3.36 |
| 20 | 8.10 | 5.85 | 4.94 | 4.43 | 4.10 | 3.87 | 3.70 | 3.56 | 3.46 | 3.37 | 3.29 |
| 21 | 8.02 | 5.78 | 4.87 | 4.37 | 4.04 | 3.81 | 3.64 | 3.51 | 3.40 | 3.31 | 3.24 |
| 22 | 7.95 | 5.72 | 4.82 | 4.31 | 3.99 | 3.76 | 3.59 | 3.45 | 3.35 | 3.26 | 3.18 |
| 23 | 7.88 | 5.66 | 4.76 | 4.26 | 3.94 | 3.71 | 3.54 | 3.41 | 3.30 | 3.21 | 3.14 |
| 24 | 7.82 | 5.61 | 4.72 | 4.22 | 3.90 | 3.67 | 3.50 | 3.36 | 3.26 | 3.17 | 3.09 |
| 25 | 7.77 | 5.57 | 4.68 | 4.18 | 3.85 | 3.63 | 3.46 | 3.32 | 3.22 | 3.13 | 3.06 |
| 26 | 7.72 | 5.53 | 4.64 | 4.14 | 3.82 | 3.59 | 3.42 | 3.29 | 3.18 | 3.09 | 3.02 |
| 27 | 7.68 | 5.49 | 4.60 | 4.11 | 3.78 | 3.56 | 3.39 | 3.26 | 3.15 | 3.06 | 2.99 |
| 28 | 7.64 | 5.45 | 4.57 | 4.07 | 3.75 | 3.53 | 3.36 | 3.23 | 3.12 | 3.03 | 2.96 |
| 29 | 7.60 | 5.42 | 4.54 | 4.04 | 3.73 | 3.50 | 3.33 | 3.20 | 3.09 | 3.00 | 2.93 |
| 30 | 7.56 | 5.39 | 4.51 | 4.02 | 3.70 | 3.47 | 3.30 | 3.17 | 3.07 | 2.98 | 2.91 |
| 40 | 7.31 | 5.18 | 4.31 | 3.83 | 3.51 | 3.29 | 3.12 | 2.99 | 2.89 | 2.80 | 2.73 |
| 50 | 7.17 | 5.06 | 4.20 | 3.72 | 3.41 | 3.19 | 3.02 | 2.89 | 2.78 | 2.70 | 2.63 |
| 60 | 7.08 | 4.98 | 4.13 | 3.65 | 3.34 | 3.12 | 2.95 | 2.82 | 2.72 | 2.63 | 2.56 |
| 70 | 7.01 | 4.92 | 4.07 | 3.60 | 3.29 | 3.07 | 2.91 | 2.78 | 2.67 | 2.59 | 2.51 |
| 80 | 6.96 | 4.88 | 4.04 | 3.56 | 3.26 | 3.04 | 2.87 | 2.74 | 2.64 | 2.55 | 2.48 |
| 90 | 6.93 | 4.85 | 4.01 | 3.53 | 3.23 | 3.01 | 2.84 | 2.72 | 2.61 | 2.52 | 2.45 |
| 100 | 6.90 | 4.82 | 3.98 | 3.51 | 3.21 | 2.99 | 2.82 | 2.69 | 2.59 | 2.50 | 2.43 |
| 150 | 6.81 | 4.75 | 3.91 | 3.45 | 3.14 | 2.92 | 2.76 | 2.63 | 2.53 | 2.44 | 2.37 |
| 200 | 6.76 | 4.71 | 3.88 | 3.41 | 3.11 | 2.89 | 2.73 | 2.60 | 2.50 | 2.41 | 2.34 |
| $\infty$ | 6.63 | 4.61 | 3.78 | 3.32 | 3.02 | 2.80 | 2.64 | 2.51 | 2.41 | 2.32 | 2.25 |

# F-Verteilung

Werte von $F_c$, für die die Verteilungsfunktion den Wert 0.99 annimmt

(In der Prüfgröße des F-Tests $F = \frac{U_1/\nu_1}{U_2/\nu_2}$ bedeuten $\nu_1$ die Freiheitsgrade des Zählers und $\nu_2$ die Freiheitsgrade des Nenners.)

Es gilt $F_{\alpha;\nu_1,\nu_2} = \dfrac{1}{F_{1-\alpha;\nu_2,\nu_1}}$.

| $\nu_2$ | $\nu_1$ | | | | | | | | | | |
|---|---|---|---|---|---|---|---|---|---|---|---|
| | 12 | 13 | 14 | 15 | 20 | 30 | 40 | 50 | 100 | 200 | $\infty$ |
| 1 | 6106 | 6126 | 6143 | 6157 | 6209 | 6261 | 6287 | 6303 | 6334 | 6350 | 6366 |
| 2 | 99.42 | 99.42 | 99.43 | 99.43 | 99.45 | 99.47 | 99.47 | 99.48 | 99.49 | 99.49 | 99.50 |
| 3 | 27.05 | 26.98 | 26.92 | 26.87 | 26.69 | 26.50 | 26.41 | 26.35 | 26.24 | 26.18 | 26.13 |
| 4 | 14.37 | 14.31 | 14.25 | 14.20 | 14.02 | 13.84 | 13.75 | 13.69 | 13.58 | 13.52 | 13.46 |
| 5 | 9.89 | 9.82 | 9.77 | 9.72 | 9.55 | 9.38 | 9.29 | 9.24 | 9.13 | 9.08 | 9.02 |
| 6 | 7.72 | 7.66 | 7.60 | 7.56 | 7.40 | 7.23 | 7.14 | 7.09 | 6.99 | 6.93 | 6.88 |
| 7 | 6.47 | 6.41 | 6.36 | 6.31 | 6.16 | 5.99 | 5.91 | 5.86 | 5.75 | 5.70 | 5.65 |
| 8 | 5.67 | 5.61 | 5.56 | 5.52 | 5.36 | 5.20 | 5.12 | 5.07 | 4.96 | 4.91 | 4.86 |
| 9 | 5.11 | 5.05 | 5.01 | 4.96 | 4.81 | 4.65 | 4.57 | 4.52 | 4.41 | 4.36 | 4.31 |
| 10 | 4.71 | 4.65 | 4.60 | 4.56 | 4.41 | 4.25 | 4.17 | 4.12 | 4.01 | 3.96 | 3.91 |
| 11 | 4.40 | 4.34 | 4.29 | 4.25 | 4.10 | 3.94 | 3.86 | 3.81 | 3.71 | 3.66 | 3.60 |
| 12 | 4.16 | 4.10 | 4.05 | 4.01 | 3.86 | 3.70 | 3.62 | 3.57 | 3.47 | 3.41 | 3.36 |
| 13 | 3.96 | 3.91 | 3.86 | 3.82 | 3.66 | 3.51 | 3.43 | 3.38 | 3.27 | 3.22 | 3.17 |
| 14 | 3.80 | 3.75 | 3.70 | 3.66 | 3.51 | 3.35 | 3.27 | 3.22 | 3.11 | 3.06 | 3.00 |
| 15 | 3.67 | 3.61 | 3.56 | 3.52 | 3.37 | 3.21 | 3.13 | 3.08 | 2.98 | 2.92 | 2.87 |
| 16 | 3.55 | 3.50 | 3.45 | 3.41 | 3.26 | 3.10 | 3.02 | 2.97 | 2.86 | 2.81 | 2.75 |
| 17 | 3.46 | 3.40 | 3.35 | 3.31 | 3.16 | 3.00 | 2.92 | 2.87 | 2.76 | 2.71 | 2.65 |
| 18 | 3.37 | 3.32 | 3.27 | 3.23 | 3.08 | 2.92 | 2.84 | 2.78 | 2.68 | 2.62 | 2.57 |
| 19 | 3.30 | 3.24 | 3.19 | 3.15 | 3.00 | 2.84 | 2.76 | 2.71 | 2.60 | 2.55 | 2.49 |
| 20 | 3.23 | 3.18 | 3.13 | 3.09 | 2.94 | 2.78 | 2.69 | 2.64 | 2.54 | 2.48 | 2.42 |
| 21 | 3.17 | 3.12 | 3.07 | 3.03 | 2.88 | 2.72 | 2.64 | 2.58 | 2.48 | 2.42 | 2.36 |
| 22 | 3.12 | 3.07 | 3.02 | 2.98 | 2.83 | 2.67 | 2.58 | 2.53 | 2.42 | 2.36 | 2.31 |
| 23 | 3.07 | 3.02 | 2.97 | 2.93 | 2.78 | 2.62 | 2.54 | 2.48 | 2.37 | 2.32 | 2.26 |
| 24 | 3.03 | 2.98 | 2.93 | 2.89 | 2.74 | 2.58 | 2.49 | 2.44 | 2.33 | 2.27 | 2.21 |
| 25 | 2.99 | 2.94 | 2.89 | 2.85 | 2.70 | 2.54 | 2.45 | 2.40 | 2.29 | 2.23 | 2.17 |
| 26 | 2.96 | 2.90 | 2.86 | 2.81 | 2.66 | 2.50 | 2.42 | 2.36 | 2.25 | 2.19 | 2.13 |
| 27 | 2.93 | 2.87 | 2.82 | 2.78 | 2.63 | 2.47 | 2.38 | 2.33 | 2.22 | 2.16 | 2.10 |
| 28 | 2.90 | 2.84 | 2.79 | 2.75 | 2.60 | 2.44 | 2.35 | 2.30 | 2.19 | 2.13 | 2.06 |
| 29 | 2.87 | 2.81 | 2.77 | 2.73 | 2.57 | 2.41 | 2.33 | 2.27 | 2.16 | 2.10 | 2.03 |
| 30 | 2.84 | 2.79 | 2.74 | 2.70 | 2.55 | 2.39 | 2.30 | 2.25 | 2.13 | 2.07 | 2.01 |
| 40 | 2.66 | 2.61 | 2.56 | 2.52 | 2.37 | 2.20 | 2.11 | 2.06 | 1.94 | 1.87 | 1.80 |
| 50 | 2.56 | 2.51 | 2.46 | 2.42 | 2.27 | 2.10 | 2.01 | 1.95 | 1.82 | 1.76 | 1.68 |
| 60 | 2.50 | 2.44 | 2.39 | 2.35 | 2.20 | 2.03 | 1.94 | 1.88 | 1.75 | 1.68 | 1.60 |
| 70 | 2.45 | 2.40 | 2.35 | 2.31 | 2.15 | 1.98 | 1.89 | 1.83 | 1.70 | 1.62 | 1.54 |
| 80 | 2.42 | 2.36 | 2.31 | 2.27 | 2.12 | 1.94 | 1.85 | 1.79 | 1.65 | 1.58 | 1.49 |
| 90 | 2.39 | 2.33 | 2.29 | 2.24 | 2.09 | 1.92 | 1.82 | 1.76 | 1.62 | 1.55 | 1.46 |
| 100 | 2.37 | 2.31 | 2.27 | 2.22 | 2.07 | 1.89 | 1.80 | 1.74 | 1.60 | 1.52 | 1.43 |
| 150 | 2.31 | 2.25 | 2.20 | 2.16 | 2.00 | 1.83 | 1.73 | 1.66 | 1.52 | 1.43 | 1.33 |
| 200 | 2.27 | 2.22 | 2.17 | 2.13 | 1.97 | 1.79 | 1.69 | 1.63 | 1.48 | 1.39 | 1.28 |
| $\infty$ | 2.18 | 2.13 | 2.08 | 2.04 | 1.88 | 1.70 | 1.59 | 1.52 | 1.36 | 1.25 | 1.00 |

# Kolmogorov-Smirnov-Prüfgröße

## Einstichprobentest

Tabelliert sind die Werte $d_c$, für die $W(0 < D \leq d_c) = 1 - \alpha$ gilt.[1]

| $n$ | $1-\alpha$ | | | | |
|---|---|---|---|---|---|
| | 0.80 | 0.90 | 0.95 | 0.98 | 0.99 |
| 1 | 0.90000 | 0.95000 | 0.97500 | 0.99000 | 0.99500 |
| 2 | 0.68377 | 0.77639 | 0.84189 | 0.90000 | 0.92929 |
| 3 | 0.56481 | 0.63604 | 0.70760 | 0.78456 | 0.82900 |
| 4 | 0.49265 | 0.56522 | 0.62394 | 0.68887 | 0.73424 |
| 5 | 0.44698 | 0.50945 | 0.56328 | 0.62718 | 0.66853 |
| 6 | 0.41037 | 0.46799 | 0.51926 | 0.57741 | 0.61661 |
| 7 | 0.38148 | 0.43607 | 0.48342 | 0.53844 | 0.57581 |
| 8 | 0.35831 | 0.40962 | 0.45427 | 0.50654 | 0.54179 |
| 9 | 0.33910 | 0.38746 | 0.43001 | 0.47960 | 0.51332 |
| 10 | 0.32260 | 0.36866 | 0.40925 | 0.45662 | 0.48893 |
| 11 | 0.30829 | 0.35242 | 0.39122 | 0.43670 | 0.46770 |
| 12 | 0.29577 | 0.33815 | 0.37543 | 0.41918 | 0.44905 |
| 13 | 0.28470 | 0.32549 | 0.36143 | 0.40362 | 0.43247 |
| 14 | 0.27481 | 0.31417 | 0.34890 | 0.38970 | 0.41762 |
| 15 | 0.26588 | 0.30397 | 0.33760 | 0.37713 | 0.40420 |
| 16 | 0.25778 | 0.29472 | 0.32733 | 0.36571 | 0.39201 |
| 17 | 0.25039 | 0.28627 | 0.31796 | 0.35528 | 0.38086 |
| 18 | 0.24360 | 0.27851 | 0.30936 | 0.34569 | 0.37062 |
| 19 | 0.23735 | 0.27136 | 0.30143 | 0.33685 | 0.36117 |
| 20 | 0.23156 | 0.26473 | 0.29408 | 0.32866 | 0.35241 |
| 21 | 0.22617 | 0.25858 | 0.28724 | 0.32104 | 0.34427 |
| 22 | 0.22115 | 0.25283 | 0.28087 | 0.31394 | 0.33666 |
| 23 | 0.21645 | 0.24746 | 0.27490 | 0.30728 | 0.32954 |
| 24 | 0.21205 | 0.24242 | 0.26931 | 0.30104 | 0.32286 |
| 25 | 0.20790 | 0.23768 | 0.26404 | 0.29516 | 0.31657 |
| 26 | 0.20399 | 0.23320 | 0.25907 | 0.28962 | 0.31064 |
| 27 | 0.20030 | 0.22898 | 0.25438 | 0.28438 | 0.30502 |
| 28 | 0.19680 | 0.22497 | 0.24993 | 0.27942 | 0.29971 |
| 29 | 0.19348 | 0.22117 | 0.24571 | 0.27471 | 0.29466 |
| 30 | 0.19032 | 0.21756 | 0.24170 | 0.27023 | 0.28987 |
| 31 | 0.18732 | 0.21412 | 0.23788 | 0.26596 | 0.28530 |
| 32 | 0.18445 | 0.21085 | 0.23424 | 0.26189 | 0.28094 |
| 33 | 0.18171 | 0.20771 | 0.23076 | 0.25801 | 0.27677 |
| 34 | 0.17909 | 0.20472 | 0.22743 | 0.25429 | 0.27279 |
| 35 | 0.17659 | 0.20185 | 0.22425 | 0.25073 | 0.26897 |
| 36 | 0.17418 | 0.19910 | 0.22119 | 0.24732 | 0.26532 |
| 37 | 0.17188 | 0.19646 | 0.21826 | 0.24404 | 0.26180 |
| 38 | 0.16966 | 0.19392 | 0.21544 | 0.24089 | 0.25843 |
| 39 | 0.16753 | 0.19148 | 0.21273 | 0.23786 | 0.25518 |
| 40 | 0.16547 | 0.18913 | 0.21012 | 0.23494 | 0.25205 |
| $> 40$ | $\approx 1.07/\sqrt{n}$ | $\approx 1.22/\sqrt{n}$ | $\approx 1.36/\sqrt{n}$ | $\approx 1.51/\sqrt{n}$ | $\approx 1.63/\sqrt{n}$ |



[1] Vgl. Leslie M. Miller: Table of Percentage Points of Kolmogorov Statistics. Journal of the American Statistical Association, 51 (1956), 111-121.

Tabelliert sind zu gegebenen Wahrscheinlichkeiten $1 - \alpha$ die Zufallshöchstwerte $r_c$ des Produktmomentkorrelationskoeffizienten einer Stichprobe vom Umfang $n$ aus einer Grundgesamtheit mit dem wahren Korrelationskoeffizienten $\rho = 0$ (einseitige Fragestellung).

| $n$ | $1-\alpha$ | | | | | |
|---|---|---|---|---|---|---|
| | 0.750 | 0.900 | 0.950 | 0.975 | 0.990 | 0.995 |
| 3 | 0.7071 | 0.9511 | 0.9877 | 0.9969 | 0.9995 | 0.9999 |
| 4 | 0.5000 | 0.8000 | 0.9000 | 0.9500 | 0.9800 | 0.9900 |
| 5 | 0.4040 | 0.6870 | 0.8054 | 0.8783 | 0.9343 | 0.9587 |
| 6 | 0.3473 | 0.6084 | 0.7293 | 0.8114 | 0.8822 | 0.9172 |
| 7 | 0.3091 | 0.5509 | 0.6694 | 0.7545 | 0.8329 | 0.8745 |
| 8 | 0.2811 | 0.5067 | 0.6215 | 0.7067 | 0.7887 | 0.8343 |
| 9 | 0.2596 | 0.4716 | 0.5822 | 0.6664 | 0.7498 | 0.7977 |
| 10 | 0.2423 | 0.4428 | 0.5493 | 0.6319 | 0.7155 | 0.7646 |
| 11 | 0.2281 | 0.4187 | 0.5214 | 0.6021 | 0.6851 | 0.7348 |
| 12 | 0.2161 | 0.3981 | 0.4973 | 0.5760 | 0.6581 | 0.7079 |
| 13 | 0.2058 | 0.3802 | 0.4762 | 0.5529 | 0.6339 | 0.6835 |
| 14 | 0.1968 | 0.3646 | 0.4575 | 0.5324 | 0.6120 | 0.6614 |
| 15 | 0.1890 | 0.3507 | 0.4409 | 0.5140 | 0.5923 | 0.6411 |
| 16 | 0.1820 | 0.3383 | 0.4259 | 0.4973 | 0.5742 | 0.6226 |
| 17 | 0.1757 | 0.3271 | 0.4124 | 0.4822 | 0.5577 | 0.6055 |
| 18 | 0.1700 | 0.3170 | 0.4000 | 0.4683 | 0.5426 | 0.5897 |
| 19 | 0.1649 | 0.3077 | 0.3887 | 0.4555 | 0.5285 | 0.5751 |
| 20 | 0.1602 | 0.2992 | 0.3783 | 0.4438 | 0.5155 | 0.5614 |
| 21 | 0.1558 | 0.2914 | 0.3687 | 0.4329 | 0.5034 | 0.5487 |
| 22 | 0.1518 | 0.2841 | 0.3598 | 0.4227 | 0.4921 | 0.5368 |
| 23 | 0.1481 | 0.2774 | 0.3515 | 0.4132 | 0.4815 | 0.5256 |
| 24 | 0.1447 | 0.2711 | 0.3438 | 0.4044 | 0.4716 | 0.5151 |
| 25 | 0.1415 | 0.2653 | 0.3365 | 0.3961 | 0.4322 | 0.5052 |
| 30 | 0.1281 | 0.2407 | 0.3061 | 0.3610 | 0.4226 | 0.4629 |
| 35 | 0.1179 | 0.2220 | 0.2826 | 0.3338 | 0.3916 | 0.4296 |
| 40 | 0.1098 | 0.2070 | 0.2638 | 0.3120 | 0.3665 | 0.4026 |
| 45 | 0.1032 | 0.1947 | 0.2483 | 0.2940 | 0.3457 | 0.3801 |
| 50 | 0.0976 | 0.1843 | 0.2353 | 0.2787 | 0.3281 | 0.3610 |
| 60 | 0.0888 | 0.1678 | 0.2144 | 0.2542 | 0.2997 | 0.3301 |
| 70 | 0.0820 | 0.1550 | 0.1982 | 0.2352 | 0.2776 | 0.3060 |
| 80 | 0.0765 | 0.1448 | 0.1852 | 0.2199 | 0.2597 | 0.2864 |
| 90 | 0.0720 | 0.1364 | 0.1745 | 0.2072 | 0.2449 | 0.2702 |
| 100 | 0.0682 | 0.1292 | 0.1654 | 0.1966 | 0.2324 | 0.2565 |

### Ein umfassendes Standardwerk zum Thema Verteilungen (mit zahlreichen Literaturhinweisen) sind folgende Bände:

*Johnson, Norman L., Samuel Kotz, Adrienne W. Kemp*, Univariate Discrete Distributions (3rd ed.). Hoboken (N. J.) 2005.

*Johnson, Norman L., Samuel Kotz, N. Balakrishnan*, Continuous Univariate Distributions Vol. 1 u. 2 (2nd ed.). New York usw. 1994 u. 1995.

*Johnson, Norman L., Samuel Kotz, N. Balakrishnan*, Discrete Multivariate Distributions. New York usw. 1997.

*Kotz, Samuel, N. Balakrishnan, Norman L. Johnson*, Continuous Multivariate Distributions, Vol. 1, Models and Applications (2nd ed.). New York usw. 2000.

### Statistische Formel- und Tabellensammlungen (teilweise vergriffen):

*Asq Quality Press (Hrsg.)*, Glossary And Tables for Statistical Quality Control (4th ed.). Milwaukee (Wisc.) 2004.

*Beyer, William H.*, CRC Handbook of Tables for Probability and Statistics (2nd ed.). Cleveland (Ohio) 1990.

*Bosch, Karl*, Statistik-Taschenbuch (3. verb. Aufl.). München, Wien 1998.

*Burlington, Richard Stevens, Donald May*, Handbook of Probability and Statistics – With Tables (2nd ed.). New York usw. 1970.

*Evans, Merran, Nicholas Hastings, Brian Peacock*, Statistical Distributions (3rd ed.). New York usw. 2000.

*Graf, Ulrich, Hans-Joachim Henning, Kurt Stange, Peter Theodor Wilrich*, Formeln und Tabellen der angewandten mathematischen Statistik (3. Aufl., korr. Nachdruck). Berlin 1998.

*Hastings, N. A. J., J. B. Peacock*, Statistical Distributions – A Handbook for Students and Practitioners. London 1979.

*Hippmann, Hans-Dieter*, Formelsammlung Statistik – Statistische Grundbegriffe, Formeln, Schaubilder und Tabellen. Stuttgart 1995.

*Kokoska, Stephen, Daniel Zwillinger*, CRC Standard Probability and Statistical Tables and Formulae, Student Edition (Paperback). Boca Raton (Fl.) 2000.

*Koller, Siegfried*, Neue graphische Tafeln zur Beurteilung statistischer Zahlen (4. Aufl.). Darmstadt 1969.

*Müller, P. Heinz, Peter Neumann, Regina Storm*, Tafeln der mathematischen Statistik (2. Aufl.). München, Wien 1985.

*Murdoch, J., J. A. Barnes*, Statistical Tables for Science, Engineering, Management and Business Studies (4th rev. ed.). Houndmills, Basingstoke, Hampshire and London 1998.

*Odeh, Robert W., Donald B. Owen, Z. W. Birnbaum, Lloyd Fisher*, Pocket Book of Statistical Tables. New York, Basel 1977.

*Odeh, Robert W., Donald B. Owen*, Attribute Sampling Plans, Tables of Tests and Confidence Limits for Proportions. New York, Basel 1983.

*Owen, Donald B.*, Handbook of Statistical Tables. Reading (Mass.), Menlo Park (Cal.), London usw. 1962.

*Patel, Jagdish K., C. H. Kapadia, D. B. Owen*, Handbook of Statistical Distributions. New York, Basel 1976.

*Pearson, E. S., H. O. Hartley*, Biometrika Tables for Statisticians Vol. 1 (3. Aufl.) und Vol. 2 (1. Aufl.). Cambridge (korr. Neudruck) 1976.

*Rinne, Horst*, Taschenbuch der Statistik (4., überarb. u. erw. Aufl.). Frankfurt a. M. 2008.

*Vianelli, Silvio*, Prontuari per Calcoli Statistici. Bologna 1959.

*Vogel, Friedrich*, Beschreibende und schließende Statistik – Formeln, Definitionen, Erläuterungen, Stichwörter und Tabellen (13., korr. u. erw. Aufl.). München, Wien 2005.

*Wetzel, Wolfgang, Max-Detlev Jöhnk, Peter Naeve*, Statistische Tabellen. Berlin 1967.

*Wissenschaftliche Tabellen*. Documenta Geigy (7. Ausgabe). Redaktion: Konrad Diem und Cornelius Leutner. Herausgegeben von Ciba-Geigy Ltd. Basel 1977.

*Zwillinger, Daniel, Stephen Kokoska*, CRC Standard Probability and Statistical Tables and Formulae (Hardcover). Boca Raton (Fl.) 2000.



## Statistische Tabellensammlungen, die bis zum Jahr 1962 erschienen sind, sind zusammengestellt in:

*Greenwood, J. A., H. O. Hartley*, Guide to Tables in Mathematical Statistics. Princeton (N.J.) 1962.